KB190148

## 이 책에 먼저 보내주신 독자들의 기대와 응원

당신의 꿈은 무엇인가요? 이 단순한 질문 앞에서 아무 말도 할 수 없었다면, 당신에겐 이 책이 필요할 것이다. 수많은 사람에게 '꿈을 현실로 바꾸는 법'을 직접 보여준 사이먼 스큅. 『왓츠 유어 드림』은 우리 안에 있지만 외면해왔던 진짜 꿈을 꺼내 묻는다. 단순한 동기 부여가 아니라 꿈을 진짜 행동으로 옮기는 방법을 알고 싶다면, 이 책을 꼭 만나야 한다.

—장재희

꿈이란 바다에 너무 많은 배를 띄워놓고 어느 하나도 목적지에 도착시키지 못했다. 열정의 파도는 높았지만, 방향을 잡지 못해 표류했다. 『왓츠 유어 드림』이 내 모든 배를 한곳으로 모을 등대가 되어줄 것만 같다. 사업이라는 여정에 나서려는 모든 이에게, 이 책이 분명 든든한 항해 지침서가 되어줄 거라 기대한다.

—조진욱

사이먼과의 만남은 현실에 치여 꿈을 잊고 사는 사람들에게 '꿈을 놓지 말아야 한다'는 걸 상기시켜준다. 그렇기에 이 책은 내 꿈을 현실로 만들어가는 과정에서 지치지 않는 페이스메이커가 되어줄 것이라 확신한다. 지금의 내 꿈은 1년 뒤 무엇이 되어 있을까.

—세라리

20대 중반이 되니 아무 꿈 없이 마냥 살아왔던 삶을 돌아보게 되었다. 지금 꿈을 꾸기엔 너무 늦었다는 생각이 들어 다른 사람들처럼 평범한 삶을 살고자 했다. 우연히 인스타그램을 통해 사이먼 스큅의 영상을 보게 되었고, 여러 사람의 꿈을 들으며 '내가 늦지 않았구나. 아직 꿈을 펼칠 수 있구나'를 깨닫게 되어 심장이 두근거린다. 이 책을 통해 나의 여생을 꿈꾸며 살아보려 한다.

—빙봉

성공보다 어려운 것은 시작이다. 시작하면 성공할 수 있지만, 시작하지 않으면 성공할 수 없다. 한 걸음을 내디디면 두 걸음, 세 걸음은 쉽다. 일단 시작하라. 당신의 위대한 한 걸음을 내디뎌라. 그럼 이 책이 당신을 성공으로 이끌어줄 것이다. 인생의 모든 첫걸음에 도움이 될 이 책을 통해 나도 내 꿈에 희망과 활기를 불어넣고자 한다.

—김지한

30대에는 커리어를 쌓고 성공한 멋진 어른이 되어 있을 줄 알았는데 현실은 그렇지 않았다. 어쩔 수 없이 현실에 맞춰 살아야 하나, 아니면 지금이라도 다시 꿈을 꿔봐도 되나 고민하는 기로에서, 이 책을 통해 30대도 꿈을 꿔도 된다는 희망을 얻고 싶다.

—예티

나이를 떠나 언제 어디서든 도전은 멋있는 거라고 생각하지만, 말과는 달리 실천은 너무나 힘들고 어렵다. 특히 시간이 지날수록 자신감은 하락한다. 결국 나 자신이 스스로를 믿는 만큼 꿈은 이뤄진다고 생각하게 되었다. 『왓츠 유어 드림』을 통해 나를 믿고 시작하는 '용기'를 얻을 수 있을 것만 같다. 책을 읽고 나만의 가치에 도전해 꿈을 이뤄내고 싶다.

—이다연

우연히 릴스로 본 영상이 내 인생의 지침서가 되었다. "꿈이 뭔가요?"라는 영상 속 질문에 스스로 답하는 나를 발견했다. 그 후 이 책의 한국어 번역본을 찾으려고 SNS에 글까지 올리던 나였다. 한 줄 한 줄 영문을 번역해가며 볼까도 고민했다. 그만큼 이 책이 출간되기만을 기다렸다. 책을 읽고 보란 듯 성공해서 결과로 이야기하고 싶다.

—황지민

# 왓츠 유어 드림

# What's
# Your
# Dream?

인생을 뒤바꾸는 단 하나의 질문

## 왓츠 유어 드림

Find your passion.
Love your work.
Build a richer life.

사이먼 스큅 지음
최인하 옮김

북파머스

# 차 례

## III. 꿈을 따라 나아가는 길 : 꿈을 이뤄줄 회사를 차려라

## ※ 경고 1

자기 삶에 만족하는 사람들에게는 꿈이 있느냐고 묻지 않는다. 이미 꿈을 이루며 살고 있다는 걸 알기 때문이다. 그저 축하한다고 말하며 들고 있던 마이크를 슬며시 내린다.

삶이 만족스럽고 행복하다면 굳이 이 책을 읽지 않아도 된다. 여러분에게 필요한 책이 아니다. 도움이 되기는커녕 오히려 역효과가 날지 모른다.

하지만 앞으로도 이대로 살아갈 생각을 하면 찜찜하다거나, 이게 전부일 리가 없다는 느낌이 든다거나, 더 멋진 삶을 바라고 있다면 계속 책장을 넘기길 바란다.

아직 꿈을 이루지 못한, 특히 자신에게 꿈이 있다는 것조차 모르는 사람들. 이 책은 바로 그런 여러분들을 위한 책이다.

# 당신의 꿈은 무엇입니까?

"정말 작고 특이한 매물이죠?"

난생처음 부동산 경매장에 가본 그날, 당황한 건 내가 아니라 경매사였다. 경매사가 이제 막 경매에 부치려는 물품은 집이나 사무실, 아파트, 상가가 아닌 바로 계단이었다. 4층 높이의 이 계단은 벽면이 좁고 기다란 유리 창문들로 쭉 이어져 있는, 안팎이 모두 회색인 외딴 건물이었다. 연결되어 있던 건물들이 재개발되는 바람에 어디에도 갈 수 없는 계단이 되어 철거될 날만 기다리며 덩그러니 서 있었다.

내가 경매 소식을 들은 건 경매가 열리기 하루 전날이었다. 당시 나는 라디오를 틀어놓은 채 운전을 하고 있었다. "그리고 계단 하나가 경매물로 나와 있네요." 의외라는 듯 뉴스 진행자의 목소리가 살짝 높아졌다. 그리고 바로 다음 날, 경매사의 입에서도 똑같은 어조의 말이 흘러나왔다. 나는 여섯 살 난 아들에이든, 내 팀원들과 함께 맨 앞줄에 앉아 번호표를 손에 꼭 쥔채 생애 처음으로 입찰할 준비를 하고 있었다.

대부분의 사람은 장난이라 여겼지만 나는 사뭇 진지했다. 이특이한 건물이 경매에 나왔다는 소식을 듣는 순간부터 정말 갖고 싶었다. 라디오를 들으며 운전하는 동안 내 마음은 35년 전으로 되돌아가 있었다. 당시 나는 열다섯 살이었는데 아버지가 갑작스레 돌아가셨다. 그 후 몇 주간 어머니와 나는 계속해서 부딪혔다. 둘 다 고집스러운 성격이라 한발도 물러설 줄 몰랐고 다툼이 잦아졌다. 그러던 어느 날 유난히 격렬하게 말다툼한 끝에 어머니가 내게 집을 나가라고 소리쳤고, 나는 알겠다고 해버렸다. 둘 다 속으로는 그냥 하는 말이라는 걸 알았지만, 누구도 먼저 사과할 생각은 없었던 것 같다. 나는 그렇게 집을 떠났고 다시는 돌아가지 않았다.

그 후 몇 주가 지나 어느 허름한 집의 방 한 칸을 구할 수 있었지만, 그 전까지는 잘 곳도 마땅치 않았다. 친구 집 소파에서 며칠씩 신세를 지기도 했고, 아예 길거리에서 노숙을 하는 날도 많았다. 그러던 어느 날 밤, 세상에 어둠이 깔린 지 한참이 지나 모두가 잠자리에 들고 사방이 정적에 휩싸인 시각이었다. 터벅터벅 길을 걷고 있던 내 눈에 가느다란 빛 한 줄기가 들어왔다. 문 하나가 열려 있는 게 보였고 나는 그 문을 밀고 건물 안으로 들어갔다. 희미한 조명 아래 있는 비상구 표지판과 그 아래 놓인 계단을 보니 여기만 한 곳이 없겠다 싶었다. 그날 밤 내가 찾을 수 있는 가장 그럴듯한 쉼터였다. 나는 커다란 외투로 몸을 둘둘 말고 누워서 잠을 청했다.

아주 오래전 일이지만 라디오에서 계단 이야기가 흘러나오자 나는 어느새 그 옛날 발견한 소박한 피난처에 와 있었다. 나는 알고 있었다. 아무 데도 갈 수 없는 계단도 의미가 있을 수 있다는 것을. 훨씬 더 큰 무언가로 나아가는 첫걸음이 될 수 있다는 것을.

경매는 3700만 원부터 시작했다. 이 많은 돈을 내고 아무 쓸모도 없는 건물을 산다는 게 기가 막혔다. 나는 부동산을 구입하는 것을 좋아하지 않고, 심지어 사람들에게 부동산에 투자하지 말라고 조언하는 편이다. 그런 내가 실제로 전혀 가치가 없는 건물의 입찰 경쟁에 뛰어들고 있었다. 입찰가는 3900만 원에 이어 4000만 원으로 올라갔고, 그때 나는 처음으로 응찰 번호표를 들어 올렸다. 여전히 전화나 온라인을 통해 입찰이 계속해서 들어오고 있었다. 금액이 4200만 원, 4400만 원을 넘어 4600만 원에 이르자 나는 또다시 손을 들었다. 금액이 얼마나 더 올라갈지 도무지 예측할 수가 없었다. 하지만 일단 칼을 뽑았으니 무라도 썰어야겠다는 심정이었다.

"4700만 원?"

경매사가 두 번 물었지만 아무도 손을 들지 않았다. 온라인 응찰도 멈췄다. 반쯤 차 있던 경매장 안에 정적이 흘렀다. 곧이어 '탕' 하고 낙찰봉 소리가 경쾌하게 울려 퍼졌다. 나는 에이든을 공중으로 들어 올리며 환호성을 질렀다.

"우리 거다!"

뒤이어 '풋' 하는 웃음소리가 들려오고 나서야 나는 경매장에서는 보통 이렇게 반응하지 않는다는 것을 알았다. 하지만 이건 평범한 경매품이 아니었다. 필요할 거라고 전혀 생각지도 못한 물건을 35년이나 기다려 4600만 원이나 주고 산 사람은 흔치 않을 것이다. 심지어 경매사도 지금껏 이런 물건을 팔아 본 적은 한 번도 없었다며 신기해했다. 경매가 끝나기 무섭게 BBC와 《뉴욕 타임스》 같은 언론사에서 왜 이런 미친 짓을 했는지 묻는 전화가 걸려 오기 시작했다.

단 몇 분 만에 계약서에 서명하고 보증금까지 지불하고 나니, 나는 어느새 트위크넘에서 제일 못생긴 건물의 주인이 되어 있었다. 그런 다음 우리 일행은 택시를 타고 그 계단 건물 앞에 도착했다. 주소도, 우체통도, 있어야 할 이유도 없는 건물이었다. 아직 열쇠는 못 받았지만 그 옛날처럼 문이 열려 있었다. 문을 밀고 안으로 들어서니 기괴한 광경이 눈앞에 펼쳐졌다. 낡은 자전거부터 침대, 소화기까지 온갖 쓰레기가 잔뜩 버려져 있었다. 도저히 손쓸 도리가 없는 난장판이었다. 하지만 나는 그 즉시 이보다 더 완벽한 곳은 없다는 걸 깨달았다.

그 계단은 그저 과거를 추억하기 위한 장소가 아니었다. 내 사업의 중심이 될 곳이었다. 계단을 낙찰받기 얼마 전, 나는 인생에서 가장 중요한 도전이 될 사업을 새로 시작했다. 헬프뱅크HelpBnk라는 이 사업의 목표는 천만 명의 사람이 사업을 시작하고 꿈을 향해 나아갈 수 있도록 무상으로 지원하는 것이다. 방법은 놀라울 정도로 단순하다. 헬프뱅크에 가입한 다음 자신의 사업을 도와달라고 요청하거나, 다른 사람의 사업을 도와주겠다고 자원하면 된다. 내가 이 사업을 시작한 이유는 30년 넘게 사업가로 일하면서 도움이나 조언이 필요했지만 받지 못했거나, 그 비용을 감당할 수 없었던 경우가 너무 많아서였다. 그래서 누구나 사업에 필요한 도움을 쉽게 얻을 수 있게 해주고 싶었다. 이 플랫폼을 통해 꿈을 이루고 싶은 사람들은 조언과 자금을 구하고, 성공한 사람들은 그들에게 전문 지식을 나눠주거나 멘토링을 해줄 수 있다. 이게 바로 내 꿈이다. 모두가 아무런 조건 없이 공짜로 서로를 마음껏 돕는 세상, 즉 받을 기대 없이 주는 세상을 만드는 것이다.

나는 내 팀원들과 함께 헬프뱅크의 모토인 '#주고안받기#Give WithoutTake' 캠페인을 한동안 원맨쇼의 형태로 홍보했다. SNS에서 내가 나오는 영상을 본 적이 있을지도 모르겠다. 마이크를 들고 길거리를 돌아다니며 사람들에게 다가가 꿈이 있는지 물어보고, 직장을 그만두고 그 꿈을 이루라면서 돈을 주기도 하던 남자를 말이다. 사람들을 만나면 만날수록 나는 우리 주변에 이미 꿈을 가지고 있는 사람이 많다는 확신이 들었다. 그들은 다만 어떻게 그 꿈을 이뤄야 할지 모를 뿐이다. 과감히 결단을 내리기가 두렵거나, 자기 능력에 자신이 없거나, 어떻게 시작해야 할지 몰라 망설이고 있는 것이다.

지금도 수백만 개의 꿈이 사람들의 머릿속에 살면서 불씨가 당겨지기만을 기다리고 있다. 이 꿈들은 사람들의 삶을 더 행복하게 바꿔놓을 엄청난 잠재력을 가지고 있다. 약간의 도움이 필요할 뿐이다. 바로 그 꿈을 믿어주는 누군가의 도움이다. 내가 이렇게 확신하는 이유는 슈퍼마켓이나 패스트푸드점, 기차역, 건축 현장 등지에서 만난 수많은 사람이 누군지도 모르는 나에게 자신이 만들고 싶은 브랜드나 가보고 싶은 나라, 세상에 일으키고 싶은 변화에 관해 한껏 들뜬 표정으로 이야기해줬기 때문이다. 노숙자들에게 살 곳을 마련해주고, 암으로 고통받는 환자들을 지원하며, 큰 수술을 받은 사람들을 위한 옷을 만들고 싶다는 꿈들 말이다. 그렇다고 해서 그들 모두가 현재의 삶과 하는 일을 싫어한다는 뜻은 아니다. 다만 그들은 살면서 한 번쯤 해보고 싶은 일이 있다고 믿을 뿐이다.

그 모든 잠재력이 사방에 널려 있다. 만약 우리가 그 잠재력들을 활짝 펼쳐 보인다면 무슨 일이 벌어질까? 그 생각을 이렇게 글로 적는 것만으로도 나는 가슴이 두근거린다. 꿈의 힘은 이렇게나 강력하다.

그 덕분에 계단도 새로운 용도를 찾으려 하고 있었다. 애당초 나는 이 계단 건물을 사람들이 찾아와 조언을 구할 수 있는 헬프뱅크의 팝업 공간으로 만들면 어떨까 하고 생각했다. 그런데 팀원인 더들리가 더 기막힌 아이디어를 내놓았다. 더들리는 이름도, 우체통도, 주소도 없는 이 건물에 없는 것이 하나 더 있다고 지적했다. 바로 초인종이었다.

아이디어는 이랬다. 비디오카메라가 달린 초인종을 입구에 설치한다. 누구나 이 초인종을 누르고 자신의 꿈을 소개할 수 있다. 그러면 우리는 그 꿈들을 모두 녹화하고 온라인에 올려서 그들을 도울 방법을 찾는다. 그때까지 나는 아무에게나 무작정 다가가서 꿈이 있는지 물어봤다. 하지만 자신의 꿈을 이미 알고 있는 사람들은 이제 계단을 찾아와 초인종을 누르기만 하면 된다.

놀랍게도 계단에 사람들이 찾아왔다. 심지어 어떤 사람은 스코틀랜드에서 런던까지 차로 여섯 시간을 달려가 초인종을 누를 예정이라는 게시물을 올리며 나를 태그하기도 했다. 트위크넘 변두리에서 있는 이 우스꽝스러운 건물 앞에는 지금 이 순간에도 누군가가 서 있다. 아마 자신의 꿈을 적어놓은 조그마한 쪽지를 손에 꼭 쥔 채 준비한 말을 중얼거리고 있을 것이다. 그렇게 마지막 연습까지 마치고 나면 잠시 망설이다가 마침내 조심스레 초인종을 누를 것이다. 수백 명의 사람이 이 계단에 와서 꿈을 이루기 위해 꼭 필요한 첫걸음을 내디뎠다. 큰 소리로 자신의 꿈을 밝히고 누군가에게 그 꿈을 이루겠다고 다짐한 것이다. 우리는 어디로도 갈 수 없는 이 계단을 꿈을 이뤄주는 공장으로 변신시켰다.

초인종을 설치한 이유는 사람들을 초대해 그들의 꿈을 진지하게 듣고, 그 꿈을 이룰 수 있게 애쓰는 것이 내가 누군가에게 해줄 수 있는 중요한 일 중 하나라고 믿기 때문이다. 나는 비록 열다섯 살이라는 어린 나이에 무일푼으로 떠돌아다니면서 도움과 격려가 절실히 필요했는데도 받지 못했지만, 다른 사람들은 달랐으면 한다. 더 많은 사람이 꿈을 이룰 기회를 얻어 첫걸음을 떼고 계속해서 앞으로 나아가길 바란다.

이 책은 그다음 단계다. 비록 초인종을 마음속에 꼭꼭 숨겨두었더라도 모든 사람이 그 초인종을 눌러야 하는 이유와 그다음에 해야 할 일을 깨달았으면 한다. 그동안 내가 수십 개의 사업을 설립하고 운영하며 투자하고, 길 위에서 수천 명의 사람과 만나 꿈을 이룰 방법에 관해 이야기하면서 배운 교훈들을 이 책에 모두 담았다.

나아가 우리에게 꿈이 필요한 이유와 꿈을 삶의 원동력으로 삼는 방법을 살펴보려 한다. 아울러 꿈을 찾는 방법에 관해서도 이야기할 것이다. 누구에게나 꿈은 분명히 존재하며 방법과 방향만 알고 있다면 반드시 찾을 수 있다. 일단 꿈을 찾은 후에는 무엇을 해야 하는지, 즉 상상을 현실로 만들려면 어떻게 해야 하는지 그 실질적인 단계들에 대해서도 살펴볼 것이다.

나는 열다섯 살에 집도 없이 길거리를 떠돌아다니다 처음으로 사업을 시작해, 홍콩에서 디지털 크리에이티브 에이전시인 플루이드Fluid를 설립하고 결국 프라이스워터하우스쿠퍼스PWC에 매각하기까지, 사업가로서 직접 경험한 이야기들을 들려줄 것이다. 아내 헬렌과 함께 어느 바에서 끄적거린 아이디어로 만든 회사인 플루이드는 세계 최대 컨설팅 회사에 인수되었다. 그 과정에서 만난 수많은 사업가로부터 얻은 교훈을 여러분에게도 전하려 한다. 그리고 사람들이 어떻게 어렴풋이 생각만 하고 있던 꿈을 실현해 전과는 완전히 다른 즐거운 삶을 살게 되는지도 보여줄 것이다.

이 책을 읽고 난 뒤에는 여러분의 꿈이 더 이상 아득한 바람이 아니라 손에 잡히는 현실이 되기를 바란다. 이 책을 꼼꼼히 읽고, 나의 조언을 실천하고, 자신의 내면으로 깊숙이 파고들어 목적을 찾아낸다면 여러분이 항상 꿈꾸던 삶이 어느새 가까이 다가와 있을 것이다.

하지만 그 전에 먼저 여러분이 궁금해할 질문에 답을 하려

한다. '이 모든 게 왜 중요할까?', '꿈과 초인종에 관해 왜 이렇게 장황하게 설명하고 있는 걸까?' 대답은 간단하다. 꿈과 목적이 있으면 인생이 달라지기 때문이다. 더 이상 무작정 남의 규칙에만 따르지 않게 되면 모든 것이 이해되기 시작한다. 여러분이 어떤 일을 할 때에는 다 중요한 이유가 있고, 그 때문에 모든 일이 가치 있게 느껴진다. 더 이상 시간에 얽매일 필요가 없다. 더 이상 아침마다 억지로 침대에서 몸을 일으키지 않아도 된다. 더 이상 남에게 돈을 벌어주기 위해 일하지 않아도 된다. 이제 여러분에게 중요한 동기는 오직 한 가지, 자신이 불어넣은 동기다.

꿈은 반드시 필요하며 막강한 힘을 지니고 있다. 또한 진지하게 다뤄야 할 문제이기도 하다. 여기서 말하는 꿈은 막연한 개념이나 헛된 공상이 아니라, 그 위에 여러분의 인생을 설계할 수 있을 정도로 단단한 토대를 의미한다. 꿈을 이루기 위해서는 여러분의 꿈에 관해 명확하게 알고, 체계적으로 계획을 세우고, 끈기 있게 실천해야 한다. 막연한 욕심이나 허황된 목표에 갇히지 말고, 진짜 꿈을 이루는 데 방해가 되는 온갖 변명과 착각에서 벗어나야 한다. 또한 두려움을 받아들이고, 기꺼이 위험을 감수하며, 역경을 이겨내고, 적절한 시점에 마무리를 짓고 앞으로 나아가는 방법을 배워야 한다.

다행히도 이 모든 건 전부 배울 수 있는 것이다. 특별한 기술

이나 신비한 힘이 아니다. 내가 직접 해봤고, 수백 명의 사람이
할 수 있도록 돕기도 했다. 꿈을 찾아서 실현하는 것은 사치가
아니다. 우리 모두에게 필요하며 누구나 할 수 있다. 꿈을 이루
고 나면 결코 그 전의 삶으로 돌아갈 수 없을 것이다.

질문을 던지는 것은 그저 시작에 불과하다. 모든 것을 바꿔
놓을 커다란 변화는 그 이후에 일어난다. 그럼, 이제 묻겠다. 여
러분의 꿈은 무엇인가? 꿈을 이룰 방법을 알고 싶은가?

# 왜 꿈을 꿔야 하는가

## 꿈과 목적을 찾고 장애물을 제거해라

# 01

# 삶에 관한
# 4가지 잘못된 믿음

나는 인생 대부분의 시간 동안 꿈을 가져야겠다는 생각을 해본 적이 없었다. 꿈이 필요한지도 몰랐다. 회사를 설립하고 매각한 후에야 꿈의 중요성을 깨달았는데 그때는 이미 마흔이 넘은 나이였다.

열다섯 살에 집을 떠나 정원을 관리해주는 일로 첫 사업을 시작한 이후 나는 매일 똑같은 일상을 반복했다. 하루 종일 쉴 새 없이 일하고, 기회를 찾아다니고, 새로운 아이디어를 짜냈다. 그러다 회사를 수십억 원에 매각하고 나서는 원하는 건 뭐든지 할 수 있게 됐다. 태어나서 처음으로 완전히 자유로워졌다. 하지만 내가 그런 생활을 싫어한다는 사실을 깨닫는 데는 그리 오랜 시간이 걸리지 않았다.

처음에는 뭐가 문제인지 눈치채지 못했다. 그동안 열심히 일해서 번 돈으로 으리으리한 집과 늘 갖고 싶었던 자동차를 장만하고, 바빠서 항상 미뤄왔던 휴가도 길게 다녀왔다. 골프도 치고 욕조에 앉아 여유롭게 목욕도 즐기며 "이런 게 인생이지"라고 외쳤다. 한동안은 정말 그랬다.

그러다 별안간 깨달았다. 행복은 돈으로 살 수 없다는 말이 사실이라는 것을. 항상 그 말이 진부하다고 생각했었다. 나는 빈손으로 시작했지만 몸이 부서져라 일하고 또 일했고, 그 덕분에 돈도 벌고 경제적 자유도 누리게 됐다. 늘 내가 원하는 건 경제적으로 여유로워져서 마흔 살에 은퇴하는 거라고 생각해왔다. 하지만 자유를 얻고 나서야 비로소 알게 됐다. 돈을 버는 것은 즐겁지만 돈을 가지고 있는 것은 그리 즐겁지 않다는 사실을 말이다. 나는 더 이상 뭔가를 만들어내지 않고, 가진 것에 의지하고 있었다.

그렇다면 다시는 일을 하지 않아도 될 만큼 많은 돈과 끝 모를 자유를 갖게 된 지금, 내가 원하는 것은 무엇일까? 이 생각에 이르자 내가 지금까지 한 번도 진짜 원하는 것이 무엇인지 질문해본 적이 없다는 사실을 깨달았다. 심지어 그런 생각을 해본 적도 없었다. 학교에 다니는 동안은 결국 우리는 단순노동을 하게 될 거고 거기에 만족하며 살 거라고 여겼다. 그러다 집을 떠난 후에는 선택의 여지가 없었다. 살아남기 위해 일자리를 찾고 돈을 벌어야 했다. 그 이후로도 상황만 조금 달랐을 뿐, 나는 계속해서 그렇게 살아왔다.

나는 내 사업을 성공시킬 방법을 끝없이 고민했다. 하지만 성공이 내게 어떤 의미인지 생각해본 적은 단 한 번도 없었다. 내가 바라는 삶이란 어떤 삶인지, 무엇이 나를 행복하고 뿌듯하게 하는지 생각해보지 않았다. 오직 한 점만 바라보느라 그림 전체를 놓치고 있었던 것이다.

그러다 정신이 번쩍 들게 된 계기가 있었다. 당시 내 유일한 일과는 아들을 어린이집에 데려다주고 다시 집으로 데려오는 일이었다. 어느 날 아침, 나는 아들을 어린이집에 바래다주고 나서 소셜 미디어를 여기저기 둘러보면서 동영상을 하나 올렸다. 그러면서 내게는 지금 이 순간이 하루 중 가장 즐거운 시간이며, 세상에서 제일 운이 좋은 사람이 된 듯한 기분이 든다고 적었다. 더 이상 일할 필요도 없고 아들과 마음껏 놀아줄 수 있으니 더 바랄 게 없었다. 이게 바로 성공이라는 생각이 들었다.

그 당시 내 팔로워 수는 수천 명에 불과했다. 그런데 무슨 이유에서인지 그 영상이 내 영상들 가운데 최초로 입소문을 탔다. 곧이어 댓글이 줄줄이 달리기 시작했는데, 당시 내게는 낯선 일이었다. '등하원 시키는 건 똑같은데 난 돈이 없음'과 같이 유쾌한 댓글도 있었지만, 부정적인 반응들도 있었다. 그중에서도 특히 눈에 띄는 댓글이 하나 있었다.

'이딴 것 좀 그만 올려. 꿈은 아무나 꾸나.'

처음 그 댓글을 봤을 때는 짜증이 솟구쳤다. 하지만 이내 호기심이 생겼다. '왜? 왜 아무나 꿈을 못 꾼다는 거야? 꿈은 누구나 꿀 수 있는 것 아닌가?'

그때부터 나는 그 생각을 도무지 떨쳐낼 수가 없었다. 나도 꿈이 있나? 있었던 적은 있나? 그 꿈을 이룬 건가? 에이든을 돌보고 키우는 게 좋지만, 영원할 순 없다는 걸 알고 있었다. 에이든은 머지않아 다 자라서 자신의 삶을 살게 될 것이다. 그리고 그때는 내가 더 이상 필요하지 않을 것이다. 그렇다면 내가 남은 평생 이루고 싶은 꿈은 무엇일까?

나는 그 댓글을 도저히 그냥 지나칠 수가 없었다. 그래서 집에 돌아와 답글을 달았다. '혹시 꿈이 있나요? 꿈이 뭐예요?'

## 당신의 꿈은
## 무엇입니까?

얼핏 단순해 보이지만 실제로는 대답하기 어려운 질문이다. 순수하게 들리지만 깊이 고민하게 한다. 별 뜻 없이 묻는 듯하지만, 대답하는 순간 여러분이 지금 어떻게 살고 있는지가 고스란히 드러난다.

그날 아침, 그 댓글 때문에 나는 처음으로 이 질문을 던져봤다. 흔히 부모님이나 형제자매, 선생님 혹은 멘토로부터 자극을 받는다고들 하지만 내 경우에는 그 대상이 악플러였다. 누군지 모를 그 틱톡 사용자에게 고마울 따름이다. 그러니 혹시 이 책의 내용이 여러분 마음에 들지 않으면 이 일의 발단이 된 악플러들을 탓해라.

결국 나는 그 불만 가득한 댓글 작성자로부터 답장을 받지 못했다. 하지만 그 댓글은 계속해서 내 머릿속에 맴돌았다. 지금껏 내게 꿈이 없었다면 여태 난 무엇을 하고 있었던 거지? 어떻게 회사를 성공적으로 키워서 팔 수 있었을까, 내가 잘한 게 맞긴 할까?

그로 인해 나는 생전 처음으로 진정한 성공이란 무엇이며, 어떻게 하면 성공할 수 있는가에 관해 생각해보게 됐다. 내가 설립한 회사들, 성공과 실패, 당시 나의 다짐, 그리고 이제 와서 드는 생각까지 모두 살펴봤다. 그리고 그 과정에서 깨달은 것이 있었다. 성공과 성공하는 방법에 관해 우리는 보통 이상한 생각을 하고 있다는 점이었다. 잘못된 믿음과 오해로 인해 우리는 종종 엉뚱한 것을 목표로 삼고 그것을 그릇된 방식으로 실현하려고 한다. 이런 생각들은 우리가 진정한 꿈을 이루지 못하게 방해한다.

뒤늦게나마 내 삶을 돌이켜보니 객관적인 기준으로 보면 성공했지만 잘못한 일도 많았다. 실수를 저지른 것이 아니라 단단히 오해를 하고 있었다. 나는 잘못된 믿음에 눈이 멀어 좀 더 근본적인 진실을 보지 못했다.

반드시 꿈을 가져야 하는 이유를 알기 위해 나는 우선 그 믿음들이 내 삶에서 어떤 역할을 했는지 찾아보기 시작했다. 여러분도 그렇게 해보길 바란다. 정원사가 잔디를 깔기 전에 흙을 고르고, 화가가 붓을 들기 전에 벽을 매끄럽게 다듬는 것처럼, 먼저 잘못된 믿음과 그 힘에서 벗어나는 방법을 알아야 꿈을 향해 나아갈 수 있다.

이 과정을 꼭 거쳐야 하는 이유는 이런 믿음이 어디에나 퍼져 있고 큰 영향을 미치기 때문이다. 대개는 학교에서부터 그렇게 배우고, 살면서 그 믿음이 더 굳어진다. 게다가 워낙 다들 그렇게 믿으니 평생을 의심따윈 하지 않고 살기 쉽다.

꿈이라는 개념에 본격적으로 접근하기 전에 먼저 정리하고 넘어갈 것들이 있다. 우리는 과거부터 전해 내려온 가장 흔하고, 때로는 가장 해로운 생각 몇 가지를 버려야 한다. 바로 절대로 의심하지 말라고 배운 것들이다(그래서 내 좌우명 중 하나는 '모든 것을 의심하라'다. 여러분도 여기서 내가 일러주는 내용까지 모두 의심해라). 이 잘못된 믿음들을 찾아서 부정하고, 극복하는 법을 배우지 않으면 여러분의 꿈을 지킬 수 없다.

## 잘못된 믿음 1:
## 열심히 일할수록 성공할 가능성이 크다

　열심히 일하면 성공한다는 믿음이 틀렸다는 사실을 나는 내 경력을 되돌아보고 나서야 비로소 깨달았다. 그간 나는 내가 이렇게 성공할 수 있었던 원인을 잘못 알고 있었다. 15년 동안 나는 나와 동료들이 모두 열심히 일했기 때문에 사업이 잘됐다고 생각했다. 오랜 근무시간과 잦은 야근 그리고 '오늘은 여기까지만 해야지' 하는 마음 대신 전화 한 통이라도 더 걸어보겠다는 의지가 있었기 때문이라고 말이다. 열심히 일할수록 성공할 가능성이 커진다는 말은 누구라도 들어봤을 것이다. 너무나 당연한 소리다.

　그리고 나는 정말 열심히 일했다. 함께 사업을 일궈온 내 아내 헬렌은 창의력이 몹시 뛰어났고, 나는 온 힘을 다해 일하는 데에는 자신이 있었다. 처음 만나 함께 크리에이티브 에이전시creative agency(기업의 마케팅, 광고, 디자인 등 창의적인 활동을 기획 및 실행하는 전문 회사—옮긴이)를 세우기로 했을 때부터 그렇게 정해져 있었다. 헬렌이 디자인 작업을 하면 나는 영업을 했다. 그 후 많은 팀을 꾸렸지만, 우리의 역할은 결코 변함이 없었다.

　열심히 일했다고 자신 있게 말할 수 있지만 단지 그 이유로 우리가 성공한 건 아니었다. 노력만으로는 다 설명되지 않았다. 이 업계에 오래 있으면서 나는 모든 힘을 쏟아 프로젝트를 진행했지만 실패한 사람들을 수도 없이 보았다. 몇 년 동안 휴가도 못 가고 사업을 성공시키려고 밤낮없이 애쓰다 지쳐 나가떨어진 사업가들도 봤다. 곰곰이 생각해보니 열심히 일한 뒤에 실패할 확률은 성공할 확률과 크게 다르지 않았다.

하지만 사업을 하면서 나는 그런 생각을 해본 적이 없었다. 내가 열심히 일했으니 성공하는 게 당연하다고 여겼다. 회사가 성장한 건 무엇보다도 우리가 뼈 빠지게 일한 결과라고 생각했다. 그리고 우리가 성공하자 사람들이 하는 말들을 들으며 더욱 확신했다. "잘했어, 그렇게나 열심히 일했으니 당연해." 마치 기술이나 판단력, 운, 창의성이 아니라 오로지 노력만으로 우리가 성공한 것처럼 말이다.

우리는 왜 열심히 일해야 한다는 생각에 홀딱 빠져서 자신이 성공한 비결은 모두 노력에 있었다고 외치는 걸까? 왜 다들 그렇게 믿는 걸까?

그 이유 중 하나는 겸손이다. 누군가 성공의 요인을 물어보면 많은 사람이 먼저 인자한 부모님이나 존경하는 선생님, 훌륭한 팀원들과 같은 다른 사람들에게 공을 돌린다. 그런 다음에도 집요하게 캐물으면 아마 열심히 일했기 때문이라고 대답할 것이다. 보통 '네, 제가 워낙 일을 잘해서요'나 '경쟁사보다 저희가 뛰어났어요'라고 말하기보다 '열심히 했거든요' 또는

'운이 좋았죠'라고 말하는 게 훨씬 마음 편하다. 열심히 일했다고 하면 성공한 원인을 그럴듯하게 설명할 수 있다. 자기 능력을 인정하거나 특별히 뭘 잘했다고 내세울 필요도 없다. 그래서 이 말을 너무 자주 사용하다 보니 정말 그렇다고 믿게 됐다. 너무 흔한 거짓말이라 사람들은 자기가 거짓말을 하고 있다는 사실조차 깨닫지 못한다.

이런 가짜 겸손 말고도 원인은 또 있다. 우리가 노력 자체를 열렬히 숭배한다는 점이다. 애초에 그렇게 배웠다.

학창 시절을 떠올려보자. 저학년까지는 색칠하기, 책 읽기, 노래하기, 춤추기, 운동하기 등을 하느라 항상 즐거웠다. 그러다가 일고여덟 살이 되면서 달라졌다. 그 전까지 해온 온갖 신나고 창의적인 활동들을 졸업해야 했다. 그런 건 어린애들이나 하는 유치한 활동이라고 깔보면서 말이다. 그리고 그때부터는 다른 것들을 배운다. 암기하고 시험을 봐서 합격하거나 탈락한다. 더 많이 외우고 반복할수록 성적은 좋아진다. 우리는 태어나서 처음으로 성공이 노력에 달려 있다는 것을 배운다. 학교에서 열심히 공부해야 좋은 직장에 취직할 수 있다. 직장에서 열심히 일해야 집을 살 수 있다. 열심히 일해야 애들을 먹여 살리고 더 큰 집으로 이사를 간다. 계속 열심히 일하면 연금을 두둑이 받으며 은퇴할 수 있다. 뭘 하든 무조건 열심히만 하면 된다.

열심히 노력하는 것 자체에는 아무런 문제가 없다. 누구나 열심히 일해야 하고, 꿈을 좇아 달리고 있다면 애쓰지 않아도 어느새 최선을 다하기 마련이다. 문제는 열심히 일하는 것 자체를 최종 목표로 삼는 것이다. 노력하기만 하면 꼭 성공할 거라고 믿으면서. 이런 사고방식에 빠지면 사람들은 그저 고개를 처박고 주어진 일에만 집중한다. 열심히 일하기만 하면 나머지는 저절로 해결될 거라고 믿으면서.

또한 인생은 합리적이고 현실적이며 신중하게 살아야 한다는 원칙을 갖게 된다. 그에 따르면, 직장을 그만두고 사업을 시작해서는 안 된다. 불안정한 직업을 가져서는 안 된다. 주변 사람들이 이해하거나 인정하지 못하는 일을 해서는 안 된다.

그래서 나는 이 근면성실주의가 제일 불만이다. 위험하다고도 생각한다. 우리에게 절대 꿈을 꾸지 말라고 하기 때문이다. 조금이라도 실패할 기미가 보이면 우리가 가진 가장 멋진 아이디어와 가장 큰 야망을 포기하라고 한다. 매일 반복되는 노동에서 벗어나선 안 되며, 인생에서 진짜 원하는 것이 무엇인지는 생각하지도 말라고 한다.

그 대신 부모님이나 또래 집단과 같은 길을 걸으며 정해진 규칙을 따르고, 우리의 노력(누군가를 위한, 그리고 대개 누군가의 이익을 위한)이 언젠가 보상받을 거라고 믿으며 계속 일하라고 종용한다. 그러다 보면 어느새 우리는 자신의 꿈이 이룰 수 없고 비현실적이며 심지어 이기적이기까지 한, 너무 힘든 일이라고 생각하게 된다.

그런 세계관은 너무나 편협하고 자기부정적이다. 게다가 나는 그게 거짓이라는 것을 알고 있다. 평생 열심히 일해왔지만, 내가 가장 잘한 일과 내 가장 큰 성공은 '가장 열심히' 일했을 때 이뤄진 것이 아니기 때문이다. 내 최고의 사업 아이디어는 휴가를 떠나 머릿속에서 회사 생각을 지워버렸을 때 떠올랐다. 플루이드에 전문 경영인을 영입해 회사를 운영하게 하고 일선에서 물러났던 몇 해 동안 나는 가장 큰돈을 벌었다. 그리고 중요한 일을 능력 있는 사람들에게 위임하는 법을 배우자 내가 운영하던 모든 사업의 실적이 개선됐다. 열심히 일하면 성공한다는 잘못된 믿음에서 멀어질수록 나와 내 사업은 더욱 번창했다.

여기서 깨달아야 할 점이 있다. 마치 벌이라도 받는 것처럼 열심히 일만 해서는 성공할 수 없다. 성공하려면 현명하게 일해야 한다. 노력 자체에 매달리지 말고 꿈을 따라가야 앞으로 나아갈 수 있다. 그러므로 성공하기 위해 제일 먼저 할 일은 학교 교과서에서 읽었던 노력에 관한 이야기를 깨끗이 잊어버리는 것이다.

# 잘못된 믿음 2:
# 실패는 곧 재앙이다

사람들에게 꿈이 있는지 물어볼 때 난 항상 두 번째 질문도 준비해둔다. 그래서 상대방이 자신의 꿈을 얘기하면 우선 축하해준 다음, 이어서 묻는다. "그런데 그 일을 왜 아직 안 하고 계신 거예요?"

그러면 사람들은 이런저런 이유를 내놓는다. 그 가운데 내 기억 속에 강렬하게 자리 잡은 대답은 딱 네 마디였다. 보통 앞서 말할 때보다 살짝 더 나긋한 목소리로 이렇게 말한다.

"안 될 수도 있잖아요."

사회와 기존 교육이 조장하는 모든 잘못된 믿음 중에서 가장 해로운 것은 아마 실패에 대한 두려움일 것이다. 우리는 실패를 엄청난 잘못이라고 배운다. 실패는 부끄러운 일이며 숨겨야 할 곤란한 비밀인 데다 우리가 멍청하고 재능이 없으며 능력이 부족하다는 증거라는 것이다. 그러다 보니 우리는 미처 시도해보기도 전에 꿈을 포기하고 만다.

열심히 일하면 성공한다는 믿음과 마찬가지로 이 믿음 역시 학교에서 비롯된다. 우리는 정답과 오답이 있고, 시험에서 좋은 점수를 받으려면 정해진 방식으로 답을 적어야 한다고 배운다. 그리고 이 규칙은 성적표를 받거나, 대학 입시에 도전하거나, 수습 기간을 거치면서 계속 이어진다. 그러고 나면 누구나 알 만한 직장에 취직하고 더 좋은 곳으로 이직도 해야 한다. 승진하고 성과 보너스도 받아야 한다. 이 모든 것에서 우리는 성공하거나 실패한다. 합격하거나 탈락한다. 기준선을 넘거나 못 넘는다. 성공은 천국이고 실패는 지옥이다.

문제는 이 믿음이 실제로 어떤 일을 실행하는 방법이나 꿈을 이루기 위해 필요한 요소와는 거의 무관하다는 데 있다. 수없이 실패하지 않고 성공한 사업가가 있는지 찾아보자. 사업이 망하거나, 아이디어가 무산되거나, 결국 평생 후회할 만한 결정을 내려본 적이 없는 사업가는 아마 없을 것이다. 발명가들에게 실패한 시제품을 적어보라고 하면 사전만큼 두꺼운 책이 될 것이다. 오디션에서 한 번도 떨어지지 않은 배우나 늘 주전 선수로만 뛰었던 운동선수도 찾아보기 어렵다.

영국의 유명 요리사 제이미 올리버Jamie Oliver는 누가 봐도 엄청나게 성공한 인물이다. 그는 조앤 K. 롤링JK Rowling과 『그루팔로The Gruffalo』의 작가 줄리아 도널드슨Julia Donaldson에 이어 영국 역사상 가장 많은 책을 판매한 작가이기도 하다. TV에서도 가장 인기 있는 스타 중 한 명이며 건강한 식습관을 기르자는 캠페인 활동을 통해 사회에도 큰 영향을 미치고 있다.

하지만 그는 최근 몇 년 사이에 치명적인 사업 실패를 겪었다. 그리고 2019년, 그가 운영하는 레스토랑 그룹이 파산하고 말았다. 회사는 법정관리에 들어갔고 레스토랑 스물두 곳이 폐업했으며 직원 1000명이 정리해고를 당했다. 무엇보다 안타까웠던 것은 그가 제일 처음 열었던 레스토랑인 피프틴Fifteen마저 문을 닫아야 했다는 점이다. 피프틴에서 일하던 직원들은 모두 불우한 환경에서 자랐거나 힘겹게 살아가는 젊은이들이었다. 거의 20년 동안 그는 피프틴뿐만 아니라 전국에 있는 그의 레스토랑에서 일하던 모든 직원의 삶을 변화시켰다. 취약한 젊은이들에게 다시 한번 기회를 주고 평생 직업을 제공해 재활을 돕는 것을 목표로 한 훌륭한 사업이었다. 이제 그는 모든 것을 멈춰야만 했다. 레스토랑 그룹을 유지하고 파산을 막기 위해 자신의 재산을 460억 원이 넘게 쏟아부었지만 소용이 없었다. 이후 그는 "모든 게 망가지는 모습이 마치 구멍이 숭숭 뚫린 채반 같았어요. 온 사방에 난 구멍들을 도저히 막을 수가 없었죠"라고 말했다.

막대한 실패였다. 올리버는 언론으로부터 맹비난을 받았고, 텔레비전에 나와 인터뷰하면서 눈물을 흘리기까지 했다. 하지만 그 실패가 그가 이룬 모든 업적까지 무너뜨릴 순 없었다. 또한 그의 재기도 막지 못했다. 2023년 무렵, 그의 사업은 다시 수십억 원의 흑자로 돌아섰고, 그는 다시 레스토랑을 열고 요리학교를 확장하고 있었다. 올리버는 과포화 상태인 레스토랑 체인 업계로 돌아가지도, 이전처럼 빠르게 성장하려고 노력하지도 않겠다고 다짐했다. 실패에도 좌절하지 않고 도전을 멈추지 않았다. 실패는 오히려 그가 묵묵히 할 일을 하면서 무너진 것들을 다시 세우고, 다음번에 더 잘할 수 있는 계기가 되었다. 그에게 직접 물었어도 틀림없이 엄청난 실패와 재정적 손해를 견뎌낸 덕분에 더 나은 사업가가 되었다고 대답했을 것이다.

올리버의 경우는 극단적인 예이고, 우리가 사업에 실패해서 수백억 원을 날릴 일은 거의 없다. 하지만 누구나 실패를 겪고 비참해지는 경험을 한다. 따라서 그 사실을 받아들이고 실패에 대비해야 한다. 그리고 더 나아가 그 순간을 적극 활용해야 한다. 실패를 무조건 피해야 한다는 생각을 버리고 오히려 전화위복으로 삼아야 한다. 실패가 두려워서 감히 시도조차 못 해서는 안 된다. 실패할 것을 충분히 예상하고 도전하며 실패를 통해 한 단계 더 성장해야 한다.

나 역시 수많은 실패와 몇 번의 성공을 겪으며 이 사실을 깨달았다. 모든 경험마다 배울 점들이 있고 실패해야 발전할 수 있다. 더 단단히 대비했기 때문에 다음번에는 성공하게 된다. 또한 경험을 쌓다 보면 처음에는 예상치 못했던 일들도 예측 가능해지고 위험도 더 민감하게 감지할 수 있다. 실패를 통해 다른 방식으로는 키울 수 없는 직감을 기르게 된다. 그렇게 시행착오를 거치며 실력을 쌓고, 감각을 다듬어가면서 결국엔 큰 꿈을 이룰 수 있는 것이다.

내게 가장 의미 있었던 실패 중 하나는 뜻밖의 분야에서 일어났다. 바로 만화책이었다. 당시 플루이드를 운영하던 나는 한 저명한 사업가와 홍콩에서 합작 투자회사를 설립했다. 테마 레스토랑부터 홍콩의 주요 스포츠 행사에 이르기까지 다양한 분야에 투자할 계획이었다. 그 첫 번째 프로젝트는 만화책이었다. 당시에는 마블 시네마틱 유니버스(마블 스튜디오에서 제작하는 영화, 드라마의 세계관―옮긴이)가 막 인기를 얻기 시작해서 슈퍼히어로와 관련된 사업의 규모가 점점 커지고 있었다. 우리의 아이디어는 단순했다. 만약 배트맨이 중국에 왔다거나 슈퍼맨이 인도에서 태어났다면 어땠을까? 마블 코믹스와 DC코믹스가 서양에서 했던 일을 동양에서도 할 수 있다면 어떨까? 그 결과 『데바샤드DevaShard』가 탄생했다. 『데바샤드』는 두 형제의 이야기를 다룬 만화로 기원전 4세기에 산스크리트어로 쓰인 서사시 마하바라타Mahabharata에서 영감을 얻었다. 현지 예술가들과 업계 유명 인사들이 참여한 이 작품은 신선한 소재에 아름다운 그림을 더해 발표하자마자 주목을 받았다.

압도적인 호평이 쏟아지자 우리는 대박을 터뜨렸다고 생각했다. 특히 대형 제작사들이 만화를 영화화하겠다는 움직임을 보이자, 틈새시장을 노렸던 우리의 출판물이 세계적인 히트작으로 거듭날 수 있을 것만 같았다. 두 번이나 계약이 거의 성사될 뻔했다. 두 번째는 대형 영화 제작사와 양해각서까지 체결해, 언론에서 무려 210억 원을 들여 『데바샤드』를 〈반지의 제왕〉과 비슷한 규모의 영화로 제작할 예정이라고 보도하기도 했다.[1]

한껏 들떠서 의기양양했던 나는 속편의 완성도를 높이고 더 많은 인재를 투입하기 위해 계속해서 『데바샤드』에 투자했다. 하지만 영화 업계는 진행 속도가 더디고 뭔가 확정이 되기 훨씬 전부터 빈말만 요란한 곳이다. 수많은 기사와 양해각서가 결국 다 부질없었다는 것이 서서히 분명해졌다. 두 번째 협의마저 불발로 끝나고 나서 『데바샤드』를 영화화하겠다는 꿈이 물거품이 되었다는 사실을 받아들였을 때는 이미 20억 원이 넘는 돈을 써버린 후였다. 물론 그 돈으로 팬들의 사랑을 받는 멋진 작품을 만들어냈지만, 사업적으로는 미래가 없었다. 결국 손실을 감수하고 사업을 접을 수밖에 없었다.

뼈아픈 실패였다. 그 전까지 그리고 그 후로도 그렇게 많은 돈을 허비한 적은 없었다. 하지만 나는 처음에 느꼈던 실망감을 극복하고 나서는 그때의 투자를 단 한 번도 후회하지 않았다. 금전적으로는 손해를 봤지만 내 인생에서 가장 보람 있는 실패였다. 샌디에이고에서 열린 코믹콘Comic-Con에 참석해 『데바샤드』를 소개하기도 했고, 그동안 전혀 몰랐던 만화 산업에 대해 배울 수 있는 좋은 시간이었다. 지금까지도 나는 우리 훌륭한 팀이 만든 이 작품을 사랑하며 언젠가는 빛을 볼 날이 올 거라고 믿는다. 더욱이 나는 이 경험을 통해 사업적으로도 몇 가지 교훈을 얻었다. 그중 가장 중요한 것은 수중에 없는 돈을 미리 써서는 안 되며, 막연한 약속을 믿고 신규 사업에 돈을 쏟아붓지 말아야 한다는 점이다. 나는 전에 몰랐던 사실을 많이 배웠고 그 실패를 통해 더 나은 사업가가 됐다. 몇 년 후, 앞선 실패에 다시 한번 감사하게 된 계기가 있었다. 『데바샤드』를 소재로 영화를 만들고 싶어 했던 제작자들 가운데 바로 하비 와인스타인Harvey Weinstein(2017년 미투운동을 촉발한 미국의 거물 영화 제작자―옮긴이)이 있었기 때문이다. 그는 만화에 관심을 보이며 캐릭터 중 한 명을 중심으로 영화를 만들고 싶어 했다. 하지만 조건이 맞지 않아서 우리가 계약을 거절했다. 만화 사업이 실패했을 당시에는 '아니요'를 외쳐서 엄청나게 큰 대가를 치르는 기분이었다. 나 때문에 좋은 기회를 놓쳤다며 얼마나 자책했는지 모른다. 하지만 한참 후에야 도리어 계약이 성사되지 않아서 다행이었다는 것을 알게 됐다. 결국 '아니요'가 정답이었고, 실패가 오히려 바람직한 결과였다는 게 밝혀졌다.

『데바샤드』 사업을 진행한 경험 덕분에 나는 실패에 익숙해지는 법을 배워야 한다고 확신하게 됐다. 실패를 인정하고, 교훈을 얻고, 실패가 위험을 감수한 대가라는 사실을 받아들여야 한다. 무엇보다도 실패했다고 무너지면 안 된다.

그렇다고 해도 실패에 대한 두려움을 완전히 없앨 수는 없다. 실패하고 싶지 않은 마음은 어디까지나 자연스럽고 건강한 감정이다. 하지만 이뤄질 수 없는 바람이기도 하다. 위험을 감수하다 보면 크게 실패하는 날이 올 것이다. 여기서 중요한 것은 실패했을 때 어떻게 대응하는가다. 실패를 받아들이고 교훈을 얻을 수 있도록 마음을 잘 다스려야 한다. 실패에 담담해질수록 꿈을 이루기 위해 꼭 마주해야 할 위험을 더 잘 감수할 수 있다.

꿈을 향해 전력 질주를 하기 전에 먼저 실패는 재앙이라는 믿음을 버리고 모든 두려움과 싸워야 한다. 그러기 위해서는 우선 문제가 뭔지 명확히 밝혀내야 한다. 두려움의 이면에 숨어 있는 더 깊고 구체적인 감정을 파악해야 한다. 무엇이 두려운가? 파산할까 봐? 남들한테 손가락질받을까 봐? 거절당할까 봐? 아니면 당신을 헐뜯던 사람들이 옳다는 게 증명될까 봐? 어떤 것이 두려운지 적어보고 그 원인을 이해해보자.

만약 남들의 시선이 두려운 거라면, 사람들이 여러분을 존경하는 마음을 오히려 평가하고 비판하는, 비뚤어진 방식으로도 표현할 수 있다는 사실을 기억하자. 그들은 여러분이 지닌 용기를 부러워한다. 그래서 자신의 단점을 감추려고 여러분을 비난한다. 이런 상황에서 여러분이 느끼는 두려움은 그들의 두려움이 그대로 투영된 것일 뿐이다.

이 사실을 이해하면 두려움을 떨쳐내기가 훨씬 쉽다. 여러분의 성공과 실패를 다른 사람들이 정하게 내버려두지 말자. 다른 사람들이 어떻게 반응할지 상상하며 지레 겁먹고 꿈을 포기하지 말자.

나는 중요한 프로젝트나 새로운 사업을 시작할 때 항상 생각한다. '위험을 무릅쓸 만한 가치가 있는 일인가?' 충분히 그럴 만하다는 판단이 들면 두려움을 통제할 수 있고, 어떤 실패도 받아들일 수 있을 거라는 확신이 생긴다.

## 잘못된 믿음 3: 힘든 일은 피해 가도 된다

우리 조상들은 먹고살기 위해 나가서 사냥을 해야 했다. 힘들긴 해도 사랑하는 가족을 부양하고 지킨다는 분명한 목적이 있었다. 지금은 세상이 바뀌어서 식량을 찾아 숲속을 헤맬 필요 없이, 슈퍼마켓에 가서 음식을 사 오면 된다. 삶이 말도 안 되게 편리해졌으니 감사할 일이다. 하지만 그 때문에 우리가 잃어버린 것들이 무엇인지 잊어서는 안 된다. 더 이상 생존하기 위해 싸울 필요가 없어지면서 우리는 감각이 무뎌졌고, 위험에 도전하려는 의지가 줄어들었으며, 어려운 일을 피하게 되었다.

오늘날 우리는 편리하고, 즉각적으로 만족할 수 있게 만들어진 세상에 살고 있다. 클릭 몇 번이면 집 앞까지 물건이 배달된다. 집에서 일할 수 있고 필요한 건 대부분 집으로 시킬 수 있으니, 비가 주룩주룩 내리고 밖에 나가기 싫은 날에 집에 있기가 그 어느 때보다 쉬워졌다.

모든 게 어느 정도까지는 괜찮다. 편리한 걸 싫어하는 사람이 어디 있겠는가? 나 역시 대부분의 일을 소셜 미디어를 통해 하는 사람으로서 석기시대로 돌아가야 한다고 주장할 생각은 추호도 없다.

하지만 우리가 적절히 관리하지 않으면 어떤 일이 벌어지는지는 알고 있어야 한다. 고를 수 있다면 쉬운 길을 택하고 싶어지고, 편리하면 게을러지고, 편안하면 안주하게 될 수 있다는 것을 알아야 한다. 우리가 손쉽게 사용하는 모든 기술은 잘만 활용하면 훌륭한 도구가 되지만, 그러지 못하면 해로운 영향을 끼칠 수 있다. 우리를 최선이 아니라 최악의 모습으로 바꿔놓을 수 있다.

무엇보다 가장 큰 위험은 우리가 힘든 일들을 피하기 시작할 수 있다는 것이다. 하지만 어려운 일들도 소중한 꿈을 이루기 위해서는 꼭 필요하다. 현대의 생활 방식 때문에 사람들은 항상 더 쉬운 방법이 있으니 굳이 어려운 일을 하느라 고생할 필요가 없다고 생각한다.

이런 생각에 빠지면 우리는 우리를 특별하게 만들어주는 무언가를 잃게 된다. 인간은 경험을 통해 배우고, 역경을 통해 성장한다. 우리 인생에서 가장 힘든 순간들이야말로 우리를 성숙하게 한다. 인생이 늘 힘들기만 하면 안 되겠지만, 가끔은 힘든 시기가 필요하다. 시련이 없다면 우리는 인간으로서 성장할 수 없고, 넘어졌다 일어나면서 생기는 자신감을 기를 수 없으며, 인생에서 가장 중요한 도전을 할 준비를 할 수 없다. 게다가 '힘든 일'은 실제보다 마음속에서 생각할 때 훨씬 더 어려운 경우가 많다. 그러니 오래 쌓아두면 쌓아둘수록 두려움이 더 커지는 것이다. 반면에 억지로 용기를 내서 부딪혀보면 대개는 쓸데없는 걱정이었음을 알게 된다.

얼마 전 홍콩에서 누군가를 만났을 때 문득 이 생각이 떠올랐다. 당시에 우리는 촬영 중이었는데, 한 남자를 멈춰 세우고 꿈이 무엇인지 물어보고 나서야 나는 그를 알아봤다. 20여 년 전 플루이드에서 영업을 담당했던 직원이었다. 결과는 썩 좋지 않았다. 면접에서 그는 성공하고 싶어서 안달이 나 있다고 말했지만 채 한 달도 지나지 않아 그럴 가능성이 희박하다는 게 분명해졌다. 당시 직무가 그와 잘 맞지도 않았고 그에게 그만한 의지도 없었기 때문이다. 나는 서로 간의 고통을 끝내기 위해 수습 기간이 끝나기도 전에 그에게 나가달라고 말했다. 20여 년이 지난 지금, 그는 껄껄 웃으며 나와 다시 함께 일하는 것이 꿈이라고 말했다. 금융권에서 경력을 쌓으며 경제적으로는 성공했지만 성취감을 느낄 수가 없었다며, 위험을 피해 직장을 여기저기 옮겨 다녔고 세 번이나 이혼과 결혼을 반복했다고 했다.

그가 성취감을 느끼지 못한 건 계속해서 편한 삶만 찾으며 힘든 일로부터 도망쳤기 때문이다. 골치 아픈 일들은 피할 수 있었지만, 그 결과 공허해진 것이다.

여기서 배울 수 있는 교훈은 간단하다. 그게 뭐가 됐든, 인생에서 뭔가를 이루기는 분명 쉽지 않다. 직장에서, 결혼 생활이나 인간관계에서 끝까지 버티려면, 한 사람으로서 적응하고 성장하고 발전해야 한다. 힘든 일에 기꺼이 도전하는 사람들은 그 길에 나서지만 방구석에 앉아 쉬운 길을 택하려고 하는 사람들은 대개 안주하려 할 것이다.

그러므로 우리는 힘든 일은 피하고 최대한 편하게 사는 게 좋다는 믿음을 버려야 한다. 우리 삶이 끊임없는 투쟁이 되어서는 안 되지만, 가끔이라도 힘든 일에 뛰어들겠다는 의지가 없다면 성장하지도, 발전하지도, 꿈을 이루지도 못할 것이다.

자, 이제 책을 잠시 내려놓고 목록 하나를 작성해보자. 목록의 제목은 '하기 힘든 일들'이다. 여러분은 이미 목록에 들어갈 내용을 다 알고 있다. 미루고 있던 전화, 지원하려고 생각했던 일자리, 시작하겠다고 다짐했던 부업이나 프로젝트. 그 일들을 쭉 적어두고 지금 당장 시작할 수 있는 일을 하나 고르자. 그 일을 해내는 순간 뿌듯한 기분을 느낄 것이다. 이런 일들을 힘든 (그래서 손대기 어려운) 것이 아니라 꼭 필요한 것들이라고 생각해보자. 더 나은 삶을 선사해줄 일들이자 꿈을 향해 나아가는 걸음들로 여기자.

실제로 이를 경험한 한 여성이 있다. 그는 내게 자신의 꿈은 부자가 되는 것이라고 말했다. 나는 멋진 꿈이지만 그 꿈을 이루려면 영업을 배워야 할 것이라고 답했다. 영업은 인생에서 가장 중요한 기술이기 때문에 무슨 일을 하든 누구나 반드시 배워야 한다. 하지만 그는 평생 뭔가를 팔아본 적이 없었고, 그에게 영업은 살면서 최대한 피해야겠다고 결심한 일 중 하나였다.

그가 영업을 왜 할 수 없는지 온갖 변명을 늘어놓기 전에, 나는 재빨리 주머니에서 펜을 하나 꺼냈다. 그리고 지금부터 1분 안에 이 펜을 팔면 20만 원을 주겠다고 제안했다. 훈련이나 응원, 전략 같은 건 없었다. 그러자 그는 곧바로 영업의 달인처럼 행인들에게 다가가 말을 걸기 시작했다.

불과 11초를 남겨두고 마침내 그 펜은 팔렸고, 나는 기쁜 마음으로 그에게 상금을 건넸다. 나중에 그는 나에게 SNS로 메시지를 보내 그 49초가 자신의 인생을 바꿔놓았다고 말했다. 이제 그에겐 자신감이 생겼다. 두려워하던 일을 용감하게 해냈기 때문이다. 그는 '힘든' 일을 해냈고, 앞으로 또다시 할 수 있다는 것을 안다. 내 20만 원은 제 주인을 찾아갔다. 머릿속에 있던 장애물을 넘은 그는 이제 자신의 인생을 한 단계 더 발전시키고 꿈을 향해 도전할 준비가 됐다. 힘들다고 생각했던 일이 실제로는 별것 아닌 경우가 많다는 엄청난 비밀을 깨달았기 때문이다. 그러므로 문제는 피하는 대신 마주 보고 달려들어야 한다.

## 잘못된 믿음 4: 가진 게 많으면 행복하다

인생에 관한 위험한 믿음 중에 몇 가지는 성공하는 데 필요한 것들과 관련이 있다. 하지만 가장 큰 오해 중 하나는 성공의 의미에 관한 것이다. 바로 물질적 소유로 성공을 판단할 수 있다는 믿음이다. 사는 집, 타고 다니는 차, 호화로운 휴가와 같은 것들로 말이다. 사람들은 노력의 결실을 마음껏 (최대한 남들에게 잘 보이게) 누리고 싶어 한다.

오랫동안 나도 그렇게 믿었다. 나는 절대로 물건에 과하게 집착하는 사람이 아니고, 물건을 사느니 그 돈을 사업에 재투자하는 편이었지만 늘 갖고 싶었던 것이 하나 있었다. 집도 없이 돈을 모으려고 아등바등하던 시절부터 원했던 것이었다. 그때의 나를 만나 꿈이 뭐냐고 물었다면 나는 아마 이렇게 대답했을 것이다. 포르쉐Porsche의 자동차를 갖고 싶다고. 내게 멋지고 화려하고 비싼 차는 세상에 내가 성공했음을 알리는 신호와도 같았다. 그 차를 가지면 이 정도 돈은 내게 아무것도 아니라는 것, 내가 성공했다는 것을 누구나 알게 될 거라고 생각했다.

그래서 우리는 뭔가를 갖고 싶어 한다. 그 자체로 더 이상의 설명이 필요 없기 때문이다. 더 물어볼 것도 없이 딱 보기만 해도 알 테니까.

그래서 회사를 매각한 후 마침내 금전적인 여유가 생기자 나는 포르쉐를 샀다. 처음 차를 몰고 런던의 포르쉐 매장을 나설 땐 하늘을 나는 것 같았다. 그 순간 진정한 희열을 느꼈다. 말 그대로 땡전 한 푼 없던 내가 부자들만 타고 다니는 고급 차에 앉아 있다는 사실이 도무지 믿기지 않았다.

한 일주일 정도는 쭉 행복했다. 나는 여기저기서 포르쉐 얘기를 꺼내고, 온갖 핑계를 대며 새 차에 사람들을 태우고 다녔다. 그런데 그다음 주가 됐을 때 누군가 포르쉐를 살짝 긁고 말았다. 그 사소한 문제를 해결하려고 꼬박 사흘이나 정비소를 오가야 했다. 정말 심각한 문제라도 생기면 그땐 어떻게 될까 궁금했다.

셋째 주가 됐을 무렵, 이 '꿈'이 실제로 어떤 것인지 깨달았다. 나는 혹시라도 차가 망가질까 봐 조마조마한 마음으로 운전하며 다녔다. 또 나조차 포르쉐 얘기가 지긋지긋할 지경이었다. 내가 차를 소유하고 있다고 생각했지만, 사실은 차가 나를 소유한 셈이다. 흡족한 마음보다 불안한 마음이 더 커져 있었다. 분명 나는 이런 차가 어울리는 사람이 아니었다. 결국 차를 팔아버리고 나니 속이 뻥 뚫린 것처럼 시원했다.

그렇게 나는 중요한 교훈을 배웠다. **무언가를 소유하는 게 꿈이 되어서는 안 된다는 것이다.** 절대로 그렇게 될 수 없다. 흔한 예를 하나 더 들어보겠다. 내가 꿈이 뭐냐고 물어보면 사람들은 대부분 집을 장만하는 것이라고 대답한다. 이해는 하지만 결국 어떻게 될지 알려주겠다. 모아놓은 돈에 대출까지 받아 집을 사고 나면 그때부터는 직장을 그만둘 수 없다. 새집으로 이사한 지 얼마 되지도 않아 아이가 생기고 아이를 위한 더 넓은 공간이 필요해 이사를 알아본다. 몇 년 후에는 정원이 더 컸으면 좋겠고 아이들도 각자 방이 있어야 한다며 다시 이사를 하게 된다. 결국 여러분은 살고 있는 인생이 아니라 살고 있는 집을 걱정하게 된다. 집과 그보다 더 큰 집, 주택담보대출, 리모델링에 이르기까지 어느새 이런 것들이 여러분의 주인 자리를 차지한다.

내가 이런 말을 하면 사람들은 가끔 이렇게 묻는다. "임대료가 얼마나 비싼지 모르세요?" 이해는 하지만 임대료와 대출이자를 비교하는 것은 잘못된 생각이다. 매월 나가는 돈만 따지면 대출이자가 약간 저렴할 수 있지만, 주택을 소유하는 데에는 비용이 훨씬 많이 든다. 예를 들어 집에 문제가 생겼을 때 유지 관리에 들어가는 비용, 가진 돈을 수익을 낼 수 있는 사업이 아니라 집 보증금에 투자해서 발생한 기회비용, 집을 더 이상 집주인의 문제가 아닌 내 문제로 생각해야 하는 정신적 노동의 비용 등이 더 발생한다. 내가 사람들에게 전 재산을 털어 집을 살 땐 신중해야 한다고 한다고 말하는 이유는 집을 사면 선택의 폭이 좁아지기 때문이다. 여러분이 가진 돈 전부와 수많은 시간이 오직 집 한 채에 집중되어버리기 일쑤다. 반면에 주택담보대출을 받을 일이 없다면 여러 가지를 고려해볼 수 있다. 만약 내게 집이 있었다면 홍콩으로 건너와 몇 달이나 친구 집 소파에서 신세를 지며 돈을 모을 리 없었을 것이고, 내 사업들이 지금처럼 성공하지도 못했을 것이다. 따라서 실제 선택은 대출이자 대 임대료가 아니라 대출을 갚느라 묶인 삶 대 자유 중에 하나를 고르는 것이다.

놀라운 사실은 더 있다(나는 정말 깜짝 놀랐다). 나는 가진 물건을 처분할 때마다 더 자유로워지는 느낌이 들었다. 포르쉐를 팔았더니 처음 샀을 때만큼이나 기분이 좋았다. 왜일까? 소유한 물건들이 나를 짓누르기 때문이다. 소유물은 유지와 관리가 필요하다. 금세 낡아서 교체해야 할 수도 있다. 게다가 돈을 더 많이 들일수록 걱정도 더 많아진다. 이제 다시 한번 생각해보자. 이 상황에서 주인은 과연 누구일까? 여러분이 삶을 지배하는 걸까 아니면 삶이 여러분을 지배하는 걸까?

물론 누구에게나 안락한 주거 공간과 교통수단, 업무 환경에 어울리거나 입었을 때 기분이 좋아지는 옷이 필요하다. 하지만 솔직히 말해서 우리가 사들이는 것 중 대부분은 필요한 게 아니라 가지고 싶은 것이다. 광고를 보고 반했거나 아는 사람이 가지고 있어서, 아니면 우리를 더 행복하고 더 건강하고 더 매력적으로 만들어줄 것 같아서 가지길 원하는 경우가 많다.

이 역시 어릴 때부터 주입된 생각 중 하나다. '용돈을 오랫동안 차곡차곡 모으자. 그러면 친구들이 입을 모아 얘기하던 게임이나 신발, 전자 기기들을 살 수 있다.' 어른이 되어서도 마찬가지다. 같은 마음으로 용돈 대신 월급을 모으기 시작한다. 그저 사고 싶은 물건의 크기와 금액만 달라졌을 뿐이다.

목적과 꿈이 없이 열심히 일만 하는 것과 마찬가지로, 이 역시 무의미한 일이다. 오랫동안 갖고 싶었던 물건을 손에 넣으면 잠시나마 행복할 수는 있다. 하지만 곧 새 장난감에 질리고, 생각보다 골치 아픈 일이 생기고, 결국 애초에 왜 그런 유행에 휩쓸렸는지 의아해진다.

이는 인생을 패스트푸드처럼 대하는 것과 다름없다. 패스트푸드는 대부분 실제가 기대에 훨씬 못 미친다. 그것이 소유의 진짜 모습이다. 우리는 무언가를 원하고 이따금 구매하기도 한다. 하지만 그것들은 대부분 꼭 필요하지도 않고, 없어도 여전히 행복하게 살 수 있는 것들이다. 집이나 자동차, 수영장이 있는 마당이 자신의 꿈이라고 생각한다면, 내가 장담컨대 진짜 꿈이 아니다. 물질에 집착하는 것은 진정한 꿈을 찾는 데 방해만 될 뿐이다.

지금까지 우리가 인생에 관해 지니고 있던 잘못된 믿음들과 이런 착각에서 벗어나야 하는 이유에 관해 살펴봤다. 꿈을 향해 나아가려면 열심히 일하면 모든 문제가 해결될 것이라는 믿음, 실패를 두려워해야 한다는 믿음, 어려운 일은 피해야 한다는 믿음, 물건을 소유하는 게 자신의 목표라는 믿음에서 먼저 벗어나야 한다. 꿈이 뿌리를 내릴 수 있는 공간을 확보하기 위해 이 잡초 같은 생각들을 다 뽑아버려야 한다.

그렇다면 꿈은 뭘까? 진정한 꿈이란 도대체 무엇을 말하는 걸까? 그게 왜 중요할까? 내가 여러분에게 이 질문을 곰곰이 생각해보라고 애원하다시피 말하는 이유는 뭘까? 우리는 뭔가를 할 때 보통 처음에서 시작한다. 하지만 이 모든 훈련을 하는 진짜 목적인 꿈을 이루기 위해서는 끝에서부터 시작해야 한다. 자, 그럼 시작해보자.

# 02

# 꿈이 왜 중요할까?

회의실 탁자에 함께 둘러앉았든, 마이크를 들고 거리를 걷다 가 마주쳤든, 내가 만난 모든 사업가 가운데 내게 가장 많은 영 감을 준 사람은 켈리였다. 켈리는 헬프뱅크 초창기에 초인종을 누르고 자신의 꿈을 들려주었는데, 나는 그의 이야기에 홀딱 반해버렸다.

아이디어는 단순했다. 애견미용사였던 켈리는 자신만의 사 업을 차리고 싶어 했다. 그동안 정성껏 개들을 돌봐왔고, 자신 에게 맞는 방식으로 일하고 싶었기 때문이다. 그래서 이미 이 사업에 붙일 기막힌 이름도 정해놓았다. 바로 '켈리스 케이나 인스Kellie's K9s(개를 뜻하는 영어단어 Canine을 발음이 같고 간결한 K9 으로 표기함—옮긴이)'였다.

켈리는 그저 직장에 대한 불만이 너무 많아서 사장이 되겠다고 마음먹은 직원은 아닌 것 같았다. 켈리와 직접 만나 꿈에 대해 더 자세히 설명을 듣고 난 후 나는 그의 꿈을 확실히 이해하게 되었다. 아직 20대 초반이었던 켈리는 이미 자신보다 나이가 세 배는 족히 많은 사람이 겪었을 법한 어려움들을 극복한 상태였다. 어릴 적 아버지가 돌아가셨고 어머니가 재혼하자 새아버지가 켈리를 학대했다. 법원에서 새아버지를 국외로 추방하자 켈리의 어머니는 남편을 따라 떠나버렸다. 10대 시절 켈리는 사실상 버려져 집도 없이 떠돌아다녔다. 켈리는 내용을 공개하기로 동의한 한 인터뷰에서, 어느 날 사회복지사가 학교로 찾아와 어머니가 떠났다고 말했던 일을 들려줬다.

"저는 어린 나이에 독립해야 했어요. 저를 돌봐줄 사람이 아무도 없었거든요." 켈리가 말했다. 어린 시절의 경험을 통해 켈리는 자립하는 기술을 배웠을 뿐만 아니라 누군가를 돌봐주고 싶은 마음을 갖게 됐다. 그러면서 자신이 "힘든 상황에서도 도와달라고 표현할 수 없는 무언가를 돕는" 일을 하고 싶다고 설명했다.

이야기를 들으며 나는 이 꿈이 그의 과거와 깊은 관련이 있다는 것을 알았다. 그는 그저 동물과 관련된 일을 하겠다는 게 아니었다. 다른 누구도 하지 않는 방식으로 동물을 키우고 돌보겠다는 것이었다. 누군가 자신에게 해주길 바랐던 바로 그 방식으로 말이다. "복지가 크게 향상돼요. 애견미용사는 주인이 놓치기 쉬운 반려견의 사소한 부분도 알아챌 수 있거든요. 혹이나 돌기, 피부 문제 같은 것들이죠." 그가 말했다. 그에게 이 사업은 자신이 진정으로 좋아하는 일을 하면서, 스스로를 보살필 힘이 없는 개들을 돕는 일이었다.

켈리가 인생에서 가장 큰 아픔을 겪고 거기서 깨달음을 얻어 아픔을 목적으로 승화시킨 방식은 내게 커다란 자극이 됐다. 우리가 바로잡고 싶은 실수나 만들어내고 싶은 변화와 같은 개인의 경험을 바탕으로 생겨난 꿈의 힘은 정말 대단했다. 켈리에게는 목표를 이룰 뚜렷한 계획이 있었기 때문에 나는 그가 성공할 거라고 무조건 확신했다. 애견 미용실을 차릴 적절한 장소가 없어 애를 먹던 상황이었지만 나는 켈리가 방법을 찾을 것이라고 생각했다. 예상대로 그는 이내 승합차를 마련해 장소를 옮겨 다니는 이동식 미용실을 시작했고 그 결과 고객들에게 더욱 편리한 서비스를 제공할 수 있게 됐다. '켈리스 케이나인스'는 그렇게 탄생했다. 켈리의 아름다운 꿈이 드디어 날개를 펴고 날아오르고 있었다.

켈리의 이야기는 인생에서 꿈이 얼마나 큰 영향력을 미치는지 잘 보여준다. 꿈은 여러분에게 자신감을 불어넣으며, 여러분의 집중력을 높이고, 시야를 넓히고, 발 앞의 장애물을 치워준다. 또한 이 이야기는 우리가 과거의 끔찍한 경험과 가장 큰 희망을 결합해 자신의 삶에 방향을 제시할 수 있다는 것을 보여준다. 내가 지금까지 이토록 많은 시간을 들여 사람들에게 딱 한 가지 질문을 던졌던 이유도 이와 관련이 있다.

'인생의 목표가 무엇인가요?'가 아니다.

'무엇을 이루고 싶은가요?'가 아니다.

'가장 큰 야망은 무엇인가요?'가 아니다.

그 대신 나는 매번 정확히 이 단어를 사용한다. 꿈이 있나요? 당신의 꿈은 무엇인가요?

나는 온라인상에서나 직접 마이크를 들고 거리를 걸으며 수천 명의 사람에게 이 질문을 던졌다. 런던의 트라팔가르광장에서부터 뉴욕의 타임스스퀘어에 이르기까지, 축제에서든 패스트푸드 가게 안이든 길을 건너든 3만 5000피트 상공에서 바다를 건너든, 사람들에게 이렇게 물었다. 질문하고 그 대답을 들으면서 나는 인생과 성공, 행복에 관해 지금까지와는 다른 생각을 갖게 됐다. 그리고 누구나 놀라운 잠재력을 지니고 있다는 사실과 그 잠재력을 실현하지 못하게 방해하는 장애물이 무엇인지도 새삼 깨달았다.

내가 '꿈'이라는 단어를 사용해 질문하는 이유는 그 단어가 우리 언어에서 가장 강력한 단어 중 하나라고 생각하기 때문이다.

몇 가지 예를 살펴보자. 지난 20세기를 통틀어 가장 대단한 사업이자 가장 놀라운 과학적 발견 그리고 가장 빛나는 창작물은 '미국의 목표'나 '미국의 약속'이 아니었다. 바로 아메리칸드림American Dream, 즉 미국의 꿈이었다.

민권운동 지도자 마틴 루서 킹Martin Luther King 박사가 수백만 명의 가슴을 울린 것은 자신에게 계획이 있다고 선언했기 때문이 아니었다. 그는 자신에겐 꿈이 있다고 외쳤다.

꿈에 관한 생각은 엄청난 영향을 끼친다. 한번 입 밖에 꺼내기라도 하면 오랫동안 마음에 남아 자꾸만 떠오른다.

그 이유 중 하나는 꿈에는 금기시되는 요소가 있어서다. 많은 사람이 꿈이 있다고 말하기를 두려워한다. 경솔하고 오만하며 주제넘은 사람으로 낙인찍힐 위험이 있기 때문이다. '네가 누군데 감히 꿈을 꿔?' '네가 정말 그럴 자격이 있다고 생각해?'

앞서 이야기했던 잘못된 믿음에서 직접적으로 영향을 받은 태도다. 앞으로 나아가서 쟁취하기보다는, 고개를 처박고 열심히 일하면서 세상이 보상을 해줄 때까지 기다려야 할 것만 같다. 그래서 사람들은 심지어 자기 자신의 꿈도 선뜻 인정하지 못한다. 당장 눈앞에 할 일이 태산이고 먹고살기에 바쁘다 보니 그럴 여유조차 없다.

그래서 나는 이 질문을 던진다. 감옥의 문을 여는 열쇠처럼 사람들이 자주 떠올려보긴 해도 한 번도 입 밖으로 꺼내보지 못한 그 생각을 말할 기회를 주는 것이다. 나는 마이크를 들고 나가서 슈퍼마켓에서 일하거나, 문 앞에서 경비를 서거나, 길을 건너는 사람들에게 말을 건다. 그들은 정해진 일과에 따라 하루를 보내다가 나와 우연히 마주친다. 어떻게 반응할지 몰라 당황하거나, 대답하지 않으려는 사람들도 있다.

하지만 많은 사람에게 기적 같은 일이 벌어진다. 그들의 눈빛에서 생기가 살아난다. 어깨를 조금 더 당당하게 펴고 자신이 만들고 싶은 브랜드와 그 브랜드를 통해 알리고 싶은 문화를 설명하기도 하고, 세계여행이나 사진 촬영 사업, 테마가 있는 커피숍, 위기에 처한 사람들을 위한 긴급 지원 서비스 등을 시작할 계획을 소개한다. 불과 몇 초 전까지 서 있던 사람은 온데간데없고 전혀 다른 사람과 대화하는 느낌이 들 때가 많다. 사람을 눈 깜짝할 새에 바꿔놓을 만큼 꿈의 힘은 대단하다. 꿈은 세상과 우리 자신을 보는 방식마저 송두리째 바꿔놓는다.

언젠가 점심을 먹으려고 들어간 맥도날드에서 만난 들롱도 마찬가지였다. 당시 들롱은 내게 음식을 건네주고 있었는데 그 순간 나는 그에게 질문을 던졌다.

"꿈이요? 글쎄요, 없어요."

그의 표정을 보니 이런 질문을 생전 처음 받아본 게 분명했다. 나는 그 대답을 믿을 수가 없어서 조금 더 캐묻기로 했다. "앞으로는 뭘 하고 싶어요? 꼭 이루고 싶은 게 있나요?"

"지금은 그냥 되는대로 살고 있어요. 어떻게 될지 한번 보려고요."

나는 여전히 그 말을 믿지 않았다. 그래서 방향을 바꿔 이번엔 질문 대신 제안을 했다. 나는 이제 자리에 앉아서 밥을 먹으려던 참이었다. 그래서 내가 식사를 마치고 떠나기 전까지 꿈을 생각해보고 와서 알려준다면 그 꿈을 이룰 수 있게 도와주겠다고 했다.

알고 보니 들롱 역시 근무시간이 끝나가고 있었다. 채 10분도 되지 않아 그는 두툼한 외투를 걸치고, 과자 한 봉지와 콜라 한 캔을 손에 든 채 내가 앉아 있던 탁자로 다가왔다. 옷차림만 바뀐 게 아니었다. 태도 역시 달라져 있었다. 활짝 미소를 짓고 있는 들롱은 더 이상 머뭇거리지도 않았고, 자신감이 넘쳤다.

"꿈을 생각해냈어요. 제 꿈은 트위치^Twitch(게임 전문 글로벌 인터넷 방송 플랫폼─옮긴이)의 스트리머가 되는 거예요. 엄청 웃기고 인기도 많은 진행자요."

꿈이 없다던 말은 의심스러웠지만 지금 이 말은 진심인 것 같았다. 마주 앉아 이야기를 좀 더 나누자, 그는 친구나 가족에게는 이런 생각을 말하기가 두려웠다고 고백했다. 주변 사람들이 장난으로 받아들이거나 게임으로 먹고살겠다고 하면 비웃을 거라고 생각해서였다. 그래서 이런 속내를 내게 처음 털어놨다. 들롱은 괜히 두려워했다는 사실을 금세 깨달았다. 우리의 대화를 듣고 많은 사람이 그를 격려했기 때문이다. 심지어

맥도날드 매장의 매니저는 들롱을 돕고 싶다고 말하기까지 했다. 내가 들롱의 동영상을 올리자, 수백만 명이 넘는 사람이 그를 응원했다.

누군가가 꿈을 입 밖으로 꺼내는 것만으로도 활기를 되찾고, 사람들이 너 나 할 것 없이 그를 응원하고 도우려 하는 모습을 보니 정말 감동적이었다. 이것이 바로 꿈의 힘이다. 꿈은 인생에서 가장 깊고, 때로는 가장 은밀한 욕망의 표현이자, 마음속에서 줄곧 키워왔지만 겉으로는 드러내지 않던 야망이다. 꿈은 우리가 바라는 최상의 모습이기 때문에 우리가 자신을 보는 방식까지도 바꿀 수 있다.

대부분의 사람은 이런 꿈에 관해 어느 정도 알고 있다. 하지만 **너무 많은 사람이 희한하게도 꿈을 접어놓고 잊어버린다.** 빛나는 야망을 좇는 대신 은밀한 기쁨으로 삼고 꼭꼭 숨겨둔다. 기회가 주어져도 애써 무시하며, 해보지도 않고 포기해버린다.

그게 반드시 우리의 잘못만은 아니다. 꿈은 상상 속에서만 존재하며 팔자대로 살아야 한다고 여기저기서 듣고 배워왔기 때문이다. 학교에서는 여러분에게 앉으라고 가르친다. 입 다물고 그저 혼자 조용히 시험공부에만 집중하라고 한다. 그러다 보니 꿈을 이루기 위해 해야 할 일들과 점점 멀어진다. 남들보다 돋보이고, 독특한 아이디어를 밀고 나가고, 위험을 무릅쓰고, 다른 사람들과 협력하기가 어려워진다.

우리 모두 이러한 과정을 거치면서 우리의 가치가 인생에 대한 열정이 아니라 시험 결과에 따라 결정된다는 말을 들어와서, 우리는 심지어 꿈을 발견했어도 자꾸 의심한다. 꿈을 이루기에는 스스로가 부족하다고 여긴다. 괜히 실패해서 학교 친구들에게 놀림을 당하느니 아예 안 하는 편이 낫다고 생각한다. 성공 가능성이 아예 없지 않은데도 내일이나 내년, 여차하면 다음 생으로 미루고 만다.

**꿈은 우리가 인생에서 가장 이루고 싶은 것이지만 역설적으로 가장 실행하기 두려워하는 것이기도 하다.** 그냥 한번 해보라고 말하기는 쉽지만, 행동으로 옮기기는 훨씬 더 어렵다는 사실을 나도 잘 알고 있다. 그래서 여러분이 실행할 수 있도록 도와주려고 한다. 하지만 여러분이 앞으로 나아가기 위해서는 먼저 어떤 장애물이 길을 막고 있는지 파악해야 한다. 대개 가장 큰 방해 요소는 바로 자기 파괴적인 생각이다.

자기 파괴적인 생각은 인간이 지닌 가장 신비한 능력 중 하나인 미래를 상상할 수 있는 능력을 오히려 자신에게 불리하게 사용하게 한다. 아름다운 미래를 상상하지만 정작 그런 미래를 만들 기회는 거부하거나, 눈앞에 산해진미를 차려놓고는 미처 한 입도 맛보지 못하고 그 음식들이 사라지는 걸 보고만 있는 식이다.

이는 우리에게 가장 해로운 생각이다. 꿈은 우리가 인생이나 미래를 바라보는 가장 좋은 방법이기 때문이다.

꿈은 단순한 아이디어가 아니다. 힘의 원천이다. 마치 배터리가 반도 남지 않은 상태로 쉼 없이 달려오다가 콘센트에 플러그를 꽂는 것과 같다. 꿈이 있으면 어떤 일을 왜 하고 있는지 혹은 그 일이 할 만한 가치 있는지 의심할 필요가 없다. 그 일을 통해 여러분이 이루고 싶은 목표와 되고 싶은 모습에 한 걸음 더 가까이 다가갈 수 있다는 것을 알고 있기 때문이다.

꿈은 어쩌면 한 문장으로 표현할 수 있을 정도로 단순할지 모른다. 하지만 그와 동시에 다양한 면을 지니고 있어 우리가 살아가는 동안 여러 가지 방식으로 도움이 되기도 한다. 지금부터는 왜 꿈이 무엇인지 반드시 생각해봐야 하는지, 그리고 그 답을 찾았을 때 어떤 보상이 주어질지에 대해 살펴보도록 하자.

## 꿈을 꾸는 이유 1: 도착점에 대한 희망을 준다

조금 전 나는 꿈을 갖는다는 것은 끝에서 시작한다는 뜻이라고 말했다. 사실 그보다는 조금 더 복잡하다. 끝에서 시작한다는 말은 이런 뜻이다. 꿈은 우리를 다른 곳으로 데려가준다. 취직하고, 생활비를 벌고, 자격증을 따고, 가족을 꾸리느라 힘겨운 우리가 지금의 자리를 벗어날 수 있게 해준다. 영원하지는 않지만, 더 나은 미래가 어떤 모습일지 엿보기에는 충분한 시간이다. 덕분에 우리는 달리기 시합을 앞두고 결승선을 미리 볼 수 있다.

또한 여러분의 꿈은 다른 사람들에게 영감을 줄 수도 있다. 내가 하는 일의 가장 재밌는 점 중 하나는 누군가를 돕고 그 이야기를 다른 수백만 명의 사람과 공유할 수 있다는 것이다. 내 SNS 메시지함에는 동영상을 보고 자신의 사업이나 부업을 시작했다는 사람들의 메시지가 넘쳐난다.

언젠가 열여섯 살 소년이 길에서 내게 다가와 어린이용 전동차 사업 아이디어를 들려주는 동영상을 올린 적이 있다. 6개월 후 나는 다른 청소년으로부터 이런 메시지를 받았다. "아빠가 돈 많이 드는 취미 생활에 시간 낭비하지 말고 테스코(아빠의 직장)에 취직하라고 하셨어요. 그런데 전동차를 파는 꿈을 가진 애의 동영상을 보고 취미가 사업이 될 수 있다는 것을 알았어요. 그리고 제가 취미로 하던 자동차 사업이 꽤 괜찮은 사업이 될 수 있다는 것도 깨달았죠. 지금은 제 월급이 아빠 연봉보다 높아요. 정말 기뻐요."

한 사람의 꿈이 실현되자 감히 꿈을 품지도 못했던 누군가가 자신감과 믿음을 얻었다. 이것이 바로 상상의 힘이며, 꿈은 이 힘을 활용할 수 있는 가장 좋은 방법이다. 먼저 현재보다 나은 미래를 상상해야 그런 미래를 만들 수 있다. 하지만 어릴 적 누구나 개발하고 단련했던 머릿속의 이 중요한 '근육'을 나이가 들면서 사라지게 내버려두는 사람이 너무 많다. 이 근육을 다시 키우려면 꿈이 필요하다.

우리가 비록 미래에 관해 생각하고 있고, 이를 실현하는 데에는 몇 년이 걸릴지도 모르지만, **시작하는 것은 당장 지금부터라도 가능하다.** 꿈은 바로 저기에 있으며, 그 무엇도 꿈을 향해 내딛는 여러분의 첫걸음을 막을 수 없다. 미래를 예측하고 상상하는 능력은 인간이 지닌 놀라운 힘이다. 꿈은 멀리 있는 것 같지만 가깝고, 끝이자 시작이다. 목적지가 어디인지 안다면 이미 출발할 준비가 된 것이다.

꿈은 현실에 대한 우리의 인식을 잠시나마 바꿀 수 있다. 그리고 누구나 꿀 수 있다. 돈이나 직업, 자격증, 심지어는 누워 잘 곳이 없어도 된다. 꿈은 평등하고 보편적이다. 실제로 꿈은 이미 편안한 삶을 살고 있는 사람들보다 가진 것이 적거나 아예 없는 사람들에게 오히려 더 중요하다.

크리스 가드너Chris Gardner라는 이름이 여러분에게 익숙할 수도 혹은 낯설 수도 있겠지만, 그의 삶을 다룬 영화〈행복을 찾아서The Pursuit of Happyness〉는 아마 기억이 날 것이다. 이 영화의 원작인 책에는 크리스 가드너가 인생 밑바닥에서 꿈을 찾은 이야기가 담겨 있다. 스물일곱 살에 홀로 아이를 키우던 크리스는 직장은 있었지만 집이 없었다. 집세뿐만 아니라 양육비도 감당할 수 없는 형편이었다. 1년 동안 그는 아들 크리스 주니어와 함께 사무실 책상 밑이나 공항 대기실, 교회 쉼터, 심지어 기차역 화장실을 전전하며 노숙 생활을 했다. 한 손으로 아이의 유모차를 밀면서 한 손으로는 전 재산이 담긴 짐 가방과 여분의 근무복 한 벌을 들고 다녔다.

그러던 어느 날 번쩍거리는 빨간색 페라리가 인도 옆에 멈춰 섰다. 크리스는 차에서 내리던 남자를 멈춰 세우고 무슨 일을 하길래 이렇게 멋진 차를 살 수 있었는지 물었다. 그는 주식 중개인이라고 말했고, 크리스는 자신도 주식 중개인이 되기로 결심했다. 그는 노력한 끝에 절망적인 상황에서 벗어났고 이후 투자회사를 설립해 수십억 원에 매각했다. 그 후에는 세계적으로 유명한 동기부여 전문 강연자가 되었다. 그는 꿈이 있었기에 무너지지 않고 아주 위태로운 상황에서도 살아남을 수 있었다고 자신의 책에 썼다. "빨간 페라리를 몰겠다는 대담한 목표를 세우고 온 정신을 집중한 덕분에 절망을 이겨낼 수 있었어요…. 한 발 한 발 앞으로 계속 전진하다 보면 두렵고 창피한 마음도, 나를 포기하게 하려는 타인의 말들도 모두 잠잠해질 겁니다."[1]

크리스의 이야기는 꿈을 가진 사람이 무엇을 해낼 수 있는지를(또한 물건을 소유하겠다는 꿈일지라도 목표와 관련이 있고, 소유를 통해서만 행복해지려고 하지 않는다면 괜찮다는 것을) 보여준다.

상상하고 꿈꾸는 것은 인간의 보편적인 능력이다. 세대 간에 전수되거나 대학에서 학위를 받아야 하는 게 아니다. 누구나 할 수 있다. 유일한 문제는 상상하고 꿈꾸며 꿈이 이끄는 대로 기꺼이 따라갈 의지가 있느냐다.

여러분이 어떤 상황에서 살아가고 있든 꿈은 시작할 기회를 마련해준다. 도착점에 대한 희망을 주기 때문이다. 꿈은 미래를 예측하는 인간의 위대한 능력을 우리가 유리하게 활용할 수 있게 해준다. 꿈을 통해 우리는 상상하고, 희망을 품고, 믿을 수 있다. 이보다 더 좋은 시작점이 있을까?

## 꿈을 꾸는 이유 2: 계속 달리게 하는 힘이 되어준다

꿈이 목적지를 정해주고 나면 여러분은 곧 그 목적지에 갈 방법을 고민하게 된다. 그리고 아무리 자신만만하다 해도 그 과정이 쉽지 않으리라는 것도 깨닫는다.

그게 바로 계획이나 목표, 방향, 희망이 아니라 꿈에서부터 시작해야 하는 이유다. 인생에서 어떤 일을 완수하기란 쉽지 않기 때문에 오로지 적절한 동기가 있어야만 성공할 수 있다.

며칠 또는 몇 주간이 아니라, 몇 년이고 계속 의심과 역경을 헤쳐나가게 해줄 동기가 필요하다.

어떤 일을 하든 그 과정에서 우리는 어려움을 겪게 된다. 고객을 잃거나, 직원이 그만두고, 나를 제치고 다른 사람이 선발되고, 경쟁자가 나타나고, 실수를 저지르게 될 것이다. 여러분의 아이디어 중 몇몇은 실패할 것이고, 기회를 놓치고 땅을 치며 후회하는 일이 생길 수도 있다. 아침에 일어나 보니 전쟁이나 질병 또는 기상이변으로 인해 온 세상이 변해 있을 수도 있다. 그런 일이 불현듯 하나둘 혹은 한꺼번에 여러분에게 벌어질 수 있다.

하지만 바로 이런 순간에야말로 꿈이 진가를 발휘한다. 꿈은 이번 주나 다음 분기 혹은 내년처럼 단기간이 아니라 오랜 기간 지속되기 때문이다. 또한 여러분이 직면한 문제나 눈앞에 닥친 위기에도 끄떡하지 않을 정도로 크고 강하다.

현시대에 가장 주목할 만한 인물 중 한 명으로, 최연소 노벨 평화상 수상자이자 교육 운동가인 말랄라 유사프자이Malala Yousafzai가 이미 그 사실을 충분히 증명했다. 말랄라가 열한 살이 되었을 때 탈레반이 아프가니스탄 북부에 있는 그의 마을을 점령하고 여성들과 소녀들에게 교육을 금지하겠다고 선언했다. 그리고 학교를 폐쇄해버렸다. 하지만 말랄라는 등교를 멈추지 않았을 뿐 아니라 여성 교육 금지가 얼마나 잘못된 일인지 알리기 시작했다. 말랄라가 유명해지자 극단주의자들이 그를 막으려 했다. 2012년, 말랄라는 탈레반의 표적이 되어 학교 버스 안에서 총격을 받았지만, 가까스로 목숨을 건졌다.

"맞아요. 탈레반이 저를 쐈죠. 하지만 그들은 제 몸밖에 쏠 수 없어요." 그는 이후 당시의 경험과 그로 인해 활동가로서 더욱 열정적으로 일하게 된 이야기를 책으로 썼다. "그들은 제 꿈을 쏠 수 없고, 제 신념을 죽일 수도 없고, 학교에 있는 모든 학생이 제 캠페인을 보지 못하게 할 수도 없어요."[2]

우리가 말랄라처럼 삶을 뒤흔드는 극단적이고 충격적인 일을 겪을 확률은 거의 없다. 하지만 우리 모두 말랄라의 사례와 꿈의 힘을 믿는 그를 보며 교훈을 얻을 수 있다. 특히 말랄라의 믿음은 그의 꿈을 싫어하는 사람들이 가장 폭력적인 방법으로 그를 막으려 할 때 오히려 더욱 강해졌다.

꿈이 있으면 역경에서 살아남는 것을 넘어 성장할 수 있다. 인생에서 온갖 좌절을 겪으면서도 꿈을 붙잡을 수 있다면, 결국 꿈과 여러분은 더 강해질 것이다. 여전히 꿈이 있으니 여러분도 아직 여기 있을 수 있다. 그 모든 장애물이 여러분을 막지 못했다면 그 어떤 것도 막을 수 없을 것이다.

그런 점에서 꿈은 우리가 세운 계획, 굳게 한 다짐, 달성하려는 목표와는 다르고 보다 우월하다. 이 책을 읽고 있는 여러분들도 이 비슷한 것들을 가져봤고 대부분 실패도 경험했을 것이다. 계획이 어긋나고, 목표가 바뀌고, 다짐이 무너지면 점점 의지가 약해진다.

이것이 바로 우리가 미래를 생각하고 접근하는 방식들의 문제점이다. 우리는 단기 아니면 기껏해야 중기적인 관점에서 미래를 바라본다. 올해 목표를 달성하면(또는 달성하지 못하면) 대개 지난 경험에서 배운 것을 생각해볼 겨를도 없이 새 목표를 택한다. 목표나 계획은 합격과 불합격으로 나뉘는 시험처럼 이분법적이다. 그리고 실패할 확률이 반반이기 때문에 깨지기도 쉽다. 마치 애초에 포기하도록 만들어진 것 같다.

반면 꿈은 오랜 시간이 지나도 살아남을 수 있다. 여러분의 운명인 경우도 많다. 제약만 없다면 여러분도 꿈을 이루기 위해 싸울 것이다. 한 달, 심지어 한 해를 고전하더라도 포기하지 않을 것이다. 진로와 직업을 바꾸면서도 여전히 꿈을 이루기 위해 노력할 수 있다. 아무도 여러분을 앉혀놓고 매년 꿈을 점검하면서 성과를 두고 닦달하지 않는다.

꿈은 여러분과 함께 살아 움직인다. 워낙 커서 실패를 수용하고, 방향을 전환하고, 여러 번 경로를 수정해도 괜찮다. 꿈은 여러분이 시작하고 멈추지 않도록 격려할 뿐만 아니라 앞으로 나아갈 수 있는 힘을 불어넣어준다. 또한 잘못되더라도 실패했으니 처음부터 다시 시작해야 한다고 타박하지 않는다.

꿈은 여러분을 다음 단계로 이끌어주고 넘어지면 일으켜 세워주는 동반자다. 우리를 미래로 데려가고, 현재 처한 상황 너머를 보여줘서 우리에게 필요하지만 쉽게 찾을 수 없는 새로운 시각을 갖게 한다. 우리는 생각만큼 뛰어나지 않고 현재 직면한 문제도 보기보다 크지 않다는 것을 깨닫게 해준다. 꿈은 자만심을 줄여주는 동시에 두려움을 잠재운다. 꿈은 절대로 사라지지 않기 때문에 아무리 멀고 험난한 길이라도 꿈에 의지하면 계속해서 전진할 수 있다.

## 꿈을 꾸는 이유 3: 나 자신을 믿게 해준다

"통장에 딱 15만 원 정도가 들어 있었어요. 암울한 상황이었죠. 6만 원짜리 제 차가 좀 전에 퍼지는 바람에 버스를 타고 가는 중이었어요."[3]

이 말을 한 사람은 놀랍게도 조금 전 자신이 직접 쓴 시나리오를 4억 원이 넘는 돈을 주고 사겠다고 한 제안을 거절했다. 하지만 이건 평범한 대본도, 평범한 사람의 이야기도 아니다. 바로 영화 〈록키Rocky〉와 배우 실베스터 스탤론의 이야기다. 물론 그는 돈이 필요했고, 자신의 작품이 영화로 제작되기를 바라고 있었다. 그렇다면 뭐가 문제였을까? 그는 주인공 역할을 맡고 싶었다.

〈록키〉가 수조 원 규모의 프랜차이즈 영화가 되고 난 지금이야 주인공인 불굴의 권투선수를 스탤론이 아닌 다른 배우가 연기한다는 것은 상상할 수 없겠지만, 1970년대 중반이었던 그때 당시 무명이었던 스탤론에게는 언감생심 꿈도 꿀 수 없는 역할이었다. 스탤론은 1975년 열린 무함마드 알리와 척 웨프너의 헤비급 타이틀전을 보고 영감을 얻어 시나리오를 썼다. 당시 웨프너는 '베이온 블리더Bayonne Bleeder(뉴저지 베이온 출신인 웨프너가 시합 중 부상으로 피를 흘리는 일이 많아서 생긴 별명 — 옮긴이)' 라는 별명이 붙을 정도로 많이 맞는 걸로 유명했다. '가장 위대한 사람'이라 추앙받는 알리를 상대하면서도 쉽사리 쓰러지지 않았다. 총 15라운드를 거의 끝까지 버텨냈고, 9라운드에는 알리를 링 바닥에 쓰러뜨리기까지 했다.

스탤론은 단 사흘 만에 〈록키〉의 시나리오를 완성했다. 하지만 그는 글만 쓰려던 게 아니었다. 그는 록키를 연기하고 싶었다. 록키는 자신과 자신이 느끼는 좌절감을 그대로 녹여낸 인물이었다. 벼랑 끝에 선, 가진 거라고는 몸뚱이밖에 없는 듯한, 절대로 오지 않을 기회를 기다리는 그 인물을 보여주고 싶었다. 그의 목적은 시나리오를 파는 것이 아니었다. 자신이 원하는 방식으로 이야기를 전달하는 것이었다. 그는 이번이 할리우드 배우가 되겠다는 꿈을 이룰 수 있는 최고의 기회이자 어쩌면 유일한 기회라고 느꼈다. "그런 기회가 다시는 오지 않을 거라는 생각이 들었어요." 이후 당시를 떠올리며 스탤론은 말했다.

하지만 제작자들의 생각은 달랐다. 그들은 스타가 되고 싶은 남자가 아니라 이미 스타가 된 배우를 원했다. 〈록키〉의 캐스팅 후보 목록에는 로버트 레드포드, 버트 레이놀즈, 제임스 칸 등 당대 유명 배우들의 이름이 빼곡히 적혀 있었다. 하지만 스탤론은 무명이었다. 연기 경력이랄 것도 없었다. 사실 애초에 스탤론이 제작자들의 관심을 끌게 된 계기도 다른 오디션에서 떨어지고 나가는 길에 자신이 각본을 쓰고 있다고 했기 때문이었다.

어찌 보면 이 문제는 고민할 것도 없었다. 스탤론은 돈이 없었고(심지어 사료를 사지 못해 개를 팔아야 했을 정도였다) 제작자들에게는 돈이 넘쳤다. 스탤론의 마음을 돌리기 위해 제작자들이 엄청난 금액을 제시할 필요도 없었을 것이다. 정말 그랬을까? 스탤론이 기억하기로 최초의 제안가는 3500만 원이었다. 그가 거절하자 가격은 1억, 1억 5000만 원, 3억 5000만 원까지 치솟았다. 하지만 그는 자신의 조건을 고수하며 모두 거절했다. 자신의 이야기였기 때문에 직접 들려주고 싶었다. 그게 그의 꿈이었다. 그 역할을 맡을 수 없다면 절대로 계약할 생각이 없었다.

당장 다음 달 집세를 낼 돈도 없는 사람이 집을 몇 채나 사고도 남을 돈을 거절했다니 도무지 믿을 수 없는 얘기처럼 들린다. 하지만 스탤론에게는 그럴 만한 분명한 이유가 있었다. "대본만 팔았는데 그 영화가 정말 어마어마하게 잘됐다면 제가 건물 옥상에서 뛰어내릴 것 같았어요." 그는 용기를 쥐어짜내 제안을 연거푸 거절했다.

'아니요'는 정말 강력한 단어다. 나는 누가 터무니없는 조언을 하거나 형편없는 일자리를 제안할 때 거절하는 사람들이 더 많아지길 바란다. 스탤론은 거절의 힘을 적극 활용했다. 그는 무모하다고 느끼면서도 결국 잘될 거라고 마음을 다잡았다. 그리고 나중에 이렇게 말했다. "이런 건 그냥 감을 믿고 운에 맡기는 수밖에 없어요. 내가 완전히 틀릴 수도 있고 나 때문에 많은 사람이 같이 망할 수도 있겠지만 그래도 그냥 믿는 거죠."

그냥 믿는 거죠.

이것이 꿈이 주는 선물, 바로 굳건한 믿음이다. 여러분이 어떤 일을 하는 데 이유가 있고 그 목적을 진심으로 믿는다면, 여러분을 막을 수 있는 건 거의 없다. 여러분은 계속 시도하고, 협상하고, 실험하고, 실패를 견디며 마침내 여러분이 바라던 바를 얻고 목표를 이룰 것이다.

스탤론이 인생을 바꿀 만한 제안을 거듭 거절할 수 있었던 이유는 자신이 진정으로 원하는 것을 알고 있어서였다. 그건 먹고살 걱정을 덜어줄 돈이 아니라 수년간 기다려온, 자신의 이야기를 들려줄 기회였다. 그는 많은 사람이 자신의 이야기에 공감하리라는 것을 알고 있었다. 그래서 돈을 받고 배역을 넘긴다면 결국 꿈을 파는 거라고 생각했다. 이번이야말로 인생을 바꿀 결정적인 기회라는 걸 직감적으로 느꼈다.

모두가 알다시피 그의 믿음은 결실을 보았다. 스탤론은 주인공 역할을 차지했고, 큰돈을 벌었으며, 당대 최고의 할리우드 스타가 됐다. 꿈이 줄 수 있는 가장 소중한 가치를 지니고 있었기 때문이다. 그것은 바로 자신과 자신의 아이디어에 대한 믿음이었다.

무언가를 이루기 위해서는 누구에게나 이런 믿음이 필요하다. 시련과 경쟁은 언제나 있기 마련이고 포기할 이유는 차고 넘친다. 굳게 믿지 않으면 그 많은 어려움을 견뎌낼 수 없고 바라는 바를 이룰 수도 없다. 믿음이 있다면 남들이 뭐라고 하든, 살다가 어떤 시련을 닥치든, 얼마나 많은 거절을 당하든 상관없다. 꿈이 분명하고 그 꿈에 대한 믿음이 한결같다면 계속 나아갈 수 있다.

간혹 나 말고는 아무도 믿지 않는 아이디어가 있을 때도 있다. 또한 나 말고는 아무도 나를 믿어주지 않을 때도 있다. 바로 그런 순간에 꿈이 없는 사람은 포기하지만, 꿈이 있는 사람은 마음을 단단히 먹고 꿋꿋하게 버틴다. 믿는다면 절대 포기하지 않을 수 있기 때문이다.

그래서 인생에 꿈이 있으면 좋다. 꿈이 있으면 미래를 진취적으로 바라볼 뿐만 아니라 꺾이지 않는 의지로 당당하고 꾸준하게 나아갈 수 있다. 또한 월급으로 대출금을 갚는 쳇바퀴 도는 삶을 벗어나 더 크고 보람 있는 무언가를 찾아 나설 수 있다. 이때 꿈이 평생을 바쳐서 이루고 싶은 개인적인 사명이 되어주기도 한다. 또한 일이 즐거워지고 힘든 일도 척척 해낼 수 있다. 꿈은 우리 인생을 바꿔줄 마법이나 다름없다.

나는 전 세계를 돌아다니며 사람들에게 꿈에 관해 묻는다. 꿈을 이야기하며 사람들의 태도가 바뀌고 가슴속 깊이 숨겨져 있던 열정이 되살아나는 모습을 볼 때마다 감동이 밀려오기 때문이다. 나는 모두가 꿈을 꾸고 싶어 하고 꿈을 꾸는 게 당연하다고 생각하지만, 꿈을 꿔서는 안 된다고 생각하거나 누군가 허락해주기만을 기다리는 사람이 너무 많다. 여러분이 그런 사람이라면 지금 이 자리에서 내가 허락해주겠다. 그리고 이 책에서 어떻게 하면 꿈을 찾아 이룰 수 있는지도 알려주겠다.

그 여정의 첫 번째 단계로 우리는 사회에 만연한 잘못된 믿음과 그 믿음을 버려야 하는 이유를 살펴봤다. 두 번째 단계는 꿈을 향해 달릴 수 있게 해주는 힘을 이용하는 것이다. 마치 엔진 속 연료처럼 매일 새로운 도전을 맞이하게 해줄 원동력은 바로 목적이다. 지금부터는 그 목적에 대해 알아보자.

# 03

# 목적이 있으면 인생이 달라진다

야외에서 영상을 찍는 날에는 누구를 만나게 될지 전혀 알 수가 없다. 길거리나 쇼핑센터에서 바쁘게 걸음을 재촉하는 사람들을 보면서 나는 누구에게 말을 걸지 고민하곤 한다. 왜 그 사람을 골라서 길을 막고 꿈에 관해 물어봤는지 모를 때도 많고 또 그가 어떤 반응을 보일지도 도무지 예상할 수가 없다.

바로 그 점이 이 일이 재밌는 이유의 절반 정도를 차지한다. 모든 이야기를 들을 때마다 여지없이 놀라고, 큰 깨달음을 얻는 경우도 자주 있다. 사람들이 즉흥적으로 속에서 우러나오는 이야기를 들려주기 때문이다.

어느 날 오후 나는 기차역에서 촬영 중이었다. 한 남성이 내 곁을 지나쳐 갔다. 그는 키가 크고 체격이 건장했으며 검은색 옷을 입고 있었다. 머리는 삭발했고 콧수염을 길렀으며 팔 전체에 문신이 있었다. 선뜻 길을 막고 말을 걸고 싶을 만한 인상은 아니었다. 그런데 어쩐지 그와 얘기를 나누고 싶은 기분이 들었다. 의외로 그는 흔쾌히 내게 자신의 이야기를 들려주었다. 이름은 브래들리고 영국 육군에서 헬리콥터 정비사로 근무하다가 지금은 스포츠 마사지 치료사로 일하고 있다고 했다. 문득 그의 티셔츠에 쓰여 있는 이름이 눈에 들어왔다. 마사지 가이스였다.

그가 직업을 바꾼 이유는 깊은 깨달음이 있어서였다. "저는 사람들이 고통에서 벗어날 수 있게 도와주고 싶어요. 그게 제 인생에서 제일 중요한 목표 같았어요." 그가 말했다. 정비사로 일하던 시절에 브래들리는 틀에 박힌 삶을 살았다. 기계를 하나 고치고 나면 그다음 기계가 기다리고 있었다. 하지만 사람을 고치는 일은 달랐다. 사람들은 고마워할 줄 아는 데다가 누군가의 고통을 덜어주었다는 사실만으로도 보람이 커서 얼른 또 다른 사람을 도와줘야겠다는 생각이 들었다. 일이 그 자체로 보상이었다.

겸손하고 분명하게 자신의 이야기를 들려주는 브래들리를 보며 나는 모두에게 필요한 것을 발견했다. 꿈에 대응하고 꿈을 이루는 데 필요한 무언가, 바로 목적이었다. 목적은 우리가 존재하는 이유이자 계속해서 꿈을 향해 나아갈 수 있게 해주는 동기다. 브래들리의 목적은 사람들을 치료해서 고통을 덜어주는 것이었다.

브래들리가 자신의 목적에 관해서만 이야기한 것은 아니다. 그는 우리가 이 소중한 목적을 찾아야 하는 이유와 방법까지 완벽하게 정리해주었다. "더 많이, 그리고 더 다양한 방법으로 베풀어보세요. 그러다 마음이 따뜻해지는 방법을 하나 찾으면 그걸 쭉 실천하면 됩니다." 정말 감동적인 말이다. 게다가 내가 좋아하는 명언과도 뜻이 일맥상통한다. '삶의 목적은 목적이 있는 삶을 사는 것이다.'

이제부터는 목적에 관해 이야기해보겠다. 꿈을 이루기 위해서는 목적이 꼭 필요하기 때문이다. 꿈과 목적은 무척 비슷하지만 서로 다르고, 여러분이 살아가는 데 다양한 방면에서 중요한 역할을 한다.

목적이란 무엇이고 왜 필요한지 알아보기 위해 헬렌과 내가 홍콩에서 설립한 크리에이티브 에이전시인 플루이드의 이야기로 돌아가보겠다. 플루이드는 내 사업 가운데 가장 큰 성공을 거뒀다. 내가 가장 오래 몸담았으며 가장 많은 돈을 벌어들인 사업이기도 했다. 성공한 원인에는 여러 가지가 있는데, 기업들이 인터넷을 본격적으로 활용하기 시작하던 시기라 디지털 디자인 분야에 수요가 넘쳤다는 점도 한몫했다. 하지만 이런 일을 하는 회사는 우리 말고도 더 있었다. 우리가 달랑 책상 두 개만 놓고 시작하던 무렵에도 호화로운 사무실을 갖춘 경쟁 업체가 적어도 한 곳 이상 있었다.

처음에는 틈새시장을 채우는 것만으로 충분하다고 생각했다. 경쟁사보다 더 부지런히 일할 자신도 있었고 사업의 성공은 전적으로 적절한 가격에 적절한 서비스를 제공하는 데(물론 앞서 이야기했던 온갖 노력을 기울여서) 달려 있다고 믿었다. 하지만 그건 틀린 생각이었고, 그 때문에 플루이드는 거의 망할 뻔했다.

초창기에는 잘하고 있는 줄 알았다. CNN, 에스티로더와 같은 주요 고객들과 계약을 체결했고, 일감도 꾸준히 들어왔다. 사업은 커나갔다. 하지만 한 가지 골치 아픈 문제가 있었다. 직원들이 끊임없이 퇴사를 한 것이다. 주기적으로 인력이 부족해지자 고객들이 떠나갔고, 결국 들어온 일을 거절하는 상황까지 발생했다.

오랫동안 나는 이 사실을 부정했다. 그 직원들이 이해를 못해서 그런 거라고, 애초부터 적임자가 아니었으며 더 능력 있는 인물들을 찾을 수 있을 거라고 말했다. 이건 모든 사업가에게 일어날 수 있는 일이다. 사업가에겐 사업이 삶 그 자체라 자신만큼 열심히 일하지 않는 사람들을 이해하기가 정말 힘들기 때문이다.

하지만 같은 상황이 거듭해서 벌어지다 보니 더 이상 부정할 수가 없었다. 그래서 나는 퇴사하기로 마음먹은 직원들과 대화를 나누기 시작했다. 그리고 애초부터 이렇게 대화를 나눠야 했었다는 사실을 곧 깨달았다. 그들의 대답은 명확하고 일관됐다. 그들이 생각하기에 우리 사업은 아무런 목적이 없었다. 자신들은 그저 남이 돈을 버는 일을 도와줄 뿐이라고 느꼈다. 보람도 없었고, 고객을 위해 늦게까지 일하거나 온갖 노력을 기울여야 할 아무런 이유가 없었다.

그 말을 처음 들었을 때 나는 반박했다. 우리에게도 목적이 있다면서 말이다. 우리는 뛰어난 기업들과 함께 일하며 그들이 성공할 수 있도록 도와주고 그들의 이야기를 세상에 알리고 있었다. 하지만 이 주장은 설득력이 떨어졌고 곧 나조차도 그 말을 믿지 않게 되었다. 결국 나는 인정했고, 헬렌과 함께 우리의 사업과 우리가 상징하고자 하는 가치를 두고 진지하게 고민했다.

그러다 보니 맨 처음 우리가 플루이드를 설립하게 된 계기가 떠올랐다. 그 시작은 헬렌이었다. 그는 재능이 있고 창의력도 뛰어났지만, 가격을 후려치려는 고객들에게 이용당하는 일이 잦았다. 그러다 보니 훌륭하게 작업을 해주고도 충분한 대가를 받지 못했다. 헬렌만 그런 게 아니었다. 창의적인 사람들은 부당한 취급을 받는 일이 많았다. 요금과 수수료를 협상하는 일은 그들의 능력과는 별개였기 때문이다. 우리 사업은 바로 거기서 탄생했다. 디자이너들은 자신이 가장 잘하는 일을 하고, 그들을 돌보는 일은 다른 사람에게 맡기는 것이다.

애당초 우리의 목적은 그랬지만 시간이 지나면서 점차 그 목적이 희미해졌다. 그러다 어느 순간이 되자 더 이상 남아 있지 않았다. 그래서 우리는 기업들이 돈을 더 많이 벌도록 돕는 데에만 집중하는 회사가 아니라 창의성을 열렬히 응원하는 회사가 되기로 결심했다. 기업들을 위해 중요한 일을 하는 사람들을 떠받들고 그들이 최선을 다해 일할 수 있는 환경을 만들어주고 싶었다. 등을 토닥거리고 어깨를 주물러주는 게 아니라 그들이 일한 만큼 보수를 받게 해주고, 고객들에게는 좋은 결과물을 얻고 싶다면 재촉해서는 안 된다고 말해주려고 했다. 정당한 보수를 받지 못하고 일할 시간이 늘 부족한 크리에이티브 담당자들의 부담을 없애주기 위한 노력이었다. 그 후로 대규모의 직원 이직 문제는 단 한 번도 발생하지 않았다.

이 목적은 우리가 고용하는 사람, 우리가 공략하는 고객, 우리의 기업 문화까지 모든 분야에 두루 영향을 미쳤다. 시간이 지나면서 우리는 우리가 가장 중요하게 여기던 두 집단 사이에서 인정을 받게 됐다. 크리에이티브 업계에서는 일하기 좋은 회사로 유명해졌고, 고객들 사이에서는 철두철미한 에이전시라는 평판을 얻었다. 그 덕분에 우리 업계가 빠지기 쉬운 가장 큰 함정을 피할 수 있었다. 고객의 비위를 맞추느라 직원을 쥐

어쩌면 결국 직원들은 회사를 떠나고, 그 회사와 일하지 말라고 주변 사람들에게 소문을 낸다.

열심히 일하는 것과 목적을 가지고 일하는 것의 차이에 대해 생각해보자. 열심히 일할 때는 끝없는 야근, 수두룩한 기획안 작성, 까다로운 고객 접대까지 해내느라 남들이 보기에도 바쁘다. 하지만 목적은 일종의 비밀 재료처럼 은밀하게 효과를 낸다. 그래서 목적을 가지고 일할 때는 별로 힘들지도 않고 아무런 티도 나지 않는다. 마치 케이크를 만들 때 밀가루가 빠질 순 없지만 정작 케이크에서는 밀가루 맛이 나지 않는 것과 같다. 그러다 보니 사람들은 눈에 보이는 엉뚱한 요인 덕분에 성공했다고 오해하기도 한다. 하지만 결국 차이를 만든 건 목적이다.

플루이드의 비밀 재료 역시 목적이었다. 사람들이 우리와 함께 일하고 싶어 했던 이유는 우리에게 목적이 있었기 때문이다. 단순히 우리가 로고를 만들고, 안내서를 디자인하고, 웹사이트를 구축했기 때문이 아니었다. 우리는 우리가 사랑하는 일을 할 수 있는 더 나은 환경을 만들겠다는 우리 모두의 신념을 실현하고 있었다. 우리는 무언가를 만들어내고 있었다. 비즈니스 세계에서 가장 인기 있는 명언 중 하나는 바로 '문화는 전략을 아침밥으로 먹는다'라는 말이다. 회사의 문화는 회사의 목적과 직원들이 이 목적을 일상 업무에 적용하는 방식을 바탕으로 자라나며, 결국 그 문화가 사람들을 회사로 끌어당기고 머물게 한다.

이것이 비즈니스 환경에서 목적이 부리는 조용한 마법이다. 목적은 등산할 때 모두가 꼭 붙잡고 몸을 의지하는 밧줄과도 같다. 사람들을 한 팀으로 묶어주고 공동의 목표를 향해 나아갈 수 있도록 해준다. 활력을 불어넣고 동기를 부여하며 단합하게 해준다.

목적은 우리 모두에게 필요하다. 그리고 여러분의 꿈에서 비롯된다. 꿈은 혼자서만 존재할 수 없다. 하늘을 떠다니는 구름 조각처럼 홀로 있는 것이 아니라 여러분의 경험이나 욕구, 필요와 깊이 관련되어 있다. 또한 꿈을 이루기 위해서는 동기를 가지고 집중해야 한다. 그렇게 매일 살아가다 보면 멀게만 느껴지던 목표가 조금씩 가까워진다. 바로 이것이 목적이 주는 힘이다.

여러분에게는 다양한 목적이 있을 수 있고, 그 목적들은 전부 꿈을 이루기 위한 원동력이 된다. 내 경우를 예로 들자면, 내 꿈은 사람들이 대가 없이 타인을 도와주는 세상을 만드는 것이다. 이렇게 꿈은 하나지만 이 꿈에는 여러 가지 목적이 포함되어 있다. 교육 시스템을 개선하고, 다른 사람들이 꿈을 찾을 수 있게 도와주고, 천만 명의 꿈에 불을 지피는 것이다.

저 멀리 지평선 위에 놓인 한 점과 같은 내 꿈에 도달할 수 있는 길을 나의 목적들이 알려준다. 꿈은 우리가 가고자 하는 곳으로 첫발을 내딛게 하고, 목적은 매일 그리고 매해 우리가 계속 걸어가게 한다. 꿈이 상상력과 감정의 원천인 두뇌라면, 목적은 혈액을 뿜어주고 규칙적으로 뛰어주는 심장과도 같다. 이 둘은 밀접하게 연결되어 있지만 서로 다른 기능을 수행한다. 그리고 서로 긴밀하게 협력한다.

나의 목적은 내가 팀을 꾸리고 회사를 차려 운영하는 동안 다른 많은 사람을 꿈과 연결해준다(하지만 이는 목적에 진정성 있어야 가능하다. 세상에는 가짜 목적이 많으며 사람들은 그것을 한눈에 알아본다).

다음으로 목적이 무엇이고 어떤 역할을 하는지, 꿈을 이루기 위해 왜 목적이 있어야 하는지 자세히 살펴보겠다.

## 목적이 필요한 이유 1: 에너지를 충전해준다

목적이라는 말 자체가 자칫 허세처럼 들릴 수도 있다. 마치 시간이 남아도는 사람들의 말장난 같다. 있으면 좋지만 없어도 상관없는 것처럼 보인다.

하지만 그건 완전히 잘못된 생각이다. 목적은 행복뿐만 아니라 건강까지 바꿀 수 있으므로 우리에게 꼭 필요하다. 우리는 목적이 있으면 크게 성장하지만, 목적이 없으면 어려움을 겪는다.

목적을 찾기 위해서는 제일 먼저 목적과 가장 밀접하게 관련된 동기motivation를 살펴봐야 한다. 누구나 동기가 있다. 누가 뭐라든 간에 동기가 없는 사람은 없다. 하지만 건강한 동기와 건강하지 않은 동기는 분명하게 구분된다.

대표적으로 건강하지 않은 동기를 나는 '번아웃을 부르는 동기burnout motivation'라 부른다. 여러분은 삶의 목적이 가족을 먹여 살리는 것이라고 말한다. 그러면서 대출금을 갚으며 근근이 먹고 산다. 그런 불가피한 일들에 집중하며 그것을 목적이라고 부른다. 하지만 문제는 그러면서 끝없이 반복되는 일상에 자신을 가둔다는 점이다. 잘해봤자 살아남아 또 한 달을 버티고, 잘못하면 실패해서 사람들을 실망시킨다. 매일 아침 잔뜩 지친 기분으로 눈을 뜰 수밖에 없다. 그리고 억지로 집을 나서서 하루를 보낸다.

이보다 더 끔찍할 순 없다. 목적이 없으니 보람도 없고 그저 열심히 일만 한다. 모든 것을 쏟아부어봤자 겨우 목구멍에 풀칠이나 하며 산다.

하지만 분명한 목적이 있으면 모든 게 달라진다. 저녁 내내 스트레스를 받지도, 아침에 눈을 뜨기 싫어 꾸물거리지도 않는다. 오히려 출근하는 시간이 기다려진다. 소위 '워라밸work-life balance'이라 부르는 일과 삶의 균형을 더 이상 부르짖지 않게 된다. 왜 그럴까? 이유는 아주 단순하다. 하고 싶은 일을 하고 있기 때문이다. 시간과 노력 그리고 능력을 사용해서 할 만한 가치가 있다고 느끼는 일을 하고 있는 것이다. 게다가 이 모든 노력이 헛되거나 고스란히 남의 주머니로 들어가버린다는 기분이 들지 않는다. 목적은 여러분이 꿈에 더 가까이 다가갈 수 있게 도와준다. 여러분이 하는 일은 투자다. 다시 말해 여러분은 지금 에너지와 의욕을 갉아먹는 지긋지긋한 일상을 보내는 게 아니라 원하는 미래를 만들기 위해 계약금을 내는 중이다.

목적의 핵심은 바로 여기에 있다. 목적은 우리가 하는 일과 우리가 느끼는 감정 사이의 관계를 변화시킨다. 여러분의 의지와 의욕 그리고 정신 건강을 배터리라고 생각해보자. 뭘 하든 그 배터리를 충전하거나 방전시킬 수 있다. '번아웃을 부르는 동기'를 가지고 있다면 여러분이 매일 그리고 매주 배터리를 소모하고 있다는 뜻이다.

이와 반대로 순수한 목적, 즉 올바른 동기는 허리가 휘도록 일할 때도 배터리를 다시 채워준다. 폴란드의 소방관부터 이탈리아의 가톨릭 사제에 이르기까지 다양한 집단을 대상으로 한 연구에 따르면, 목적의식이 뚜렷한 사람들은 번아웃을 경험하거나 업무상 겪는 문제에 시달릴 가능성이 적었다.[1] 목적이 있으면 자기 삶과 직업에 더 만족할 뿐만 아니라 일도 더 많이 할 수 있다. 마치 탄소 섬유판을 장착한 신발을 신은 달리기 선수와 무거운 추를 달아놓은 신발을 신은 선수가 대결하는 것과 같다.

목적이 있으면 삶이 더 행복해진다. 심지어 여러분의 목숨을 구할 수도 있다. 50세 이상의 미국인 약 1만 3000명의 건강을 조사한 한 연구에 따르면 가장 강력한 목적의식을 가진 사람들의 사망률이 제일 낮았다.[2] 또한 목적이 더 많을수록 병원에 입원해 있을 가능성이 더 낮다는 연구 결과도 있었다.[3] 그러므로 목적은 삶을 변화시킬 뿐 아니라 여러분을 더 오래 살게 해줄 힘도 가지고 있는 것이 분명하다.

## 목적이 필요한 이유 2: 시간을 낭비하지 않게 해준다

어쩌면 여러분은 인생의 목적이 무엇인지 이미 알고 있을지도 모르겠다. 아니면 어렴풋이 알고는 있지만 아직 속속들이 파악하지는 못했을 수도 있다.

그것도 아니면 자신에겐 아무 목적이 없으며 목적을 찾는 건 너무 고생스러울 거라고 생각할 수도 있다.

세 번째 무리에 속하는 사람들을 만나보면 다음 중 하나를 그 이유로 꼽는다.

① 꿈꿀 시간이 없어요.

② 관심 없어요.

③ 너무 게을러서요.

④ 돈이 있어야 꿈도 꾸죠.

하지만 이 가운데 진짜 이유는 하나도 없다. 만에 하나 진짜 이유가 있다고 해도 충분히 바꿀 수 있는 것이다. 목적이 없거나 목적을 가질 수 없는 이유는 보통 스스로 정해놓은 한계나 오해, 핑계에 불과할 때가 많다. 그 얘기는 다음 장에서 더 자세히 설명하겠다.

잘나가는 동료를 보며 '나랑은 달라. 나는 애초에 저렇게 태어나질 않았잖아. 저 사람들이니까 저렇게 하는 거지'라고 생각하는 사람들도 있다.

안타깝게도 이는 또 다른 거짓말이다. 자신을 위로하기 위해 흔히 하는 변명일 뿐이다. 이들은 삶의 주도권을 포기하고 모든 것이 환경이나 유전, 운처럼 누군가 또는 다른 것에 의해 결정되어 있다고 말한다.

나는 길거리에서 사람들에게 꿈에 관해 물어보기도 하고 팟캐스트를 통해 세계적인 유명 인사 200여 명을 만나 인터뷰하기도 했다. 그들과 대화를 나누면서 나는 성공하는 사람과 자신이 실패할 거라고 믿는 사람 간의 차이가 신비한 능력이나 하늘이 준 재능이 아니라는 사실을 알게 됐다. 타고난 것도, 바꿀 수 없는 것도 아니다. 답은 아주 간단하며 지금쯤이면 여러분도 아마 눈치챘을 것이다. 그것은 흔들리지 않는 사명, 바로 목적이 있는가이다.

바로 그 차이다. 우리 모두의 내면에는 게으른 나, 자신을 의심하는 나, 질투심 많고 불안정한 나가 들어 있다. 목적이 없으면 이런 나의 모습에 너무 쉽게 굴복하게 된다. 자기 연민이나 자책에 빠지기도 쉽다. 그 결과 산만해지고, 나쁜 습관에 빠지며, 스스로 정한 한계에서 벗어나지 못하는 악순환에 빠지고 만다.

목적이 있는 사람도 근본적으로는 같지만 딱 한 가지 다른 점이 있다. 그들에게는 인생의 중심, 하고 싶은 일, 달성하고자 하는 목표, 이루고 싶은 꿈이 있다.

훌륭한 동기가 생기면 (그것이 어디서 왔든) 에너지가 생겨서 다음 기회를 잡으려고 이를 악물게 된다. 이런 사람들은 쉽게 한눈을 팔거나, 경로를 이탈하거나, 오래 주저앉아 쉬지 않는다. 단지 목적이 생겼을 뿐인데 마치 마법의 약이라도 삼킨 것처럼 힘이 샘솟는다.

불편한 진실이다. 여러분이 목적을 가질 수 없다고 생각하는 모든 이유는 목적을 가지기만 하면 싹 해결된다.

이게 바로 삶에 목적이 있을 때 두 번째로 좋은 점이다. 목적은 고단한 삶 속에서 에너지를 줄 뿐만 아니라 집중력을 높여준다. 중요한 일에 집중하고 더 예리하게 사고할 수 있게 해준다.

여러분이 남몰래 부러워하는 친구나 직장 동료가 본업뿐만 아니라 부업, 새벽 운동, 자원봉사 활동까지 하면서 가족과도 즐거운 시간을 보내는 데에는 비결이 있다. 그들에겐 이미 목적이 있기 때문에 그 능력을 삶의 구석구석에 나눠서 활용할 수 있다.

나는 뉴욕을 방문했다가 실제로 그런 사람을 우연히 만났다. 촬영 중이었는데 솔직히 말해서 그다지 기대되지 않은 그런 날이었다. 맨해튼의 하늘은 잿빛이었다. 도로부터 주변에 우뚝 솟은 고층 빌딩까지 사방이 온통 잿빛으로 보였다. 바로 그 순간 칙칙한 배경을 뚫고 강렬한 색채가 다가왔다. 머리카락을 빨갛게 염색한 한 중년 여성이 눈길을 끄는 청록색 원피스를 입고 성큼성큼 걸어오고 있었다. 나는 망설이지 않고 그에게 말을 걸었고 이내 그러길 정말 잘했다고 생각했다.

그는 자신의 꿈은 돈을 모으는 것이고, 예술가로서 좋은 작품을 만들어 그 꿈을 이루겠다고 말했다. 그는 왜 돈을 갖고 싶어 했을까? 단지 부자가 되거나 출세하고 싶어서가 아니었다. 그에겐 목적이 있었다. 두 번이나 암에 걸리고도 살아남은 그는 돈을 벌어서 암 연구 및 치료 기금에 지원하고 싶다고 했다. "저는 백만장자가 되면 제일 먼저 암 연구에 기부할 거라고 늘 얘기해요." 그가 말했다.

이 여성을 만난 시간은 채 2분도 되지 않았다. 하지만 뉴욕 벨뷰 병원Bellevue Hospital에 전시된 그의 그림을 사진으로 보자마자 나는 그가 확고한 목적에서 힘을 얻으며 살아왔다는 것을 알 수 있었다. 그가 고통을 겪으며 찾은 목적은 바로 예술이었다. "암에 걸린 데는 다 이유가 있을 거라는 생각이 들었어요. 병에 걸리지 않았다면 아마 예술을 발견하지 못했을 거예요." 그는 이야기했다. 결국 그의 꿈은 암을 퇴치하는 것이었고, 그 꿈을 달성하게 도와줄 그의 목적은 그림이었다. 자신이 그린 그림으로 과거 자신도 겪은 고통에 시달리는 사람들을 돕겠다는 목적이 이제 그의 삶을 이끌어가는 근본적인 동기가 됐다.

이처럼 목적이 있으면 꼭 해야 할 중요한 일이 있다는 것을 알기에 가능한 한 시간을 낭비하지 않으려고 하게 된다. 유혹에 빠져 목적지에서 멀어질 가능성도 줄어든다. 무엇을 이루려고 하는지 이미 알고 있으니, 확신이 없어서 주저하거나 실패할까 봐 겁먹을 가능성도 적다.

그러므로 목적은 훌륭한 문제 해결사다. 우리가 끌어안고 뒹구는 모든 문제는 목적만 있으면 해결된다. 나쁜 습관과 유혹, 의심 따위는 더 이상 우리를 괴롭힐 수 없다. 목적을 찾는 것은 자신에게 해줄 수 있는 최고의 선물 중 하나다. 목적이 생기면 우리의 머리를 가득 채운 해로운 잡념들이 사라지면서 진정으로 중요한 것에 집중할 수 있는 공간이 생긴다. 거기서부터 꿈으로 가는 길이 열린다.

## 목적이 필요한 이유 3: 하루하루가 소중해진다

좋든 싫든, 우리는 일하면서 하루를 보낸다. 그리고 꿈을 이루기 위해서는 뭔가 일을 해야 한다. 문제는 여러분이 하는 일에서 목적을 찾을 수 있는가다. 진심으로 하고 싶고, 불평보다는 환호가 나올 만큼 일을 재미있게 만들 수 있을까?

미국 노동통계청은 일과 관련한 자료를 수집하면서 사람들에게 행복과 의미, 스트레스 등 여러 기준에서 자신이 하는 일의 점수를 매겨달라고 요청했다. 2010년부터 2021년까지 실시한 여러 설문 조사에서 가장 의미 있는 산업은 농림업, 보건복지, 교육 서비스 순이었다.[4]

다시 말해, 자기 일에 중요한 목적이 있다고 생각하는 사람들은 남들에게 식량을 공급하거나, 아플 때 돌봐주거나, 젊은 이들을 가르치는 데 이바지하는 이들이었다. 하지만 이런 직업은 일이 쉽지도, 보수가 제일 높지도 않다. 보건과 교육 분야에서 일하는 사람들은 행복을 기준으로 점수를 매긴 표에서 상위

권과는 거리가 멀었다. 하지만 이 직업들은 큰 의의가 있다. 목적이 있기 때문이다. 이 직업들 덕분에 사람들은 보람찬 하루를 보내고 비록 상황이 나쁘고 여건이 열악해도 다음날 제자리로 돌아가서 다시 일할 수 있다.

나는 간호사나 소방관, 경찰관으로 일하는 사람들로부터 항상 이와 똑같은 이야기를 듣는다. 일은 정말 고되지만, 그들은 대부분 자신의 직업을 사랑한다. 사람들을 돕고 그들의 일상을 변화시키는 데서 목적을 찾기 때문이다. 내가 인터뷰한 수천 명의 사람 가운데 이들이 가장 만족스럽게 사는 듯 보였다. 실제로 나는 경찰관들을 만나면 으레 꿈에 관해 물어보곤 하는데, 모두가 입을 모아 이미 꿈을 이루며 살고 있다고 대답했다. 하지만 그렇게 대답하는 은행원이나 변호사는 단 한 명도 보지 못했다.

이는 목적이 일상에서 어떤 역할을 하는지 보여준다. 우리가 고르고 골라 인스타그램에 짧은 영상으로 올려놓은 삶이 아니라, 좁고 피곤한데 골치 아픈 일거리까지 쌓여 있는 사무실로 매일 아침 출근해야 하는 현실에서 말이다.

우리 삶이 매 순간 감동적일 수는 없다. 이메일을 보낼 때마다 혹은 물건 하나를 팔 때마다 성취감이 드는 것도 아니다. 꿈을 이루기 위해 우리가 해야 하는 일들은 대개 지루하고 힘들다. 인생이 원래 그렇다. 누구도 청구서를 납부하고, 전화를 걸고, 도시락을 싸고, 빨래를 개야 하는 현실에서 벗어날 수 없다.

그래서 우리에게는 목적이 필요하다. 지금 하는 일이 아무리 지겹더라도 우리가 의미 있는 뭔가를 추구하고 있다는 확신이 있으면 견딜 수 있기 때문이다. 그래야 아무 성과가 없거나 하루 종일 지루한 일만 했다 해도 여전히 보람찬 하루라고 느낄 수 있다. 목적을 달성하고 이를 통해 꿈을 이루는 데 한 걸음 더 가까워졌다고 믿기 때문이다.

어느 날 아침 우리는 플루이드 사무실에서 중요한 손님들을 맞이할 준비를 하고 있었다. 우리가 수년간 유치하기 위해 공을 들였던 고객들로 이 미팅만 잘 성사되면 마침내 꿈꾸던 프로젝트를 맡게 될 터였다. 그런데 하필 사무실을 청소하는 미화원이 아파서 출근을 못 하겠다고 전화를 걸어왔다. 화장실에 가보니 도저히 중요한 손님을 맞을 수 없는 상태였다. 그래서 나는 고무장갑을 끼고 직접 화장실을 청소했다. 그 일은 그 주에 내가 한 일 중에서 회사에 가장 큰 보탬이 됐다. 하고 싶어서 한 일도 아니고 무려 한 시간이나 화장실을 닦기는 했지만 그 덕분에 우리의 꿈에 더 가까워졌기 때문이다. 우리 인생도 다르지 않다. 때론 성공하기 위해 하기 싫은 일도 해야 할 때가 있다. 그렇지만 목적이 분명하다면 우린 기꺼이 해낼 수 있다.

그래서 목적이 중요한 것이다. 목적은 마치 갑옷처럼 삶의 지루하고 불쾌하며 당황스러운 일들로부터 우리를 최대한 보호해준다. 이 모든 고생이 오늘 나를 괴롭힌 문제보다 더 중요한 무언가를 위해 꼭 해야 하는 일이라고 마음을 다잡을 수 있다면 따분한 일도 기꺼이 맡고, 힘든 일도 해결하고, 불쾌한 일도 극복할 수 있다. 우리 인생에서 일어나는 일들이 대개 다 그렇다. 그 일을 왜 하는지 알면 더 잘할 수 있다.

## 목적이 중요한 이유 4: 욕구를 필요로 바꿔준다

지금까지 우리는 목적이 어떻게 활력을 불어넣고, 집중력을 높이며, 나쁜 습관을 없애고, 확신을 주는지 살펴보았다. 이 모든 것이 성공하고 꿈을 이루기 위해 필요하다. 하지만 이걸로도 아직 부족하다. 목적이라는 퍼즐을 완성할 마지막 조각이자, 목적이 여러분에게 줄 마지막 선물은 바로 필요성이다.

여기서부터는 단순하다. 인생에는 무언가를 원하는 사람과 무언가가 필요한 사람이 있다. 어느 쪽이 목표한 바를 달성할 가능성이 높은지는 굳이 말하지 않아도 알 것이다. 무언가를 원하는 사람들을 깎아내리려는 게 아니다. 누구나 무언가를 원한다. 더 건강해지기를 원하고 사랑하길 원한다. 돈을 더 많이 벌길 원하고 변화를 일으키길 원한다.

하지만 원한다는 것은 공허한 느낌이다. 보기만 하고 만지진 않는다는 뜻이다. 생각은 하되 행동하지 않는다. 마치 아무것도 하지 않는 사람들의 좌우명 같다. 하지만 세상은 행동하는 사람에게 상을 준다.

그런데 무언가가 필요한 사람들은 원하는 사람들과는 전혀 다른 범주에 속한다. 그들은 행동하는 것 외에 다른 선택지는 고려하지 않는다. 반드시 해야 하므로 한다. 그들에게 문제를 회피하고, 행동을 미루고, 핑곗거리를 찾는다는 것은 있을 수 없는 일이다. 실패보다 아무것도 하지 않거나 꿈을 이루려고 노력하지 않았을 때 돌아올 결과가 더 두렵다. 다른 대안은 생각해본 적도 없기 때문에 점점 더 끈질겨진다.

살다 보면 누구나 욕구가 필요로 바뀌는 시점을 맞이하며 그때 저절로 의욕이 샘솟는 기분을 느끼게 된다. 이 시점은 흔히 위급한 상황에서 찾아온다. 몸이 아파서 몇 년 만에 처음으로 병원에 갔다고 치자. 그런데 여러분이 과체중이고 당뇨병이 발생할 위험이 있으며, 심장에 무리가 가고 있다는 청천벽력 같은 소식을 들었다. 이대로 방치하면 끔찍한 결과를 초래할 수 있다고 한다.

이런 상황이라면 다음에 일어날 일은 불 보듯 뻔하다. 건강을 되찾고, 운동 습관을 기르고, 몸에 나쁜 음식들을 안 먹겠다고 선언하며 실천하기 시작한다. 과거에 포기했던 자신과의 약속이나 실패한 관리법들은 기억 저편으로 날려버린다. 이번에는 딱 한 가지 방법을 골라서 끝까지 실천해보기로 한다. 이제 여러분에게는 살아야 한다는 목적이 있기 때문이다. 의사의 진찰을 받는 사이에 더 건강한 삶을 살고 싶다는 욕구가 절실한 필요로 바뀌었다. 욕구를 필요로 바꾸어놓는 것이 바로 목적의 힘이다.

사업에서도 마찬가지다. 많은 사람을 만나 인터뷰하면서 나는 자본 없이 창업하는 것과 성공 사이에 밀접한 관계가 있다는 사실을 발견했다. 흔히 사업을 성공시키기 위해서는 자금 확보가 제일 중요한 요소라고 생각하지만, 실제로는 전혀 그렇지 않다. 자금이 없는 사람은 사업을 꼭 성공시켜야 하지만, 자금이 충분한 사람은 혹시 실패하더라도 어느 정도 괜찮을 수 있기 때문이다. 간단히 말해 이것이 바로 원하는 것과 필요한 것의 차이다. 성공은 절실한 필요에서 비롯된다. 이 간절한 마음은 성공하지 않고서는 해소되지 않는다.

그러다 보니 자금이 너무 많으면 실제로 문제가 생기기도 한다. 나와 함께 일했던 벤처기업들 가운데에는 자본을 너무 많이 조달하는 바람에 실패한 기업도 많다. 대표적인 예로 위워크WeWork(미국 공유 오피스 기업 ─ 옮긴이)가 있는데, 이 회사는 설립 당시 30조 원이 넘는 돈을 투자받았지만 결국 파산 신청을 하고 말았다. 만약 자본이 넘쳐나지 않았다면 더 신중하게 임대계약을 체결하고 모든 지점에서 수익이 날 수 있게끔 조치했을 것이다. 하지만 막대한 자본을 투자받았기 때문에 절대 수익이 나지 않을 장소로도 너끈히 이전할 수 있었다. 원칙은 이미 무너져 있었다. 돈이 문제가 아니다 보니 사업의 기초가 부실했고 근거 없는 낙관만 가득했다. 기업의 목적은 확고했지만 오히려 너무 많은 돈이 실패를 가져왔다. 기업이 성공하기 위해서는 절실한 필요가 있어야 하는데 위워크는 막대한 자금을 조달하는 바람에 그 절실함을 잃어버렸다.

또 다른 예로 전자 담배 회사 줄Juul이 있다. 줄은 한때 엄청난 성공을 거뒀지만, 어린이들에게 자사 제품을 홍보했다는 이유로 대규모 소송에 휘말렸다. 이 회사의 원래 목적은 명확했다. 기존 담배를 대체할 수 있는, 훨씬 덜 해로운 제품을 만드는 것이었다. 하지만 그 후 여러 문제가 터졌고 결국 줄은 자신들이 대체하고자 했던 담배 업계로부터 투자를 받고 말았다. 얼마 지나지 않아 투자금과 투자금의 출처, 그리고 그 돈으로 진행한 마케팅 캠페인 때문에 줄의 설립 목적과 명성은 함께 추락해버렸다.

목적이 훼손되고 필요가 사라지면 전도유망한 사업도 망해버릴 수 있다. 반대로, 해결이 필요한 문제나 바로잡아야 하는 실수와 같은 결정적인 경험을 바탕으로 설립된 많은 기업은 성공을 거뒀다. 이 기업들의 목적은 지극히 개인적이었다.

내가 언젠가 이 대표적인 예로 소개할 수 있는 사업가가 될 거라고 믿는 사람은 소피다. 소피는 초인종을 누르고 자신의 꿈을 소개했고 그 꿈을 이루기 위해 이미 열심히 달리고 있었다. '아이 엠 데님'이라는 회사의 사업 아이디어는 배가 편안한 청바지였다. 소피는 아들을 낳고 상태가 위독해져 수술을 받을 수밖에 없었다. 다행히 목숨은 건졌지만 회복하는 데 오랜 시간이 걸렸다. "그 후로 몇 주 동안은 청바지를 입는 것처럼 간단한 일을 하는 데에도 애를 먹었어요." 그는 당시를 떠올리며 이렇게 말했다. 그러다 누구도 그런 일을 겪게 해서는 안 된다고 결심한 것이 그의 동기가 되었다. "편안한 청바지가 아무리 찾아도 없었어요. 그래서 제가 직접 남들이 편안하게 입을 수 있는 청바지를 만든 거죠."

이후 나와 만난 자리에서 소피는 자신이 평생 건강 때문에 고생했다고 밝혔다. 열두 살에 염증성 장 질환을 진단받았는데 이 병은 평생 관리가 필요한 만성질환이었다. 그 병 때문에 출산 후에 심각한 후유증을 겪었고 결국 목숨을 구하기 위해 수술을 받아야만 했다. 그런 그에게 이 꿈은 일종의 반격이었다. "문제를 해결하려고 정말 최선을 다해서 이 청바지를 디자인했어요. 한동안 너무 약하게만 살았으니 이제부턴 강하게 살아야죠."

그 후 그의 사업은 번창해 데번햄스 백화점과 소매 파트너십을 체결했고 《보그》 잡지에 소개되기도 했다. 이는 필요가 목적이 되고 목적이 꿈을 이룰 힘이 되는 과정을 잘 보여준다. 그의 꿈은 데님 브랜드로 대박을 터뜨리는 것이었고, 그의 목적은 편안한 청바지 한 벌처럼 단순하고 꼭 필요한 것도 구하지 못해 환자들의 트라우마가 악화되는 일이 더 이상 일어나지 않도록 하는 것이었다.

이와 비슷하게 여성이 설립해 1조 원이 넘는 가치를 지닌 의류 브랜드로 성장시킨 회사로 스팽스spanx가 있다. 스팽스의 창립자인 사라 블레이클리는 과거 방문 판매로 팩스 기계를 팔고 있었는데 자신이 산 속옷들이 전부 겉옷 위로 비쳐서 늘 불만이었다. 분명히 안 비치게 만드는 방법이 있을 텐데 아무리 시장을 샅샅이 뒤져도 자신이 원하는 제품을 파는 업체를 찾을 수가 없었다. 그래서 그는 직접 보정속옷의 형태로 제품을 만들었다. 그리고 이를 기반으로 거대한 사업을 일궈냈고, 그 결과 미국 최연소 여성 억만장자가 되었다. 처음 그가 느낀 필요성은 하나의 꿈이 되었고 여성을 드높이겠다는 분명한 목적과 함께 이어지고 있다.

그의 모든 성공은 목적에서 비롯됐다. 회사를 차리고 제품을 발명하고 싶었던 게 아니라 그럴 필요가 있는 상황이었다. 선택이라기보다는 강제에 가까웠다. 기존 대기업과 경쟁해야 하고, 단위 경제성이 맞지 않는 것 같고, 공급망이 까다롭고, 아무도 시도해본 적이 없었지만 그런 사실은 전혀 중요하지 않았다.

개인적인 문제이자 반드시 해결해야 할 필요가 있는 문제에서 시작하면 대부분 성공할 수 있다. 근본적인 필요에서 비롯된 목적은 삶에서 초능력을 발휘한다. 시련과 역경, 경쟁자를 물리치는 천하무적이 되게 한다. 남들이 여러분을 따라 하고 사업 모델을 모방할 수는 있겠지만 여러분의 목적과 갈망, 위험을 감수하는 성향까지 흉내 낼 순 없다. 너무 필요해서 견딜 수 없는 심정까지 느낄 수는 없다. 그들은 목적이 없으므로 실패할 수밖에 없다. 목적은 남에게서 빌릴 수 없고 인공지능AI이 만들어낼 수도 없다. 한 세대에서 다음 세대로 물려줄 수도 없다. 정부가 세금을 매기지도 못하고 투자자가 돈으로 (여러분에게 투자하지 않는 한) 살 수도 없다. 다른 건 다 잃어도 유일하게 여러분의 목적은 늘 여러분만이 가질 수 있다.

잘만 관리한다면 목적은 두고두고 그 보답을 할 것이다. 목적을 키워나가는 것은 여러분이 할 수 있는 최고의 투자 가운데 하나다.

* * *

이제 여러분들도 인생에는 반드시 꿈이 있어야 하고, 어떻게 하나의(혹은 여러) 목적이 꿈을 이루게 하는지 확실히 알게 됐길 바란다. 아마 여러분은 열심히 노력하면 문제가 해결된다거나 실패는 어떻게든 피해야 한다는 오랜 믿음에서 벗어나기 시작했을 것이다. 이미 머릿속에 뚜렷한 꿈이 있어서 초인종을 눌러 남들에게 소개할 준비가 되어 있을 수도 있고, 이제야 꿈이 있어야겠구나 하고 깨닫기 시작했을 수도 있다.

어떤 경우든, 여러분은 어느 단계에서 꼼짝 못 하고 있을 게 분명하다. 아이디어는 있는데 어떻게 시작해야 할지, 다음 단계로 어떻게 넘어가야 할지 확신이 안 설 수도 있다. 누구에게도 말하지 못한 꿈을 간직하고 있을 수도 있다. 누군가 내 꿈을 훔쳐 가거나 먼저 실행해버릴까 봐 불안할 수도 있다(이 두려움이 왜 허무맹랑한지는 나중에 얘기하겠다). 아니면 꿈이 자신에게 어떤 의미인지, 도대체 꿈을 발견하는 방법이 뭔지 고민하고 있을 수도 있다.

우선 먼저 알아야 할 것은 그게 당연하다는 점이다. 누구나 도움이 필요하며 누구나 한 번쯤은 도무지 답을 모르겠는 상황에 빠진다. 중요한 것은 솔직한 자세로 현재 자신의 상황을 정확하게 파악하는 것이다. 상황을 이해하고 나면 해결 방법은 간단하다. 그러니 내가 시키는 대로 해보자.

다음 장에서는 여러분에게 모든 단계를 소개하겠다. 꿈을 따라가다 멈춰 서게 되는 모든 지점을 정리한 단계들로 사람들한테서 들었던 모든 방해 요소와 부정적인 사고가 포함되어 있다. 꿈을 받아들이길 꺼리는 사람부터 경제적 어려움 때문에 이러지도 저러지도 못하는 사람, 전에 겪은 실패 때문에 지레 겁을 먹은 사람까지 다양한 사람이 각자의 단계에 머물러 있다. 사람들이 오도 가도 못하는 주요 지점들과 각 단계를 넘어서는 방법을 알려주려는 것이 내 의도다. 자신이 어느 단계에 속해 있는지, 그 단계를 넘어설 방법이 뭔지 알고 나면 꿈을 찾아 이룰 준비를 마칠 수 있을 것이다.

# 04

# 꿈을 포기하게 하는
# 7단계

일상생활을 하다 보면 수많은 사람이 우리를 스쳐 지나간다. 특히 요즘 들어서는 대부분의 사람이 이어폰을 귀에 꽂고 고개를 푹 수그리고는 주변 세상과 단절된 채 걸어 다닌다. 어쩌면 매일 출퇴근을 하거나 헬스장으로 가는 길에 여러분의 인생을 바꿔줄 인물을 대여섯 명쯤 그냥 지나쳤을지도 모른다.

실제로 내가 홍콩에서 만났던 샘에게도 그런 일이 일어날 뻔했다. 그때 당시 샘은 한 손에는 커다란 물병을, 한 손에는 빵이 든 종이봉투를 들고 마치 조깅하듯 빠른 속도로 걸어가고 있었다. 나중에 알고 보니 데이트를 하러 가는 길이었다. 나는 서둘러 질문을 던졌다. 바로 그 질문이었다. 그는 한 치의 망설임도 없이 대답했다. "그럼요. 꿈이 있죠. 출장 요리 회사를 차리고 싶어요."

이럴 때 난 정말 행복하다. 내 질문에 상대방이 망설임 없이 솔직한 대답을 내놓는 바로 그런 순간 말이다. 그렇다, 꿈이 있다. 그렇다, 그들은 오랫동안 그 꿈에 대해 생각해왔다. 그렇다, 그들은 자신이 무슨 사업을 시작하고 싶은지, 누구를 돕고 싶은지, 심지어는 회사의 이름까지 구체적으로 정해두고 있다. "지금은 못 하는 이유가 뭔가요?" 두 번째 질문을 던진다. 여러모로 까다로운 질문이다.

"사업을 어떻게 시작하는지 몰라서요. 뭐, 그건 그냥 꿈이에요." 그가 말한 '그건 그냥 꿈이에요'라는 이 짧은 문장 안에는 더 많은 뜻이 숨어 있다.

절대 안 할 거예요.
될 리가 없어요.
힘들어요.
못 하겠어요.
시작하기 겁이 나요.

샘을 만난 지 불과 몇 초 만에, 나는 이미 그가 다른 많은 사람과 같은 상황에 처해 있다는 것을 알 수 있었다. 그에게는 꿈이 있었고, 그 꿈은 손에 닿을 만한 거리에 있었다. 곧 알게 되겠지만 그에게는 필요한 기술도 있었다. 시작하기가 두렵다면서도 벌써 셰샘Chez Sam이라는 회사명까지 지어놓았다. 나는 항상 사람들에게 우선 이름만 지어놓으면 절반은 된 거나 다름없다고 말한다. 샘의 꿈을 가로막는 장애물은 하나도 없었다. 샘 본인만 빼고 말이다.

이게 바로 수많은 사람이 지닌 자기 파괴적인 성향이다. 내겐 그럴 만한 능력이 없다고, 방법을 모르니 도리가 없다고 하는 말이 아직도 귓가에 울린다. 하지만 그건 전부 거짓말이다. 해결 방법을 아주 쉽게 찾을 수 있기 때문이다. 지금 같은 세상에선 모든 지식을 검색 한 번이면 다 얻을 수 있다. 능력이나 경험이 부족하다는 말은 사실 용기가 없다는 뜻이다.

나는 샘이 다른 수천, 혹은 수백만의 사람처럼 인생의 중요한 기로에 서 있다는 것을 알고 있었다. 우리의 우연한 만남은 때마침 적절한 순간에 이루어졌다. 이 꿈을 그대로 방치한다면 자신은 능력이 없고 방법도 모르겠다는 믿음이 더 강해지고 만다. 너무 강해져서 곧 헤어 나올 수 없는 지경에 이른다.

가혹하게 들리지만 사실이다. 꿈은 영원하지 않다. 우리가 계속 꿈을 부정하고 이룰 수 없을 거라고 변명하는 건 실제로 그렇게 되게 하는 것이나 다름없다. 잘 익은 과일도 따 먹지 않으면 썩어버리듯 꿈도 마찬가지다.

우리의 만남은 타이밍이 좋았다. 샘은 이 아이디어를 무작정 품고만 있을 수 없었고, 나는 홍콩에 고작 일주일 일정으로 머무르고 있었기 때문이다. 며칠 후 나는 홍콩의 영향력 있는 사업가들을 앞에서 헬프뱅크를 소개하기로 되어 있었다. 문득 나는 샘이 하겠다고만 하면 내 창립 발표 행사를 샘의 행사로 삼을 수도 있겠다고 확신했다.

견본으로 음식을 만들어 올 수 있다면 샘은 고객이나 투자자가 될지도 모를 사람들이 가득 찬 방에서 간단히 자신의 사업을 소개할 수 있을 것이다. 참가하는 사람들은 하나같이 사업가들이어서 행사를 여는 일이 많았다. 게다가 대부분은 투자자이기도 했다. 그러니 이보다 더 훌륭한 기회는 미리 계획하래도 할 수 없었을 것이다. 그런데 과연 샘이 할까? 셰샘을 탄생시킬 첫 프로젝트로 헬프뱅크 발표 행사에 음식을 가져올까?

샘은 알겠다고 대답했다. 하지만 어쩐지 그 대답이 시원치가 않았다. "진짜 얼른 가봐야 해요." 샘이 말했다. 샘에겐 선약이 있었다. 나는 샘에게 행사 시간과 장소를 알려주며 좋은 기회를 놓치지 말라고 설득했다. 그가 행사장에 나타나기를 간절히 바랐지만, 솔직히 말해서 자신은 없었다. 내가 당시에 틱톡에 이 영상을 올리자 많은 사람이 댓글을 달며 부정적인 반응을 보였다. '안 나타난다에 한 표', '안 할 거 같아요', '진지하지가 않네'.

사흘 후, 발표 행사 날 저녁이 됐다. 나는 샘과 따로 연락하지 않았다. 그래서 그가 문을 열고 나타나거나, 그를 다시는 보지 못하거나 둘 중 하나라고 생각했다. 마음 한구석에서 바람을 맞을 것만 같은 불안감이 스멀스멀 피어났다.

그 순간, 문이 열렸고 내 모든 의심은 눈 녹듯 싹 사라졌다. 말끔하게 차려입은 샘이 직접 구운 빵들이 담긴 쟁반을 들고 서 있었다. 처음 만났을 때 그는 남의 가게에서 사 온 크루아상을 들고 있었다. 그런데 불과 72시간이 지난 지금, 직접 맛있는 음식을 만들어 자신의 첫 행사에 선보이고 있었다. 그뿐만 아니라, 자신이 시작할 수 있을지 모르겠다던 사업을 전문가들 앞에서, 그것도 아주 훌륭하게 소개하고 있었다. "이번 기회를 꼭 잡아서 사람들에게 제 음식을 보여줄 겁니다." 그가 말했다. 그렇게 셰샘이 탄생했다. 홍콩에 새로운 사업가 한 명이 등장한 것이다. 그리고 이 일은 단 며칠 만에 우연히 성사됐다. 샘의 영상은 화제를 불러일으켰고 틱톡에서만 1700만 명이 넘는 사람이 시청했다. 우리는 이 영상에서 발생한 수익을 그에게 초기 투자금으로 제공했다.

내가 샘의 이야기를 공유하는 이유는 이런 일도 가능하다는 것을 보여주기 위해서지만 전혀 다른 결과에 이를 수도 있었기 때문이기도 하다. 만약 샘을 믿고 첫 고객이 되겠다고 말해주는 사람이 없었다면 어떻게 됐을까? 그가 사업을 시작할 수 있었을까? 알 길은 없다.

하지만 확실한 건 샘뿐만 아니라 수많은 사람이 머릿속에 계획은 가지고 있지만 정작 그 계획을 실행에 옮길 자신감이나 추진력은 발휘하지 못한다는 사실이다. 꿈을 이루기 위해 아무 노력도 하지 않고 그 꿈이 시들어 죽게 내버려두는 이런 사람들은 바로 한자리에 갇혀버린 사람들이다.

내가 틱톡에서 자주 받는 댓글 중 하나는 NPC<sup>Non-Playable Character</sup>다. 플레이할 수 없는 캐릭터의 앞 글자를 딴 NPC는 비디오게임에서 유래한 단어로 게임 중에 만나서 대화를 나눌 수 있는 배경 인물을 가리킨다. 이 단어는 미리 입력된 방식으로만 인생을 살아가는 사람들을 가리키는 속어로 사용되기 시작했다. 자유도, 방향도, 꿈도 없는 사람들. 누구나 NPC 같은 삶을 살지 않으려고 애쓴다. 그렇게 살지 않으려면 무엇이 우리를 가로막고 있는지, 그리고 우리가 어디에 갇혀 있는지 알아내야 한다.

여러분은 샘과 같은 단계에 머물러 있을 수도 있고, 그보다 앞 혹은 뒤 단계에 있을 수도 있다. 하지만 어느 단계에 있든 내가 해주고 싶은 조언은 똑같다. 앞으로 나아가고 싶다면 무엇이 여러분의 발목을 붙잡고 있는지 파악해야 한다. 어떤 의심이나 고정관념, 생활환경, 사회적 영향이 여러분을 가로막아 아이디어를 실행하지 못하게 하는 걸까? 꿈을 찾아 떠나는 여정은 여기서부터 진짜 시작된다.

그 길을 더 빠르게 달려갈 수 있게 도와주겠다. 이 장에서 나는 그 비법을 알려주려고 한다. 우선 사람들이 꿈을 포기하는 이유, 그리고 그것이 왜 잘못된 생각인지에 관해 살펴보자. 자신을 가두는 생각의 틀을 부수고 목적을 찾아 꿈을 실현할 방법을 찾아보자.

그러기 위해 우리는 꿈을 포기하는 데 쓰이는 온갖 변명으로 만들어진 계단을 올라가야 한다. 이 계단은 일곱 칸에 불과하지만, 변명이란 것을 깨닫고 극복하는 방법을 배우지 않으면 어느 칸에서든 꿈이 사라져버릴 수 있다. 가장 아래 단계부터 출발하든, 가장 위 단계부터 출발하든, 꿈을 이루기 위해서는 먼저 이 모든 장애물을 뛰어넘어야 한다. 그리고 어디로 갈지 결정하기 전에, 지금 서 있는 위치가 어딘지 알아야 한다.

## 7단계

| | | | | | | 7단계 |
|---|---|---|---|---|---|---|
| | | | | | | 벌써 해봤죠 |
| | | | | | 6단계 | |
| | | | | | 남들이 어떻게 생각할지 걱정이에요 | |
| | | | | 5단계 | | |
| | | | | 방법을 모르겠어요 | | |
| | | | 4단계 | | | |
| | | | 뭔지 모르겠어요 | | | |
| | | 3단계 | | | | |
| | | 필요 없어요 | | | | |
| | 2단계 | | | | | |
| | 문제가 있어요 | | | | | |
| 1단계 | | | | | | |
| 시간이 없어요 | | | | | | |

이 계단에서 여러분의 위치를 찾는 것이, 꿈을 향한 여정을 시작하기 전에 마지막으로 해야 할 일이다. 자, 함께 올라가보자.

## 1단계: 시간이 없어요

내가 마이크를 들고 다가가면 어떤 사람들은 아예 질문에 대답할 생각조차 하지 않는다. 그저 나를 무시하거나, 고개를 절레절레 흔들거나, 어이없다는 듯 미소를 지어 보인다. 그러다 누군가 발길을 멈추고 입을 열면 대개 다음 중 한 가지 대답이 나온다.

돈 벌어야죠.
직장이 있어요.
시간이 없어요.

제일 기억에 남는 대답은 이거였다. "이 버스를 타야 해요."
만약 여러분도 같은 대답을 하려고 했다면 꿈이 없는 것이나 마찬가지다. 여러분은 꿈에 관해 생각해본 적도 없다. 꿈이라는 생각 자체가 엉뚱하다 못해 불쾌하기까지 하다. 책임지고 해야 할 일이 너무 많고 늘 쫓기듯 살고 있어서 꿈을 꾸는 일 같은 건 하찮게 느껴진다. 지금보다 더 중요한 게 있다니 여태까지의 노력을 모욕하는 것만 같다.

지금 이 말도 여러분 얘기처럼 들린다면 뭐가 문제인지 알려주겠다. 여러분은 생존 모드에 있다. 주말이 오기만을 기다리며 겨우 하루를 버티고, 그렇게 한 달이 지나가길 바라며 살아가고 있다.

나는 그 심정을 이해한다. 내게도 다음 일감이 어디서 들어올지, 입에 풀칠은 할 수 있을지 말고는 아무것도 생각할 겨를이 없던 시절이 있었다. 살아남는다는 것, 그것 말고는 아무런 의미가 없다고 생각하는 게 어떤 건지 잘 알고 있다.

문제는 생존 모드에 있는 게 아니라 그것을 받아들이는 데 있다. 이게 내 인생이고 내가 할 수 있는 것도, 꼭 해야 할 것도 없다고 믿는 것이다. 그런 마음가짐이라면 장담컨대 변하는 건 아무것도 없다. 여러분이 한계를 정했으니 그 안에서 살게 된다. 생존 모드에 갇혀서 벗어날 수 없는 것이다.

그러므로 꿈을 이루고자 한다면 우선 '시간이 없어', '나는 못해'와 같은 생각을 버려야 한다. 여러분이 그냥 내버려두면 그 생각들은 사실이 된다. 감옥에서 벗어나는 방법은 꿈을 받아들이고 마음껏 꿈에 관해 생각해보는 것이다.

왜 그럴까? 여러분의 사고방식은 눈 깜짝할 사이에 바뀌기 때문이다. 이제 여러분은 더 나은 미래를 상상하고 있다. 이제 곧 꿈을 향한 첫발을 내디딜 것이다. 발끝만 살짝 내밀어도 괜찮다. 맨 처음에 얼마나 멀리 움직였는지는 상관없다. 중요한 건 방향이다. 속도가 더디고 아주 짧은 시간일지라도 앞으로 나아가기만 하면 된다.

우선 하루에 1분만 꿈에 관해 생각해보고, 그다음에는 그 시간을 5분으로 늘려보자. 메모하고, 아이디어를 끄적거려보고, 다른 사람들과 그 아이디어에 관해 이야기를 나눠보자. 진짜 꿈이라면 머지않아 그 생각을 멈출 수가 없을 것이다. 그게 바로 꿈의 힘이다. 눈에 보이지도 않던 자그마한 불씨가 어느새 활활 타오르는 거대한 불꽃으로 자라난다. 꿈을 가로막는 강력한 장애물 중 하나는 꿈을 이룰 수 없다는 생각이다. 그 생각을 버리고 나면 순식간에 변화가 찾아온다. 사고방식이 바뀌면 모든 것이 가능해진다.

## 2단계: 문제가 있어요

사람들에게 꿈을 이룰 수 있게 도와주겠다고 제안할 때, 나는 돈을 주기도 하고, 관련된 사람들을 소개해주기도 하고, 내 채널을 통해 홍보해주기도 한다. 하지만 그들이 결국 어떻게 될지는 전혀 알 수 없다. 내게 그들은 생면부지의 낯선 사람들이고, 그들도 나를 모르기는 매한가지다.

지금까지 결말이 좋지 않았던 경험이 두 번 있었다. 이 이야기들은 대충 비슷하게 끝을 맺었는데 내 생각에 그 원인은 같다. 많은 사람이 꿈을 좇다가 마주하게 되는 바로 그 장애물에 부딪힌 것이다.

그 첫 번째 인물인 다비데와 내가 처음 만난 건 2022년이었다. 이탈리아 출신의 젊은 요리사였던 그는 어렸을 때부터 자신의 레스토랑을 운영하길 꿈꿨다. 그는 자신감 넘치는 태도로 카리스마를 내뿜으며 '블랙펄The Black Pearl'이라는 이름의 레스토랑을 열겠다는 계획을 소개했다. 나는 그를 믿었다. 그의 동영상을 본 3000만 명이나 되는 사람도 마찬가지였다. 이따금 사람들을 만나서 정말 좋은 느낌을 받을 때가 있다. 그럴 때면 그들의 꿈이 아주 분명하고 진심에서 우러나오는 게 느껴져서 꼭 성공할 거라는 확신이 든다. 다비데에게서는 그 느낌이 그 어느 때보다 강하게 느껴졌다. 눈부시게 빛나던 어느 날, 런던의 빅벤 시계탑 그늘 아래서 그를 만난 건 운명과도 같은 일이었다.

나는 다비데가 올바른 방향으로 나아갈 수 있도록 가볍게 격려만 하는 걸로 끝내고 싶지 않았다. 레스토랑을 열고 싶은 그의 꿈이 현실이 되는 모습을 보고 싶어 미칠 지경이었다. 그래서 호텔 및 레스토랑 전문가들이 모인 자리에서 다비데가 멋진 요리를 만들 수 있도록 주선하고, 온라인상에서 2000만 원에 가까운 돈을 모금할 수 있도록 도왔다. 레스토랑 이름이 유명한 영화 제목과 관련이 있어서 상표권을 등록할 수 있도록 도 와주기도 했다. 모든 것이 순조롭게 진행되는 듯했다.

그런데 별안간 다비데가 사라졌다. 몇 달이 지나도 아무 소식이 들리지 않았고 메시지를 보내도 답장이 없었다. 그러다 결국 그가 이탈리아로 돌아갔다는 사실을 알게 됐다. 그는 막대한 빚을 진 상태였고, 모은 돈을 빼돌려 그 돈을 갖고 있었다. 그가 열 거라고 굳게 믿었던 그 레스토랑은 언제 문을 열지 기약할 수 없게 되어버렸다.

나는 속상하면서도 다비데가 걱정됐다. 경제적으로 문제가 있다고 내게 미리 말했으면 좋았겠지만 아마 창피해서 숨겼을 것이다. 여전히 내게 그의 이야기를 묻는 사람들이 있다. 나는 그가 꿈을 이룰 수 있을 거라고 믿는다. 많은 사람이 감동하고 응원했던 그 꿈 말이다. 하지만 그의 이야기를 통해 우리가 도망치려 하는 문제들이 끈질기게 우리를 쫓아온다는 사실을 배웠다. 우리가 아무리 외면해도 소용없다. 아무리 간절한 꿈이 있다 해도 그런 문제들은 절대 빠져나올 수 없는 덫이 될 수 있다.

안드레아도 다비데처럼 런던의 어느 거리에서 만났다. 다른 점이라면 안드레아는 그 길 위에 살고 있었다는 것이다. 그는 노숙자였다. 수십 명의 사람이 그의 곁을 지나쳐 걸어가면서도 그에게 눈길 한번 주지 않았다. 나는 그 모습을 지켜보다 그에게 다가가 말을 걸었다. 떠돌이 생활을 하게 되는 이유가 다양하다는 것을 알고 있었기 때문에 그의 사연이 듣고 싶었다. 그는 자신이 어쩌다가 노숙자가 되었는지 설명한 다음 자신이 직접 디자인한 문양으로 카드를 만들어 사람들에게 선물하고 싶다고 말했다. 무려 5000만 명이 넘는 사람이 그의 영상을 시청했고, 그에게 돈과 쉼터, 일자리 등을 제공하겠다는 댓글이 쏟아졌다.

또한 안드레아에게 틱톡 개인 계정을 개설해달라는 요청도 많았다. 우리는 그에게 휴대전화를 선물하고 계정을 만들 수 있게 도와주었다. 그의 계정에는 금세 10만 명의 팔로워가 생겨났다. 안드레아는 영상을 올리고 모금을 진행해 조금씩 돈을 벌기 시작했다. 그리고 우리는 문피그Moonpig(온라인 카드 판매 업체—옮긴이)의 창립자에게 안드레아가 카드를 만들어 사업을 할 수 있게 도와달라고 요청했다. 그런데 안드레아도 다비데처럼 홀연히 사라져버렸다. 더 이상 게시물을 올리지 않았고 전화도 받지 않았다. 몇 주가 지난 후 겨우 그를 찾을 수 있었고, 그제야 우리는 그가 사라진 이유를 알게 됐다.

안드레아는 그때까지 말하지 못했던 이야기를 들려주었다. 그는 마약 중독에 시달리고 있었다. 사업가라는 꿈을 이루고 싶었지만, 마약의 유혹이 너무나 강력했다. 그가 중독에서 벗어나려고 할 때마다 마약은 다시 그를 끌어당겼다. 나는 안드레아가 감추고 있던 비밀을 듣고 눈앞이 캄캄해졌다. 하지만 어떻게 하면 그를 도울 수 있을지 고민하다 전문 의료진의 도움을 받게 해주기로 했다. 하지만 여느 중독자들처럼 안드레아도 당장의 욕구에 무릎을 꿇고 말았다. 자신에게 건네진 도움의 손길을 붙잡을 준비가 안 되어 있었던 것이다.

안드레아도 다비데처럼 아름답고 대단한 꿈을 꿨고, 그 꿈에 감동한 수백만 명의 사람이 그를 도우려고 했다. 하지만 그 또한 해결되지 않은 문제 탓에 자신의 꿈이 물거품이 되는 것을 지켜봐야 했다. 그 문제는 미래에 대한 희망보다 강력했다. 나는 지금도 안드레아와 다비데가 자신들에게 필요한 도움과 지원을 받고 꿈을 이뤘으면 좋겠다. 나도 두 사람 모두를 언제든 다시 반갑게 맞아줄 것이다.

또한 나는 여러분이 그들의 이야기에서 교훈을 얻길 바란다. 살다가 우리를 방해하는 위기가 닥치면 꿈마저도 깨질 수도 있다는 점이다. 그 위기가 안드레아에게는 마약중독이었고 다비데에게는 빚이었다. 해로운 인간관계나 잘못된 생활 습관, 나쁜 습관 때문에 괴로워하고 있는 사람들도 있을 것이다.

우선 문제를 직시하지 않고는 꿈을 이룰 수 없는 게 냉정한 현실이다. 우리가 외면하거나 슬쩍 덮어두려고 하는 바로 그 문제들이 해결되지 않으면 결국 우리의 꿈은 산산조각이 날 수밖에 없다. 사실 우리는 정작 자신의 잘못이 아닌 것들을 부끄러

위하는 경우가 많다. 남들뿐만 아니라 자기 자신까지 속이고, 도와주겠다는 사람들을 외면하면 상황만 더 악화된다. 도움의 손길을 뿌리치면 뿌리칠수록 수렁으로 더 깊이 빠져들게 될 뿐이다.

꿈을 이루고 싶다면 깔끔하게 털어놓고 새출발해야 한다. 문제가 있다면 솔직하게 드러내고 도움이나 지원이 필요하다고 인정해야 한다. 문제를 꼭꼭 감춰두거나 외면해서는 안 된다. 장담컨대 당장 해결하지 않고 차곡차곡 쌓아두는 모든 문제는 언젠가 여러분을 공격하게 되어 있다.

## 3단계: 필요 없어요

지금 가진 것에 만족한다고 말하는 사람들은 "저랑은 안 맞아요"와 같은 말을 자주 한다. 그들은 직장이 있고, 어쩌면 이미 집도 장만했고, 차를 바꿀지 생각 중일 수도 있다. 그들은 행복하다. 적어도 그렇다고 믿고 있으며 누가 물어봐도 행복하다고 대답한다.

하지만 속사정은 좀 다르다. 집은 주택자금대출, 자동차는 할부로 샀다. 지금 하는 일이 좋든 싫든 그만둘 수 없는 상황이다. 이것은 또 다른 함정이다. 우리는 스스로 경제적 책임이라는 감옥을 만든다. 빚을 내고 돈을 갚는 일에 매달린다. 그러는 동안 우리의 꿈은 점점 사라져간다.

이는 앞서 얘기했던 소유하고 싶은 욕구 때문이다. 여러분이 원한다고 생각했던 모든 것이 결국 여러분을 소유하게 된다. 꿈을 이루려고 일하는 것이 아니라 빚진 돈을 갚기 위해 일하게 되는 것이다.

이 감옥에 갇혀 있는 사람들은 정작 꿈이 '필요'하지 않다고 말할지 모르지만, 그것은 변명일 뿐이다. 실제로는 꿈을 가질 수 없는 상태이며, 그렇다는 사실을 그들도 알고 있다. 그들이 진심으로 이루고 싶었던 것들은 청구서 다발과 산더미 같은 책임에 모조리 파묻혀버렸기 때문이다.

나는 꿈이 필요하지 않거나 중요하지 않다고 말하는 사람들을 믿지 않는다. 성공한 사람들 가운데 실제로 그렇게 생각하는 사람은 한 번도 만나본 적이 없기 때문이다. 인생에서 승승장구하는 사람들은 이미 꿈을 이루며 사는 중이라고 말하고, 자신이 힘들게 얻은 지혜를 들려주려고 한다. 반면 꿈을 부정하는 사람들은 삶이 돈에 휘둘린다면서 늘 불만을 토로한다.

나는 대부분의 사람이 이 단계에 갇혀 있다고 생각한다. 그들은 삶의 무게가 너무 무겁다고 탓하며 꿈이 시들어가게 내버려둔다. 아이들을 위해 이렇게 살고 있다는 말은 사실이다. 하지만 그러다 보면 문제가 발생한다. **아이들은 부모가 말하는 대로 행동하는 게 아니라 부모의 행동을 보고 따라 하기 때문**

**이다.** 대출금을 갚기 위해 싫어하는 일을 억지로 하며 사는 부모를 보고 자란다면, 20년 또는 30년 후 자녀들도 그런 삶을 살게 될 가능성이 크다. 부모로서 우리는 아이들이 꿈을 가지길 바란다. 흥미진진하고 성취감 넘치는 삶을 살길 바란다. 그런데 자식들을 그렇게 키우기 위해 정작 자신의 꿈은 부정해야 한다고 생각하는 사람이 너무나 많다. 실제로 이런 사람들이 겉으로는 꿈이 '필요 없다'라고 말하는 경우가 부지기수다.

다행히 여러분은 이 함정에서 벗어날 수 있다. 쉽지는 않을 것이다. 빚을 해결할 유일한 방법은 돈을 갚는 것이고, 본인 능력 이상의 생활수준을 유지하고 있다면 필요한 모든 수단을 동원해 지출을 줄이는 수밖에 없다. 익숙한 것들을 가차 없이 포기해야 한다. 무리해서 산 자동차를 팔거나 좀 더 저렴한 집으로 이사해 현금을 확보할 수도 있다.

진정한 꿈을 이루려면 우선 물질적인 소유를 인생의 궁극적인 목표로 삼지 않아야 한다. 마치 살을 빼는 것처럼 무척 힘들긴 해도 엄청난 해방감을 느낄 수 있고, 성공한다면 훨씬 가벼워진 기분이 들 것이다. 머릿속에 꿈을 꿀 수 있는 여유 공간도 생겨날 수 있다.

번쩍이는 자동차나 시계를 할부로 산다고 해서 여러분이 부자가 되거나 성공한 게 아니듯, 분수에 맞게 생활한다고 해서 야망이 없어지는 건 아니다. 오히려 더 대단한 일을 하고 있는 것이나 마찬가지다. 더 이상 월말에 날아드는 청구서를 두려워하지 않고, 자유롭게 꿈을 꿀 수도 있다. 이 세상에서 소유할 수 있는 것 중에 그보다 더 가치 있는 것은 없다.

## 4단계: 뭔지 모르겠어요

사람들에게 꿈이 뭐냐고 물은 다음 모든 대답의 순위를 매겼다면 '모르겠어요'라는 이 대답은 아마 높은 순위에 올랐을 것이다. 누군가가 곤란한 질문을 하면 으레 툭 튀어나오는 반응으로, 대답을 고민하기조차 귀찮아서 아예 그 질문 자체를 막으려는 시도다.

'시간이 없어요'나 '필요 없어요'가 긋는 한계와는 다르다. 모른다고 말하는 사람은 꿈이라는 생각 자체를 거부하는 게 아니다. 아직 꿈을 제대로 접해보지 않았을 뿐이다. 꿈에 대해 생각해볼 용의가 있으니 순조로운 출발이라고 볼 수 있다.

신기하게도 이런 사람들은 꿈을 금방 찾아낸다. 마치 바로 발밑에 숨어 있었던 것처럼 땀 흘려가며 땅을 깊이 파헤치지 않아도 보인다. 그들을 멈춰 세우고 인사를 나눈 다음 직업은 무엇인지, 무엇을 좋아하는지, 무엇을 할 계획인지와 같이 더 많은 질문을 던지기만 하면 된다.

물론 여러분의 꿈이 현재 삶과는 완전히 동떨어진 것일 수도 있다. 태어난 나라를 떠나본 적이 거의 없어서 전 세계를 여행하고 싶거나, 한 번도 해본 적은 없지만 음악을 만들고 싶을 수도 있다.

하지만 대개 우리의 꿈은 그보다 더 가까이에 있다. 이미 삶의 어떤 부분과 관련되어 있다. 우리가 이미 하고 있는 일의 다른, 그리고 더 나은 버전이다. 종업원으로 일하면서 자신의 레스토랑을 여는 꿈을 꾸거나 주말에 밴드에서 연주하다 보니 음반사를 차리고 싶어지는 식이다.

앞서 만났던 켈리가 그런 경우였다. 켈리는 애견미용사로 일하고 있었는데 그토록 갖고 싶던 직업이었지만 어쩐지 행복하지 않았다. 그는 그 일을 더 잘하는 방법을 알고 있었고, 자신이 원하는 방식으로 동물과 일할 수 있는 자유가 필요했다. 그가 보기에 해답은 간단했다. 자신의 사업을 시작하는 것이었다.

켈리는 자신의 꿈을 알고 있었지만, 이 단계에 갇힌 사람들은 아직 꿈이 뭔지 모른다. 뭔가 다른 일을 하고 싶은 마음은 간절하지만 실제로 표현해본 적은 없다. 하루 종일 신고 있는 신발 속에 든 작은 조약돌을 내버려두는 것처럼, 매일 불편하고 불만스럽지만 아무런 조치도 취하지 않는다.

이럴 때 꿈은 큰 도움이 될 수 있다. 꿈은 여러분이 살면서 하고 싶은 일과 하기 싫은 일에 관해 깊이 생각하게 만든다. 자신을 옥죄고 방해하는 것들에 맞서 싸우는 동시에 여러분이 바라는 완벽한 삶의 모습에 집중할 수 있게 한다.

　많은 사람이 어쩔 수 없는 상황이 되고 나서야 비로소 꿈에 관해 생각한다. 언젠가 한 성공한 사업가를 만난 적이 있다. 그는 평생 몸담았던 한 인프라 기업에서 정리해고를 당했는데, 그 전까지는 창업에 대해 한 번도 생각해본 적이 없었다. 20년 이나 근속했지만 회사는 꼼수를 부려 그에게 퇴직금을 한 푼도 지급하지 않았다. 당시 그는 분노로 치를 떨었지만 지나고 보니 그날은 그의 인생 최고의 날이었다. 그게 분노였든 복수심이었든 운명이었든 간에 이제 그에게는 꿈이 있었다. 그는 회사를 차려서 자신을 일회용품처럼 쓰고 버린 사람들보다 성공하기로 했다. 실제로 꿈이 이루어졌을 무렵, 그의 회사는 자신을 해고했던 회사의 다섯 배에 달하는 규모로 성장해 있었다.

　과거의 그에게 꿈이 뭐냐고 물었다면, 그는 틀림없이 꿈이 없다고 말했을 것이다. 따라서 '모르겠다'라고 말하는 사람들은 자신을 속이는 것이나 다름없다. 잠시만 생각해봐도 금세 깨달을 수 있을 테니 말이다. 자신이 정말 좋아하는 일이 무엇인지, 인생이나 일에서 가장 즐거운 때는 언제인지, 좋아하는 일을 더 오래 하고 싫어하는 일을 더 적게 할 방법은 무엇인지 곰곰이 생각해봐야 한다.

　이 책의 제목을 읽고 '글쎄' 내지는 '모르겠다'라고 생각했다면 한 번 더 기회를 주겠다. 저 두 대답은 절대 하지 않기로 하고 다시 한번 그 질문에 답해보자. 그리고 좋아하는 것과 싫어하는 것을 쭉 적어서 목록을 만들어보자. 그러면 자신의 강점과 약점, 직업으로 발전시킬 만한 취미, 앞으로 평생 하고 싶은 일에 관해 알 수 있을 것이다. 그리고 머지않아 실현 가능성을 따져보게 될 것이다. 스스로 할 수 있는 일과 도움이 필요한 일은 무엇인지, 어디서부터 어떻게 시작하면 좋을지 생각해보면 된다. 그러다 보면 여러분은 어느새 꿈을 찾아내고 꿈을 실현하는 방법까지 발견하게 될 것이다.

## 5단계: 방법을 모르겠어요

초기 단계에는 꿈이 없다고 말하는 사람들이 몰려 있다. 그들은 꿈꿀 시간도 없고, 꿈이 필요하지도 않으며, 꿈에 대해 생각해본 적도 없다고 얘기한다.

하지만 그중 어느 하나에도 속하지 않는 사람도 많다. 꿈이 있고 그 꿈에 대해 얼마 동안 생각해보기도 했으며, 꿈에 이름을 붙이거나 꿈을 구체적으로 그려볼 수도 있는 사람들이다. 그들에게 꿈이 뭐냐고 물어보면 조금도 망설이지 않고 대답하는 경우가 많다(마치 숨기고 싶은 비밀을 털어놓듯 얘기하는 이들도 있다. 명품 매장에서 일하던 한 여성은 처음에는 인터뷰하고 싶지 않다고 하더니 이내 누군가 들으면 큰일이라도 나는 것처럼 자신의 꿈은 예술가가 되는 거라고 소곤거렸다).

꿈을 이루는 게 불가능하다고 생각하지 않고, 꿈도 이미 갖고 있는 이 사람들을 방해하는 것은 무엇일까? 간단히 말하면, 겁도 많고, 생각도 지나치게 많은 것이다.

이럴 때, 사람들은 스스로에게 방해가 된다. 인간의 두뇌는 어떤 면에서 너무 복잡하고 너무 능력이 뛰어나다. 그래서 우리는 본능이 시키는 대로 행동하기 전에 우선 생각을 한다. 잠시 멈추고 그것이 현명한 일인지, 가능한 일인지, 그리고 자신의 능력은 충분한지 확인한다. 그러고는 자신은 자격이나 능력 또는 경험이 부족하다면서 인위적으로 제약을 만들어낸다.

그러면 금세 예전부터 갖고 있던 실패에 대한 두려움이 밀려들고, 그 순간 그냥 하지 않기로 마음먹는다. 꿈은 그렇게 한쪽 구석으로 밀려난다. 그리고 대개는 그러다 완전히 잊혀져 버린다.

내가 홍콩에서 샘을 만났을 때 샘 역시 이런 상황에 부딪친 상태였다. 그는 사업 이름까지 정했을 정도로 구체적인 계획을 세워놓았지만 정작 어느 하나 실천하지 못하고 있었다. 마음에 드는 이름은 있었지만 사업을 시작할 자신이 없었다. 결국 끝없이 제자리만 맴돌고 있었다.

샘의 경우만 봐도 두려움이 얼마나 어리석은 것인지 알 수 있다. 며칠 만에 그는 첫 출장 요리 행사를 성공적으로 마쳤다.

샘은 사업을 성공시킬 기술과 의지, 아이디어를 모두 갖추고 있었다. 부족했던 것은 유일하게 믿음 하나였다.

사실 대부분의 사람은 자신을 과소평가하고 세상을 과대평가한다. 우리가 이루고자 하는 일은 모두 엄청나게 힘든 일이고, 이미 그 일을 하는 사람들은 우리보다 훨씬 뛰어난 능력을 갖춘 천재일 거라고 추측한다. 말도 안 되는 소리다. 아무 일도 일어나지 않을 거라고 믿으면 정말 아무 일도 일어나지 않는다.

물론 세상에는 너무 어려워서 소수의 사람만 할 수 있는 일들도 있다. 아무나 올림픽에서 메달을 따거나, 음악 차트 1위를 차지하거나, 아카데미 남우주연상이나 감독상을 받는 것은 아니다.

하지만 그런 꿈은 진짜 꿈이라기보다는 공상에 가깝다. 그리고 대부분의 사람은 내게 이룰 수 있는 진짜 꿈을 얘기한다. 레스토랑을 열고, 의류 브랜드를 만들고, 사진작가가 되고, 미술이나 음악 작품을 창작하고 싶은 꿈. 전 세계 수십만 명의 사람이 매일 하는 일들이다. 꿈을 믿고 기꺼이 배우겠다는 의지를 가지고 전념할 수 있는 사람에게는 생각보다 어렵지 않은 일이다. 하지만 우리는 본능적으로 그 사실을 부정한다. 틀림없이 굉장히 어려울 거라고 넘겨짚고, 그 착각을 키우고 또 키운다. 할 수 있는 일을 단계별로 분류해 당장 순서대로 일을 시작하는 대신, 될 리가 없다고 의심하는 마음을 성벽처럼 쌓아 올린다. 그 일이 힘든지 확인하려고 하도 애를 쓰다 보니 결국에는 정말 힘들다고 믿게 된다.

많은 사람이 이 단계에 머물러 있다. 그들은 자신의 꿈이 뭔지 안다. 대충 큰 틀만 알고 있을 수도 있고, 알아도 부끄러워서 숨기는 것일 수도 있지만 어쨌든 미래를 머릿속에 그릴 수 있다. 그런데 문제는 그들이 꿈을 향해 나아가는 대신 등을 지고 도망친다는 점이다.

만약 여러분도 이런 상황이라면 나는 우선 멈춰보라고 조언하고 싶다. 모르겠다거나 확실하지 않다거나 너무 힘들 것 같다는 핑계는 대지 말자. 그 대신 할 수 있는 일에 집중하자. 가장 쉬운 일들을 쭉 적어서 당장 실천해보자. 지금부터 일주일, 한 달, 1년 후에 어디에 있고 싶은지 생각해보자. 길을 정하고 그 길을 따라 걸어가면 된다.

생각하는 대신 행동으로 옮기면 의심이 사라지기 시작한다. 두려움도 대부분 근거가 없다는 사실을 깨닫게 될 것이다. 그때부터 여러분은 어제까지만 해도 불가능하다고 생각했던 꿈을 이루며 살 수 있게 된다. 그 첫걸음을 떼어보자. 그러고 나면 여러분이 할 수 있는 일이 얼마나 많은지 알게 될 것이다.

## 6단계: 남들이 어떻게 생각할지 걱정이에요

이뤄지는 꿈과 이뤄지지 않는 꿈의 차이에 관해 생각할 때면 20대 시절 알고 지내던 찰리가 떠오른다. 당시 그는 버스 운전기사로 일하고 있었는데, 어느 날 저녁 사실 자신은 그림을 그리는 게 제일 좋다고 내게 말했다. 같이 있던 사람들이 몇 번이나 조른 끝에, 그는 펜을 꺼내고 앞에 놓인 탁자 위에 종이 냅킨을 펼친 뒤 30초 동안 쓱쓱 그림을 그려냈다. 내가 비록 예술가는 아니지만 그에게 엄청난 재능이 있다는 것 정도는 한눈에 알아볼 수 있었다. 그는 어깨를 으쓱하며 무심히 그림을 건넸다. 나는 이렇게 훌륭한 실력을 썩힐 순 없다며 화가가 되라고 말했지만 찰리는 고개를 저으며 손사래를 쳤다.

그리고 곧이어 그 이유가 밝혀졌다. 찰리는 원래 자신감이 없었는데 그의 애인이 가뜩이나 부족한 자신감을 더 깎아내리고 있었다. 찰리가 운전을 하게 된 이유도 애인이 제대로 된 직업을 가져야 한다며 하도 닦달했기 때문이었다. 게다가 찰리가 작품 포트폴리오를 만들어 잡지사나 출판사로부터 작업 의뢰를 받아보려고 할 때마다 애인은 지금은 때가 아니라거나 아마 결국 안 될 거라고 말하며 막곤 했다.

결국 찰리는 자신과 애인의 의심을 모두 극복하고 유명 아동서적 출판사와 계약을 맺었다. 운전도 그만두고 마침내 화가로 성공했다. 예상보다 몇 년이 더 걸리기는 했지만 찰리는 운이 좋은 사람이었다고 나는 생각한다. 찰리와 같은 삶을 사는 사람은 많지만 대부분 사뭇 다른 결말을 맞이하기 때문이다. 대개는 가장 가까운 사람들이 응원해주지 않아서 꿈을 포기하고 만다.

이런 일은 생각보다 흔히 일어난다. 우리는 부모님이나 애인, 친구들에게 우리의 거창한 계획을 이야기한다. 직장을 그만두고 모든 것을 걸어볼 생각이라고 털어놓는다. 그러면 돌아오는 대답은 딱 한 마디다. '하지 마.' 아니면 세 마디일 때도 있다. '안 되면 어떻게 해?'

이런 의혹은 어마어마한 영향을 미친다. 누군가 나의 꿈에 의문을 제기하면 자신감이 순식간에 바닥으로 추락할 수 있다. 최악의 경우엔 그간 잊고 지냈던 케케묵은 걱정까지 다시 들춰보게 되기도 한다. 특히 가족이나 애인 또는 친한 친구가 의심한다면 더욱 그러기 쉽다. 우리를 잘 알고 우리가 잘되길 바라는 사람들이 의심하는 기색이 보이면 우리 마음속 의심은 더 커진다.

문제는 그들이 여러분보다 옳을 가능성이 크지 않다는 점이다. 만약 그들이 여러분의 꿈에 의문을 제기하거나, 꿈이 너무 비현실적이라고 비판하거나, 여러분이 쫄딱 망해버릴까 봐 걱정한다면, 아마 잘 알아서가 아니라 우려하는 마음에서 하는 말일 것이다. 어쩌면 그들이 살면서 경험해보지 못한 것들을 여러분이 시도해보려고 하는 중일 수도 있다. 평생 회사에서 월급을 받던 부모는 자녀가 자영업을 하고 싶다고 하면 괜스레 불안하다. 변호사나 회계사, 은행가였던 사람은 예술가나 음악하는 사람들이 어떻게 먹고사는지 의문이다.

우리는 그들과 그들이 하는 말들에 큰 영향을 받는다. 그러다 보니 우리의 꿈은 시작 단계에서부터 깨져버리기 십상이다. 이때는 아이디어가 머릿속에 있을 뿐 실제로 잘될 거라는 확실한 증거가 없기 때문이다. 그래서 이 시기에는 자신감을 갖기가 가장 어렵고, 남의 비판에 가장 쉽게 흔들린다.

그러니 나름 좋은 의도로 여러분을 단념시키려는 사람들에게 맞설 준비를 해야 한다. 우선 그런 말을 듣더라도 마음에 담아두지 말고 합리적으로 생각하자. 그들이 왜 그런 말을 하는지 생각해보자. 그러고 나서 경고를 진지하게 받아들일지 말지 결정하자. 상대방이 내가 미처 생각하지 못한 점을 짚었거나 새로운 정보를 제공했다면 충분히 고려해보자.

하지만 무엇보다 쉽게 설득당해서는 안 된다. 남의 두려움을 자신의 두려움으로 삼지 말자(그리고 내 경험상 저 사람처럼 살고 싶다는 생각이 드는 사람들의 조언만 들어야 한다. 부럽지 않은 삶을 사는 이들의 조언은 듣지 말자). 자신의 꿈을 굳게 믿고 남들에게 알리기 시작했다면 의심하는 사람들이 있어도 흔들리지 말아야 한다. 싫은 소리 한 번에 꿈을 내다 버리는 사람이 되지는 말자.

## 7단계: 벌써 해봤죠

남들의 의심까지 극복했다면 이제 넘어야 할 장벽은 딱 하나, 바로 과거의 경험이다. 한번 해봤다가 실패한 사람들은 제일 고집스럽게 꿈을 이룰 수 없다고 믿는 편이다. '자라 보고 놀란 가슴 솥뚜껑 보고 놀란다'는 말처럼 다시는 그런 일을 겪지 않겠다고 다짐한다. 하지만 이렇게 감정적으로 반응하면 실패를 통해 얻을 수 있는 가장 중요한 교훈을 놓치게 된다.

내가 그렇다고 확신하는 이유는 회사를 열여덟 개나 운영해봤기 때문이다. 그중에서 일부는 성공했지만, 대부분은 실패했다. 제대로 시작해보기도 전에 엎어지기도 했고, 수년이나 공을 들였지만, 폭삭 망하기도 했다. 15억 원이 넘게 손해를 본 적도 있다.

하지만 나는 그때의 실패에 감사하고 있다. 실패할 때마다 교훈을 얻었고 더 나은 사업가가 될 수 있었다. 때로는 『데바샤드』처럼 당시에는 성공처럼 보였지만 나중에는 문제가 되었을 일에서 나를 구해주기도 했다.

그래서 나는 사람들이 자신의 경험을 장애물로 삼을 때마다 낙담한다. 그들은 한번 실패했으니 다시는 도전하지 않겠다고 말한다. 하지만 이건 성공하는 방법에 관한 우리의 상식과는 정반대다. 마치 책을 거꾸로 들고 뒤에서부터 읽거나, 육상선수 우사인 볼트가 첫 대회에서 세계 신기록을 세우지 못했으니 단거리 달리기를 포기하겠다는 것과 다름없다.

나는 이런 상황에 부딪친 사람들이 가진 두려움을 '나쁜 두려움'이라고 표현한다. 그들은 두려워서 더 이상 도전하지 않는다. 두려움의 원인을 파악하거나 자신의 감정을 이성적으로 바라본 적이 없기 때문이다. 그러다 보면 실패하거나, 비난받거나, 실수하거나, 기대에 미치지 못할지 모른다는 두려움이 해소되지 않고 점점 커져서 결국 꿈을 포기하고 만다. 좋은 두려움은 최선을 다할 수 있는 동기로 작용하지만, 나쁜 두려움은 우리를 나약하게 만든다. 좋은 두려움은 일주일에 세 번씩 나를 헬스장으로 끌고 가는 친구나 헬프뱅크의 투자자로 참여해준 친구들과 같다. 나는 혹시라도 그들을 실망시킬까 두려워서 더 부지런히 노력한다. 반면 나쁜 두려움은 적이며 과거 경험에서 비롯되는 경우가 많다.

큰 프로젝트를 시작하려 할 땐 두렵고, 실패하면 낙담하는 것은 지극히 자연스러운 현상이다. 오랜 시간 사업을 운영하며 성공과 실패를 모두 겪어본 나도 여전히 이런 감정을 느낀다. 이 책을 쓰면서도 그랬다. 내용이 별로면 어쩌지? 사람들이 재미없다고 하면 어쩌지? 안 팔리면 어쩌지? 걱정이 이만저만이 아니었다. 얼마 전에는 테드$^{TED}$ 강연을 했는데, 꼼꼼하게 준비하면서 두려움을 서서히 가라앉히긴 했지만 몇 주간 내내 초조한 기분이었다.

문제는 그런 감정을 느끼는 게 아니라 그 감정에 지배당하는 것이다. 약간의 두려움은 우리를 단련시키고 최선을 다하게 돕는다. 하지만 두려움이 지나치면 우리를 압도해버린다. 실패했을 때 약간의 분노와 부끄러움을 느끼면 앞으로 더 잘할 수 있는 원동력이 되지만, 그런 감정이 계속 마음에 남아 있으면 의욕이 아니라 억울한 마음이 더 커진다. 그래서 자신을 추슬러서 다시 도전하는 대신 꿈을 포기해버리게 된다.

마지막 7단계의 사람들은 바로 여기에 갇혀 있다. 이들은 실패가 반복될까 봐 두렵다. 과거의 실패는 자기 능력이 부족하다는 증거이며 포기하는 게 옳은 선택이라고 여긴다. 하지만 사실은 그 반대다. 여러분이 마음만 먹으면 그 실패 덕분에 더 강해질 수 있다. 부담스러운 짐처럼 느껴지는 실패의 경험들도 마음만 똑바로 고쳐먹으면 소중한 자산이 될 수 있다.

가장 먼저 해야 할 일은 감춰둔 실패를 꺼내놓는 것이다. 다시는 쳐다보기도 싫은 것처럼 대하지 말고 한번 자세히 들여다보자. 무엇이 잘못되었고 그 이유는 무엇일까? 아이디어나 타이밍 아니면 파트너 선택 때문이었을까? 상황이 불리했던 걸까, 그저 운이 나빴을까? 정답을 찾아가다 보면 자신이 짐작한 것보다 훨씬 더 복잡한 내막이 있을 가능성이 높다. 여러분이 쓸모가 없거나 무능해서 실패한 것이 아니다. 잘못된 결정을 내렸거나, 시기가 맞지 않았거나, 어느 부분이 뜻대로 안 되어서였을 수도 있다. 대부분 두 번째 또는 세 번째 시도에서 더 잘할 수 있는 일들이다.

다음으로 해야 할 일은 실패한 자신을 용서하는 것이다. 이미 벌어진 일을 자책하지 말자. 일어난 일에 대한 감정을 버리지 않으면 그 사건을 객관적으로 분석해 교훈을 얻을 수 없다.

나는 헬프뱅크의 공동 창업자 중 한 명인 애덤에게서 이 교훈을 배웠다. 그는 열세 살 때부터 음악 업계에서 경력을 쌓기 시작해 대형 음반 회사에서 음반을 발매하고 수많은 히트곡을 작곡했다. 하지만 애덤은 약속한 돈을 주지 않거나 계약 조건을 지키지 않는 사람들 때문에 여러 번 상처를 받았다고 했다.

그런데 헬프뱅크에 와서 애덤은 한동안 정식 계약서를 작성하지 않은 채 일을 했다. 그래서 나는 그에게 왜 계약 조건을 확실하게 못 박지 않느냐고 물었다. 과거에 겪은 일들 때문에 사람들을 신뢰하기가 어려웠을 텐데 말이다. 그런데 그는 과거에 당했던 모든 일에 어떤 면에서는 감사한 마음이 든다고 말했다. 모든 사람을 의심하게 된 게 아니라 사업을 할 때 가장 중요한 결정은 누구를 믿을지 선택하는 것이라는 교훈을 얻었기 때문이다. 그는 전적으로 신뢰할 수 있는 사람과 함께 일하는 편이 훨씬 나으며, 의지할 데라고는 계약 조건밖에 없는 곳에서 일하면 기대만큼 보호받지 못할 수도 있다는 점을 배웠다.

과거의 실패나 좌절은 바로 이렇게 처리하고 극복하면 된다. 자신을 괴롭히는 채찍이 아니라 교훈으로 삼는 것이다. 애덤은 과거에 겪었던 나쁜 경험들이 지금 하려는 일에 방해가 되지 않게 했다. 자칫 약점이 될 수 있었던 실패를 강점으로 바꾼 덕분에 자유롭게 목표를 향해 달리고, 전보다 더 철저하게 준비할 수 있게 됐다. 그는 과거의 경험을 장애물이 아닌 도약대로 활용했다. 우리와 꿈 사이에 놓인 장벽을 제거하려면 우리 모두 이 점을 꼭 배워야 한다.

* * *

이제 자신이 어느 단계에 있는지 파악했을 것이다. 여러분은 꿈 같은 건 생각해본 적도 없는 사람인가? 아니면 원대한 꿈을 꾸면서도 한 번도 입 밖으로는 꺼내본 적 없는 사람인가? 자, 이제는 자신의 꿈을 인정하고, 글자로 적은 다음, 어떻게 꿈을 이룰지 계획을 세울 때다. 이제 여러분의 꿈에 주목해보자. 그 꿈은 무엇이고 어떻게 하면 이룰 수 있을까?

# 나만의 꿈

## 꿈을 찾아내 정의해라

# 05

# 꿈을 찾는 3가지 질문

'어디서부터 시작하지?' 아마 여러분들이 지금 가장 하고 싶은 질문일 것이다. 어떤 사람들은 평생을 고민해도 결국 그 해답을 찾지 못한다.

여러분이 찾은 꿈을 이루려면 어디서부터 시작해야 할지, 아니면 애초에 어떻게 해야 꿈을 찾을 수 있는지 궁금할 것이다. 지금은 여러분이 후자의 경우라고 가정하고 처음부터 설명해 보겠다. 꿈을 이미 찾았더라도 연습 삼아 이 단계들을 따라가면서 자신이 올바른 방향으로 가고 있는지 가볍게 점검하길 추천한다. 만일 아직 꿈을 찾지 못했다면 내가 여기서 소개하는 내용이 도움이 될 것이다.

자, 그렇다면 어디서부터 시작해야 할까? 인생에서 가장 무서운 건 바로 백지라는 말이 있다. 무엇이든 말하고, 생각하고, 쓸 수 있으니 어디서부터 시작해야 할지 도무지 갈피를 잡을 수 없다.

소설가나 시나리오 작가라면 모를까 대부분의 사람은 그저 막막하기만 할 것이다. 인생에 백지란 존재하지 않기 때문이다. 나에게도, 여러분에게도, 그 누구에게도 없다. 우리의 종이 위에는 이미 필기와 낙서 그리고 우리가 고치고 지운 자국이 가득하다. 우리는 평생에 걸쳐 성장하고, 좋거나 나쁜 경험을 하며, 자신과 세상에 대한 통찰력을 얻는다. 누구나 자신이 자란 곳, 자신을 키워준 사람들, 평생 함께 공부하고 일하고 어울리는 사람들로부터 영향을 받는다.

이런 환경적 영향은 좋든 싫든 우리의 일부가 된다. 우리는 태어난 환경에서 벗어날 수 없다고 불평하며 한탄할 수도 있지만 오히려 그 점을 이용할 수도 있다.

인생에서 우리에게 일어난 모든 일은 어떤 식으로든 의미가 있다. 그 일들을 제대로 살펴보고 교훈을 얻는다면 놀라운 결과가 생겨날 것이다. 지나온 삶을 통해 세상을 바라보는 관점이나 동기, 자아, 목적의식과 같은 모든 중요한 것이 형성되기 때문이다.

따라서 어디서부터 시작해야 할지 찾아내는 건 사실 쉽다. 어려워 보이지만 우리는 이미 답을 알고 있다. 그 대답들은 우리 삶 구석구석에 숨어서 우리를 기다리고 있다. 어디서 어떻게 찾을지 그 방법만 알면 금방 찾을 수 있다.

그래서 **나는 과거를 돌아봐야 꿈꾸는 미래로 나아갈 수 있다고 믿는다.** 과거에 얽매여 향수에 젖거나 후회하고 있으라는 말이 아니라, 우리 자신과 우리의 삶을 제대로 이해해보자는 것이다. 우리가 누구인지, 무엇을 원하는지, 사는 데 꼭 필요한 것은 무엇인지 찾아보자. 나는 바로 이 세 가지 질문을 이번 장에서 소개할 것이다. 이 질문들에 답할 수 있다면, 여러분은 심지어 큰 소리로 말할 수 있을 정도로 자신의 꿈을 명확하게 표현할 준비가 끝난 상태일 것이다.

## 질문 1:
## 내가 좋아하는 것과 싫어하는 것은 무엇인가?

나는 마흔두 살 때 잠시 무기력한 시기를 겪었다. 당시 사업을 매각하고 나서 앞으로 뭘 해야 할지 몰라 '어디서부터 시작할까' 고민하고 있었다. 나는 꿈이 있다는 게 어떤 의미인지, 왜 전에는 이런 생각을 해본 적이 없었는지 생각하기 시작했다. 사업을 키우느라 너무 바빠서 삶을 돌아보며 제대로 성찰해본 적이 단 한 번도 없었다. 이제 드디어 기회가 찾아온 것이다.

그 과정에서 나는 꿈을 이루기 위해 꼭 필요한 첫 번째 질문

이 무엇인지 우연히 알게 됐다. 간단한 질문이었다. '내가 좋아하는 일은 무엇인가?'

그 답을 아는 게 당연해 보일 수도 있다. 누구나 자신이 무엇을 좋아하는지 알고, 좋아하는 것을 더 많이 하면서 살려고 할 테니까. 그런데 안타깝게도 그렇지가 않다. 사실 많은 사람이 거꾸로 살고 있다. **우리는 하루의 대부분을 그다지 좋아하지 않는 일을 하면서 보내고, 남는 시간을 쪼개서 좋아하는 일을 한다.** 좋아하는 일은 취미로 삼고 관심사도 대수롭지 않게 여긴다.

놀랍게도 자신이 잘하고 좋아하는 일을 위주로 하면서 살 수는 없다거나 그러면 안 된다고 생각하는 사람이 너무나 많다. 학창 시절에 잘하는 과목에서 특출나기보다 제일 취약한 과목을 잘하려고 노력하라는 말을 듣고 자랐기 때문일지도 모른다. 우리는 인생은 고생스러워야 하고, 자신의 장점을 믿기보다는 약점을 두려워해야 한다고 배웠다. 그렇게 형성된 인생관에 영향을 받아, 열정을 대수롭지 않게 여기고 진지하게 받아들일 가치가 없다고 믿는 사람이 많다.

꿈을 향해 도전한다는 것은 이런 인생관을 버리고, 어쩌면 생전 처음으로 자신이 진정으로 좋아하는 게 무엇인지 생각해 본다는 뜻이다. 자신에게 완전히 솔직해져야 한다. 정말 하고 싶은 일은 무엇인가? 정말 잘하는 일은 무엇인가? 내게 중요한 것은 무엇인가? 진짜 속마음을 적어보자. 그랬으면 좋겠다거나 다른 사람들을 의식해서 답변을 꾸며내선 안 된다. 전부 다 털어놓자.

나의 좋아하는 것과 싫어하는 것 목록은 다음과 같았다. 나는 사람들과 만나서 이야기를 나누고, 사업가들의 사업을 돕고, 제품을 판매하고, 내가 배운 것을 공유하는 것을 좋아했다. 반면 회의실에 앉아 까다로운 사람들과 일하고, 숫자를 들여다보고, 긴 문서를 읽는 건 싫었다. 그리고 나중에 깨달았지만 할 일이 없는 것도 나와는 맞지 않았다.

사실 할 일이 없다는 건 내게 최악의 상황이었다. 나는 사람들로부터 에너지를 받는 성향이기 때문이다. 조기에 은퇴한 사람들이 대부분 그렇듯 당장 아무거나 할 수 있는 시간이 너무 많이 생겨버렸다. 한때 바빴던 사람에게는 여간 고역이 아니었다. 그러므로 은퇴는 '가짜 꿈'이다. 가짜 꿈 때문에 우리는 밝은 미래가 기다린다고 믿으며 우리의 전성기를 꼬박 일만 하며 보내지만 결국 크게 실망하게 되는 경우가 많다. 그러니 아직 앞날이 창창할 때 진짜 꿈에 도전하는 편이 훨씬 낫다.

아무런 할 일이 없어지자, 나는 사업을 운영하거나 주변 사람들과 소통하며 발생하는 에너지와 활기가 내게 얼마나 필요한지 깨닫게 됐다. 나는 누군가와 오랜 시간 대화를 나누고, 아이디어를 끄집어내고 문제를 공유하고 나면 오히려 시작할 때보다 끝날 무렵에 더 활력이 넘친다. 반면 골프를 치는 날에는 끝나기 전부터 피곤함이 몰려온다. 골프 실력이 약간 늘었다는 점 말고는 아무 성과가 없었던 것 같은 기분이 들기 때문이다.

누구나 성격과 고유한 기질 속에 서로 다른 요소들이 존재한다. 좋아하는 것과 싫어하는 것, 에너지를 충전해주는 것과 에너지를 빼앗아 가는 것, 잘하는 것과 못하는 것.

이것들이 뭔지 알면 꿈을 만들어나갈 재료를 얻을 수 있다. 바로 꿈의 구성 요소들이다. 내 경우에는 '좋아하는 것' 목록에 있는 몇 가지 재료를 활용해 꿈을 세워나가기 시작했다. 나는 사람들과 이야기하고, 아이디어를 공유하고, 어떤 방식이나 형태로든 가르치는 일을 하고 싶었다. 그래서 팟캐스트를 시작했고, 그 후 1년간 사업가 200여 명을 인터뷰하면서 그들의 사업과 삶, 성공 비결에 관해 물었다. 다른 사람들은 어떻게 성공했는지, 그 과정이 나와는 무엇이 달랐는지 궁금했다. 오지랖이 넓었다고밖에는 달리 설명할 말이 없다.

나는 팟캐스트를 관리하거나 홍보하는 방법을 전혀 몰랐다. 장비들도 허접했고 인터뷰 진행도 어설프기만 했다. 사실 시작할 때 최대한 돈을 들이지 않으려고 했다. 그래서 처음에는 2019년에 아내가 선물로 사준 19만 원짜리 마이크를 썼다. 잠깐 하고 끝날지도 모르는 일에 수백만 원을 투자하고 싶지 않았다. 덕분에 나는 저비용 프로젝트가 점차 성장해나가는 뿌듯함을 만끽했다.

　그때의 영상들을 지금 다시 보면 민망하지만, 당시에는 정말 즐겁게 촬영했다. 나에게 딱 필요하고, 내가 하고 싶었던 일이었기 때문이다. 흥미로운 대화를 나누고, 사업에 성공하기 위한 필수 요소에 관해 나와는 다른 의견들을 경청하고, 소셜 미디어에서 커뮤니티를 구축하기 시작했다. 당시에는 확신이 없었지만 지나고 보니 지금 내가 하는 모든 일이 그때부터 시작됐다. 모두가 서로 돕고, 네트워크와 지식이 평등하게 공유되는 더 나은 세상을 홍보하는 것. 그 덕분에 나는 꿈을 향해 나아갈 수 있었다. 내 형편없는 저예산 팟캐스트는 사실상 내가 한 일 중에 가장 중요한 일 가운데 하나였고, 누구나 사업을 시작할 수 있다고 내가 여태껏 말해왔던 것처럼, 나는 크리스마스 선물로 받은 저렴한 장비로 그 일을 시작했다.

　얼마 되지 않아 나는 시청자에게 다가갈 수 있는 새로운 방법을 찾기 위해 다양한 형식의 콘텐츠들을 실험하기 시작했다. 그러다 지금까지 아이디어는 좋았지만 약간 잘못된 방향으로 일하고 있었다는 사실을 깨달았다. 나는 이미 성공한 사람들과 한가로이 수다를 떨려던 게 아니었다(무려 200편이 지나고 나서야 이 사실을 깨달았다).

　나는 성공하기 위해 죽을힘을 다하고 있는 사람들과 함께 일하고 싶었다. 처음 사업을 시작했던 열다섯 살의 나처럼 절실하게 도움이 필요한 사람들을 돕고 싶었다. 그래서 꿈을 이루고 싶은 사람들을 돕기 위해 틱톡에 동영상을 올리고 다른 여러 가지 활동을 시작해나갔다.

이런 이유로 첫 질문으로 좋아하는 것과 싫어하는 것에 관해 묻는 것이다. 아직 꿈이나 목적이 정해지지 않았을 수도 있지만, 좋아하는 일부터 시작한다면 올바른 방향으로 나아가고 있다고 거의 확신해도 좋다. 단번에 성공하진 못하더라도 언젠가는 목표에 도달하게 될 것이다.

출근할 필요도 없고 월급을 걱정할 필요도 없다면 오늘 무엇을 하고 싶은지 생각해보는 방법도 있다. 무한한 자유가 주어진다면 무엇을 하겠는가? 바로 여기가 출발점이 될 수 있다. 우선 돈 걱정은 과감하게 제쳐두고 시작하자. 좋아하는 일을 사업 모델로 발전시키는 방법은 이따가 알아볼 것이다. 그러니 처음에 가장 중요한 것은 자신이 정말 좋아하는 일에서부터 시작하는 것이다. 그래야만 그 꿈이 오래도록 변치 않는다.

자신이 좋아하는 일에서 꿈(그리고 그 꿈을 이루기 위해 여러분이 여는 사업)을 찾아야 한다는 나의 의견에 동의하지 않는 사람도 많다. 그들은 틈새시장을 공략하라거나 아무도 하지 않는 일부터 시작하라고 말한다. 해결할 수 있는 문제를 찾아보라고 한다. 하지만 틀린 생각이다. 왜 그럴까? **비즈니스를 성공으로 이끄는 요소는 아이디어가 아니기 때문이다.** 성공은 바로 사람, 그리고 원동력이 되어주는 꿈에 달려 있다. 꿈이 있다면 일을 일처럼 느끼지 않고 평생 해나갈 수 있다. 또한 실패를 극복하고 남들이 포기할 때에도 꿋꿋이 버틸 수 있다. 이런 집중력과 열정은 틈새시장을 찾을 때가 아니라 자신에게 소중하고 인생을 걸 만큼 중요한 가치를 추구할 때 나온다. 꿈이 좋아하고 사랑하는 일에 뿌리를 두고 있지 않다면 실패할 가능성이 무척 높다.

나는 사람들이 사업에 전념하지 않으면 어떤 일이 벌어지는지 수없이 목격했다. 언젠가 사람들에게 경험을 선물할 수 있게 해주는, 아시아판 레드 레터 데이스Red Letter Days와 같은 회사에 투자했던 적이 있다. 그 회사의 설립자가 내게 간단히 사업을 소개했다. "유럽에서는 성공한 사업이지만 아시아에는 아직 도입된 적이 없습니다." 그는 시장 규모와 잠재 수익, 인구통계 등 뒷받침할 수 있는 모든 수치를 제시했다. 탄탄한 사업계획처럼 보여 투자를 결정했다. 하지만 아주 초보적인 실수를 저지르고 말았다. 이 아이디어가 왜 그에게 중요한지 물어보지 않았던 것이다. 전 세계의 수많은 사업 모델 중에서 그는 왜 이 모델을 선택했을까?

내가 그 실수를 깨닫게 된 건 결국 그 사업이 실패해 주요 경쟁사 중 한 곳에 매각되었을 때였다. 경쟁사는 날이 갈수록 번창하고 있는데 우리는 허우적대고 있어서 그 이유가 궁금했다.

그리고 경쟁사의 설립자를 만나고 얼마 지나지 않아 그 답을 알 수 있었다. 그의 설명은 몇 년 전 나를 투자하게 했던 사업 소개보다 족히 백배는 더 설득력이 있었다. "저는 사람들이 물건이 아닌 경험에 돈을 썼으면 좋겠어요. 어렸을 때 가족들은 제게 물건을 사줬지만 정작 제가 원한 건 가족과 함께하는 경험과 시간이었거든요." 이 설립자는 그저 비슷한 제품을 팔아 한몫 벌어보려고 회사를 차린 게 아니었다. 그는 자신의 경험에서 깨달은 사명을 굳게 믿으며 사업을 꾸려가고 있었다. 그 이유 하나만으로도 그가 승리하는 게 당연했다.

그러니 여러분도 자신이 무엇을 좋아하고 싫어하는지에 대한 답을 진지하게 찾아보길 바란다. 자신의 열정과 삶의 목적이 무엇인지도 말이다.

'나는 무슨 일을 하고 싶은가?'라는 질문이 어쩌면 지나치게 단순하게 들릴 수도 있다. 그리고 그렇게 들렸으면 좋겠다. 이 질문을 받은 여러분은 온갖 잡다하고 복잡한 생각에서 벗어나 정말 중요한 것에 집중할 수 있다. 누구든 지금 당장 이 질문에 대답할 수 있다. 좋아하고, 관심 있고, 배우고 싶은 게 단 하나도 없는 사람은 없기 때문이다. 여러분은 예술가나 프로게이머가 되고 싶을 수도 있고, 주말 내내 정원을 손보는 게 즐겁거나 일주일 중에 자원봉사를 하는 날이 제일 기다려질 수도 있다. 1년 중에 여행을 떠날 때가 가장 즐거울 수도 있다.

좋아하는 일만 하면서 사는 건 불가능하다고 반박하거나, 그럴 시간도 없고 해야 할 일이 태산이라 그럴 처지가 못 된다고 불평하는 사람들도 있다. 하지만 좋아하는 일, 에너지가 샘솟는 일, 잘하는 일이 있다는 사실까지 부정할 수는 없다.

그렇다면 이제 행동으로 옮겨보자. 좋아하는 일을 더 많이 하고, 다양한 방식으로 그 열정을 좇아보자. 여러분은 배우고, 경험을 쌓고, 더 나은 방법을 찾게 될 것이다. 그러면 금세 더이상 머리를 싸매고 꿈이 뭘까 고민하지 않아도 되는 날이 온다. 어디선가 꿈과 마주쳐 자연스럽게 꿈을 발견하게 될 것이다. 애초에 꿈을 전혀 모르는 상태에서 시작하더라도 전혀 걱정할 필요가 없다(물론 알면 금상첨화겠지만). 좋아하는 일들을 쭉 따라가다 보면 저절로 꿈을 만나게 된다.

꿈은 인생의 경험과 자신이 좋아하는 것들로부터 생겨난다. 우리는 흔히 꿈은 아득한 저 먼 나라 얘기라고 여기지만, 사실 꿈은 우리 가까이에 있다. 아마 여러분은 맛있게 요리하고, 근사한 옷을 디자인하고, 노래를 쓰고, 동물을 돌보고, 차를 고치거나 소설을 쓰는 방법을 이미 알고 있을 것이다. 그러니 문제는 딱 하나다. 그 '좋아하는 일'을 어떻게 삶으로 바꾸느냐 하는 것이다. 취미를 꿈으로, 부업을 진지한 사업으로 바꿔야 한다.

그럴 수 있을까? 정말 그렇게 간단할까? 누군가 이렇게 물을 것이다. '사이먼, 난 산책을 좋아하는데 산책으로 어떻게 사업을 해요?' 대답을 찾기 위해 크리스의 사례를 살펴보자. 나는 틱톡에서 500만 원 정도 되는 상금을 걸고 최고의 사업 아이디어를 찾는 라이브 방송을 진행하다가 크리스를 만났다. 당시 은행에서 일하던 그는 정신 건강이 심각할 정도로 나빠져서 이미 여러 차례 자살을 고민해온 터였다. 크리스는 야외 활동을 늘리고 교외 지역을 산책하며 머리를 식혔고 그 덕분에 어느 정도 건강을 회복할 수 있었다. 그리고 이제 자신이 겪었던 문제로 고생하고 있는 사람들을 돕고 싶어 했다.

크리스는 위 파워 온We Power On이라는 사업 아이디어를 소개했다. 내용은 간단했다. 산책하면서 함께 대화를 나누고 마무리로 다과를 먹는다. 사업적으로 보면 그가 직접 만든 차와 비스킷을 판매해 모든 비용을 충당한다는 계획으로, 평범한 상품을 가치 있는 구매로 바꾸는 것이었다. 결국 상금은 크리스에게 돌아갔다. 나는 개인적인 사명감이 투철한 그가 이 사업을 꼭 성공시킬 거라고 확신했다. 그 과정에서 그는 산책같이 단순한 일이 어떻게 사업이 될 수 있는지 보여주었다. 게다가 그것 말고도 크리스가 좋아하는 일 가운데 사업화할 만한 것들이 더 있었다. 반려견 산책 대행 사업이나 유료로 참여하는 도보 여행을 기획해주는 사업이었다. 진지하게 고민한다면 우리가 좋아하는 일은 적어도 하나 이상의 사업 아이디어로 발전할 수 있다.

이때 주의해야 할 점이 있다. 자신이 좋아하고 간절히 하고 싶은 일과 이미 잘하고 있거나 경력을 쌓아온 일이 다를 수 있다는 점이다. 이 둘을 혼동하거나 어느 것을 좋아하고 어느 것을 잘하는지 왜곡한다면 금방 문제가 발생한다.

내가 그걸 알게 된 것은 몇 년 전이었다. 그때 나는 15년 동안 업계에서 경력을 쌓은 뒤 처음으로 자신의 레스토랑을 열고 싶다던 한 요리사에게 투자했다. 그는 누구도 시도해보지 않은 아이디어가 있고 완벽한 장소까지 마련해두었다고 했다. 나는 그의 포부가 마음에 들었고 그의 경험을 존중해 2억 원에 가까운 돈을 투자했다. 레스토랑은 성공적으로 문을 열었지만 3개월 후 내가 다시 방문했을 때는 그가 자리에 없었다. 외부에서 사진 촬영을 하고 있다고 했다. 영문을 알 수 없었지만 시간이 지날수록 패턴은 분명해졌다. 내가 레스토랑에 관해 이야기하려고 할 때마다 그는 사진 이야기를 꺼내려고 했다. 나는 그가 내게 제안한 사업이 실제로 그가 하고 싶었던 사업이 아니라는 사실을 깨달았다. 그는 요리사로 일하는 게 지겨웠고 정말 하고 싶었던 일은 사진이었다. 레스토랑이 망하고 내 투자금 대부분을 잃고 나서야 나는 그에게 왜 처음부터 사진작가가 되고 싶다고 말하지 않았느냐고 물었다. 그랬다면 나는 기꺼이 사진작가가 되고 싶다는 그의 꿈에 투자했을 거고 지금쯤 우리 모두에게 더 좋은 결과가 있었을 거라고 말이다.

많은 사람이 그렇듯 그도 오랫동안 쌓은 실력과 경력에 갇혀 있었다. 그가 해야만 한다고 생각했던 사업은 마음속 깊숙이 하고 싶었던 사업이 아니었다. 내 친구 중에도 비슷한 경우가 있었다. 그는 7년 동안 죽어라 공부해서 변호사가 된 후, 어떻게 하면 변호사 일을 그만두고 꿈에 그리던 사업을 시작할 수 있을지 내리 6년을 고민했다. '매몰 비용sunk cost(이미 지출해서 회수할 수 없는 비용—옮긴이)'을 따지느라 여기까지 왔는데, 이제 와서 그만두면 손해라는 생각에 괴로워했다. 하지만 결국 원하던 사업을 시작했고 의지만 있으면 학력과 경력이라는 덫에서 해방될 수 있다는 사실을 증명했다.

자신이 좋아하는 것과 싫어하는 것에 관해 곰곰이 생각하다 보면 놀라운 사실을 발견할 수도 있다. 다른 사람들의 꿈을 담은 동영상을 제작하는 일에 익숙해지고 나서 나는 내가 새로운 일을 하는 게 아니라는 것을 깨달았다. 나는 여태까지 사람들과 그들의 사업을 돕기 위해 여러 가지 사업을 운영해왔다. 플루이드는 디자인을 통해 브랜드가 더 성공할 수 있도록 도왔고, 투자회사였던 네스트Nest는 창업을 꿈꾸는 사람들에게 투자금과 다양한 지원을 제공했다. 이제 나는 기본적으로 같은 일을 무료로, 훨씬 더 초기 단계에 있는 사람들을 대상으로 하고 있었다. 나는 항상 이 목적을 가지고 있었지만, 말로 표현하거나 더 큰 꿈으로 연결하지 않았을 뿐이었다.

이 모든 것이 좋아하는 것부터 시작한 덕분이었다. 만약 목적지를 모른다면 좋아하는 것들이 나침반처럼 가야 할 방향을 가르쳐준다. 좋아하는 것들을 계속 따라가다 보면 머지않아 꿈에 도달할 수 있을 것이다.

## 질문 2:
## 내가 싫어하는 것은 무엇인가?

나는 내가 사람들과 대화하기를 좋아하고 남을 돕고 싶어 한다는 사실을 알고 있었던 덕분에 훨씬 수월하게 내 꿈을 이해할 수 있었다. 하지만 아직 뭔가 부족했다. 나는 거의 모든 꿈에 꼭 필요한 고통과 그 안에 담긴 목적이 필요했다. 그래서 내 고통과 마주해야 했다.

우리는 어떻게 고통에서 목적이 생겨날 수 있는지 앞서 살펴봤다. 켈리는 어렸을 때 학대를 겪고 나서 동물을 보살피고 싶다는 의지가 생겼고, 소피는 수술을 받고 나서 고생한 경험을 바탕으로 외상을 입고 회복 중인 사람들에게 맞는 옷을 만들게 됐다.

여러분의 꿈과 목적이 고통과 관련이 있을 가능성은 매우 높다. 그리고 그 고통은 자신의 것일 수도 있고 남의 것일 수도 있다. 어쩌면 여러분은 여러분을 의심하는 누군가가 틀렸다는 것을 증명하려고 하거나, 남들이 여러분과 같은 힘든 경험을 하지 않도록 하거나, 세상의 부당함을 바로잡으려고 하는지도 모른다.

고통은 목적에 강한 추진력을 더해준다. 이 추진력은 '욕구'를 '필요'로 바꾸는 여러 힘 가운데 하나다. 성공한 사람들의 이야기를 자세히 들여다보면 그들의 동기 뒤에 개인적인 아픔이 자리 잡은 경우가 많다. 미처 그 사실을 인식하지 못했거나 인정하지 않을 수도 있지만, 십중팔구 존재한다.

물론 평생 아무 어려움 없이 성공하는 사람들도 있다. 하지만 나는 이른바 '고통의 닻'이 없는 여행을 즐기는 사람을 거의 보지 못했다. 고통의 닻은 우리가 왜 이 길로 가야 하는지 알려준다. 어디로 갈지뿐만 아니라 무엇으로부터 도망치고 있는지 일러준다.

게다가 고통은 참 묘한 구석이 있다. 많은 사람이 평생 고통에서 벗어나려고 발버둥을 친다. 나쁜 일이 일어났다는 사실을 부정하거나 자신이 한 짓을 잊어버리려고 애쓴다. 이해는 되지만 그게 오히려 역효과를 낳을 수도 있다. 우리가 고통을 이해하고 이용하면 바로 그 고통이 가장 강한 원동력이 될 수도 있기 때문이다. 고통은 적절하게 활용하면 기쁨을 가져다줄 수도 있다.

다른 많은 사람처럼 나도 어린 시절에 겪은 고통이 내 인생에 큰 영향을 미쳤다. 특히 힘들었던 그 한순간이 지금도 내게 큰 도움이 되고 있다. 여덟 살 무렵에 나는 우리 집과 가까운 베드퍼드라는 작은 마을에서 엄마와 함께 쇼핑을 하고 있었다. 정확히 기억나진 않지만 아마 내가 엄마를 짜증 나게 하는 짓을 저질렀던 것 같다. 엄마는 오늘은 너 혼자 집에 오라고 소리치고는 어느 순간 사라져버렸다. 그렇게 어린 나이에 홀로 남겨지면 갑자기 주위의 모든 것이 집채만 해 보인다(베드퍼드 같은 작은 마을에서도). 차들은 나를 쌩쌩 지나쳐 갔다. 늘 잡고 있던 손이 순식간에 사라지자 세상은 공포스럽게 변해버렸다.

그날 나는 무사히 집에 도착했다. 버스 정류장으로 가는 길을 찾았고, 정류장에서 내가 불쌍해 보였는지 누군가 버스 요금을 쳤다. 나는 베드퍼드보다도 더 작은 마을인 세인트 니오츠에 있는 우리 집에 도착했다.

하지만 뭔가 달라져 있었다. 버려졌다는 느낌이 절대 사라지지 않았다. 비록 그 감정을 완전히 이해하고 표현할 수 있게 되기까지 몇 년이라는 시간이 걸렸지만, 살면서 나를 지킬 건 나밖에 없다는 사실을 깨달은 게 바로 그날이었다. 나는 자립해야 했다. 일곱 살짜리 내 아들을 버려두고 온다는 건 상상도 할 수 없지만(사실 보상 심리 때문인지 나는 밤에 잘 때도 아들을 절대 혼자 두지 않으려고 한다), 당시에 고통을 겪은 덕분에 내가 더 강해졌으니 고맙기도 하다.

어린 시절 나를 괴롭혔던 또 다른 골칫거리는 학교에 있었다. 책 읽는 데 소질이 없고 영국의 교육 체제는 엉망이라고 외치는 내가 학교생활에 잘 적응하지 못했으리란 건 아마 여러분도 예상했을 것이다. 게다가 나는 난독증까지 있었다. 내 또래나 조금 더 나이가 많은 난독증 환자들이 대개 그랬듯 나도 학교에 다니는 내내 멍청하다는 소리를 들었다. 선생님들은 내가 글을 잘 못 읽는다는 사실을 알면서도 수업 시간에 나를 지목해 책을 읽어보라고 했고, 반 친구들은 내가 단어를 더듬더듬 읽어나가면 놀리기에 바빴다.

나는 남들이 말하는 것처럼 내가 정말 어딘가 모자란 사람이 아닐까 고민하며 끔찍한 학창 시절을 보냈다. 하지만 이런 아픔을 겪었기 때문에 학교생활에 적응할 수 있었다. 내가 잘하는 일을 이용해 못하는 일을 보완하는 방법들을 찾아낸 것이다. 한번은 『제인 에어』를 읽고 에세이를 쓰는 과제가 주어졌다. 하지만 나는 내가 절대 그 책을 끝까지 읽지 못하리라는 것을 알았다. 그래서 그 대신 반 친구들 모두와 각각 이 책에 대해 인터뷰하고 다양한 해석을 모아 에세이를 썼다. 나는 그 과제의 점수로 A를 받았을 뿐만 아니라, 성공하는 데에는 여러 가지 방법이 있다는 것을 배웠다. 그때 익힌 기술들은 한참이 지나 지금 내가 하는 일, 즉 사람들과 대화하고 그들의 이야기를 널리 알리자고 설득하는 일에 도움이 됐다. 이것 역시 고통을 제대로 활용해 살아가는 데 큰 힘을 얻은 경우였다.

내 마지막이자 가장 커다란 고통은 나의 어린 시절을 느닷없이 앗아가버린 한 사건이었다. 아버지가 돌아가시고 열다섯 살에 사실상 집에서 쫓겨나버린 거였다. 그 일은 내 인생에서 커다란 전환점이 되었다. 그래서 나는 이따금 내 인생 최악의 사건과 최고의 사건이 동시에 일어난 그때를 되돌아보곤 한다.

끔찍이도 충격적인 시간이었지만 희한하게도 어느 순간 나는 완전히 해방된 기분이 들었다. 더 이상 학교에 가거나, 엄마의 규칙에 따르거나, 남들이 시키는 대로 할 필요가 없었다. 주머니에 아무것도 든 게 없으니 이제 채우기만 하면 된다고 마음을 고쳐먹었다. 돈을 벌고 잠자리를 마련할 수만 있다면 무슨 일이든 할 수 있었다. 힘들었지만 단순해서 오히려 좋았다. 나에게는 어떠한 마음의 짐도, 선입견도, 한계도 없었다.

하지만 현실에 부딪혀 끝도 없이 절망했던 적도 있었다. 너무 어린 나이에 모든 것을 스스로 해결해야 했기 때문이다. 따를 수 있는 규칙이나 안전망, 멘토 같은 것도 없었다. 나는 하나부터 열까지 시행착오를 통해 배웠다. 평생 가장 절실하게 도움이 필요했던 시기지만 기댈 곳이 어디에도 없었다. 아직 채 열여섯 살도 안 된 터라 주민등록번호가 없어서 제대로 된 일자리를 구할 수도 없었다. 수습사원이 되거나 장사를 배울 실력도 없었다. 게다가 지금이야 인터넷이나 유튜브, 소셜 미디어를 통해 누구나 손쉽게 정보나 조언을 얻을 수 있지만 당시에는 그런 비슷한 것조차 없었다(물론 온라인상에서는 좋은 조언과 나쁜 조언을 구분하기 어렵고, 여기엔 또 많은 위험이 도사리고 있다).

나는 되는대로 부딪혀보고 있었고 당연히 그런 티가 났다. 내가 제일 처음 시작한 사업은 정원 관리였다. 그 전까지 단 한 번도 해본 적 없는 일이었다. 당시 나는 어느 다 쓰러져가는 집에 손바닥만 한 방을 겨우 빌려 살던 터라 그나마 이 빈약한 지붕이라도 머리 위에 덮고 있으려면 빨리 돈을 버는 수밖에 없다고 생각했다. 하지만 어떻게 해야 돈을 벌 수 있을지 막막했다. 그러던 어느 날 규모가 으리으리한 아름다운 집을 지나치게 됐다. 그런데 그때 엉망진창으로 방치되어 있던 앞마당이 눈길을 사로잡았다. 내 머릿속에서 사업가의 감각이 처음 깨어난 순간이 바로 이때였던 것 같다. 여러 가지 생각이 한꺼번에 스쳤다. '저 정원은 청소 좀 해야겠네', '청소는 나도 할 수 있잖아', '청소를 하면 돈을 벌 수 있어', '집이 이렇게 큰데 청소비 정도야 당연히 내겠지'.

일말의 망설임도 없이 나는 대문을 두드려 청소를 제안했다. 처음엔 어리둥절한 표정을 짓던 집주인은 어차피 하려던 일이었다면서 나를 고용하겠다고 말했다. 그렇게 나는 매달 40만 원을 받고 청소를 하게 됐다. 40만 원이라니! 당시 내게는 어마어마한 돈이었다.

처음으로 성공을 맛본 나는 본격적으로 영업을 시작했다. 광고 책자는커녕 전단지도 한 장 없었다. 당시는 웹사이트가 생기기 훨씬 전이었고 나는 정식으로 회사를 차린 것도 아니었다. 나에게는 그저 엄청난 절실함과 약간의 용기가 있었을 뿐이다. 그런데 한 가지 작은 문제가 있었다. 내겐 청소에 필요한 장비가 하나도 없었고, 그렇다고 새로 살 돈도 없었다. 삽 한 자루도 없이 나를 정원사라고 소개한 것이다.

다행히도 내 첫 고객은 기꺼이 장비들을 빌려주었다. 그 장비들 덕분에 나는 그 집뿐만 아니라 어렵사리 따낸 다른 일들도 할 수 있었다. 용기백배한 나는 주인에게서 보증금으로 청소 비용의 50퍼센트를 받아냈다. 현금 흐름이 필요하다는 것을 직감적으로 이해해서였다. 그렇게 첫 장애물을 극복하고 나서 몇 달간, 나는 나와 같은 쪽방에 살던 사람들과 내 친구들을 끌어들여 함께 청소하고 돈을 벌었다. 처음으로 혼자서 정원 세 곳을 청소한 후, 나는 내가 기술도 없고 이 일을 좋아하지도 않는다는 것을 깨달았기 때문이었다. 그때부터 지금까지 이어지고 있는 내 사업 철학이 바로 '내가 잘하는 일을 하고 나머지는 아웃소싱하자'다. 나는 영업을 잘하며 사람들을 설득해 함께 일하는 데 소질이 있었다.

모든 게 괜찮아 보였다. 사업도 번창하고 있는 듯했다. 더 나은 방법을 모르니 나는 우리가 계속 발전할 거라고만 생각했다. 그런데 전혀 예상치 못한 일이 벌어졌다. 겨울이 찾아온 것이다. 계절이 변하고 있고, 날이 추워지면 만물이 생장을 멈출 거라는 생각은 미처 하지 못했다. 겨울철에도 정원사로서 돈을 벌 수 있는 방법이 있긴 하지만 그때는 몰랐다. 잔디가 시들자 내가 할 일도 없어져버렸다. 내 사업은 그렇게 갑자기 시작돼서 갑자기 끝났다.

여느 10대 청소년처럼 나는 그 정도로 철이 없고 생각이 짧았다. 다른 방법이 있는지도 몰랐고 도와줄 사람도 없어 실수할 수밖에 없었다. 덕분에 많은 것을 배웠지만 당시에 얼마나 힘들었는지는 한 번도 잊은 적이 없다. 아직도 생생하게 남아 있는 그 고통은 지금 내가 하는 일과 내가 운영하는 사업의 토대가 되었다. 또한 내가 이 책을 쓰게 된 계기가 되기도 했다. 열다섯, 열여섯이라는 어린 나이에 무작정 사업에 뛰어들었던 나는 너무 외로웠지만 다른 사람들은 부디 그러지 않았으면 좋겠다. 도움이 필요한 사람은 누구나 찾아갈 곳과 물어볼 사람이 있기를 바란다.

이것이 바로 우리 삶에서 고통이 중요한 이유다. 추운 겨울을 견뎌보지 않고서는 여름에 그토록 감사할 수 없다. 슬픔을 겪어봐야 기쁨이 얼마나 소중한지 알 수 있다. 그리고 지금의 우리를 만들어준 좋은 경험과 나쁜 경험을 모두 이해해야 한다. 30년, 심지어 40년 전에 내게 일어났던 일들은 오늘날 내가 하는 일의 원동력이다. 나는 당시의 고통을 목적으로 승화시켰다. 그리고 그 덕분에 누구나 대가를 기대하지 않고 자유롭게 베풀 수 있는 세상을 만들겠다는 꿈을 이뤄가고 있다. 도움이 필요한 사람들이 공짜로 도움을 받을 수 있는 세상 말이다.

그러니 삶에서 느끼는 고통의 근원을 찾아보고, 그 고통이 어디에서 오는지, 이걸 계기로 무엇을 하고 싶은지 생각해보자. 틀린 것을 바로잡고 남의 고통을 덜어주려는 마음은 어쩌면 우리 삶에서 가장 중요한 동기일 수 있다. 자신이 무엇 때문에 가장 고통스러운지 안다면, 목적을 찾고 꿈을 향해 나아가는 데 한층 더 가까워질 수 있다.

## 질문 3:
## 다른 사람을 어떻게 도울 수 있을까?

꿈과 목적에 관해 말하다 보면 어쩐지 이기적인 얘기처럼 들리기도 한다. 자신만 신경 쓰고 평생 내면을 들여다보며 살아야만 할 것 같다. 사실 그렇지는 않다. 목적을 발견하고 꿈을 향해 나아가기 위해 약간의 성찰이 필요할 수는 있지만, 그 본질은 이기적인 것과는 오히려 정반대다.

맥도날드에서 만났던 트위치 스트리머 들롱을 떠올려보자. 그가 게임을 좋아하긴 했지만, 유명한 스트리머가 되겠다는 꿈은 자신을 위한 게 아니었다. 남들에게 즐거움을 주기 위해서, 즉 사람들의 얼굴에 미소를 선물하기 위해서였다. 뉴욕에서 만났던 예술가를 기억하는가? 그가 예술가로서 성공하고 싶었던 이유는 암 연구 기금을 마련하고 자신과 같은 병을 진단받은 환자들을 돕기 위해서였다. 또한 브래들리도 마찬가지였다. 마사지 치료사로서 사람들의 고통을 덜어주고 싶은 마음이었다.

이것이 우리 인간의 본성이다. 우리는 본능적으로 집단을 이루며, 그 안에서 자신의 역할을 찾고 모두의 성공과 행복에 이바지할 방법을 고민한다. 여러분이 만나는 사람들 대부분은 선의를 가지고 있으며 남들을 도와주고 싶어 할 것이다. 그러므로 목적이 분명히 나타나는 순간은 자신이 가진 기술과 열정 그리고 경험을 활용해 타인의 삶과 우리가 사는 세상에 긍정적인 영향을 미칠 수 있을 때다.

그 좋은 예가 하나 있다. 내가 가장 자주 듣는 사업 아이디어 중 하나가 바로 의류 브랜드 창업이다. 개인의 재능이나 아이디어를 살리려고 브랜드를 만들기도 하지만 궁극적으로는 옷을 입는 사람들을 행복하게 만들어주고 싶다거나, 윤리적 소재 활용을 장려하거나, 좋은 일을 할 수 있는 기금을 마련하기 위해 사업을 시작하는 경우가 많다. 식당을 개업하는 사람들도 마찬가지다. 그저 음식을 만드는 게 좋아서 시작하기도 하지만 궁극적으로 사람들에게 새로운 요리를 소개하고 손님들에게 멋진 경험을 제공하고자 한다. 이런 일들은 나아가 불우한 청소년에게 기술을 배울 기회를 주거나 굶주린 사람들에게 음식을 제공하는 등 사회적으로도 이바지할 수 있다. 결국 핵심은 우리가 좋아하는 일과 우리가 세상에 일으키고 싶은 변화 사이에는 대부분 매우 밀접한 연관성이 있다는 것이다.

이와 달리, 대부분의 기업이 갖고 있는 사명은 남을 돕는 것과는 거리가 멀다. 하지만 모두가 연결되어 있고, 정보가 빠르게 퍼지며, 하루아침에 추문이 터지는 요즘같이 투명한 세상에서 그런 기업들은 오래 버티기 힘들다. '탐욕은 좋은 것Greed is good'이라는 말은 1980년대에나 통했던 말이다.

사람보다 이윤을 우선시하는 기업들이 계속 잘나갈 리 만무하다. 결국 그런 기업들은 회사를 위해 일할 직원도, 제품을 구매할 고객도 찾기 힘들 것이다. 그런 이유로 여러분이 좋아하는 브랜드의 창립 배경을 살펴보면 어떤 식으로든 남들을 돕겠다는 목표를 세운 창업자의 이야기를 찾아볼 수 있다. 패션 브랜드 파타고니아의 사명 선언문을 찾아서 다른 브랜드와 비교해보자. 아니면 애플과 애플에 뒤진 다른 스마트폰 브랜드의 사명 선언문을 비교해봐도 좋다. 여러분이 좋아하지 않는 브랜드에는 이런 내용이 빠져 있는 경우가 많다.

남을 돕겠다는 생각은 많은 사람에게 강한 동기를 유발한다. 그렇지 않다면 의료나 응급 서비스, 교육과 같이 사회에서 가장 중요한 일을 할 사람들을 찾을 수 없을 것이다. 솔직히 이렇게 중요한 직업의 종사자들은 돈을 벌기 위해서가 아니라 다른 사람을 도우며 보람을 느끼기 때문에 일한다. 인간은 나누는 존재다. 우리는 본능적으로 사람들과 소통하고, 유대감을 형성하며 서로 도우려고 한다.

그렇기에 마지막 세 번째 질문은 여러분이 아니라 우리 모두에 관한 것이다. 다른 사람들, 식물과 동물, 우리가 살고 있는 지구까지. 이 거대한 태피스트리 안에 우리 인간도 엮여 있다. 우리는 서로 연결되어 있다. 진부하게 들릴지 모르지만 사실이다. 그저 가끔 그 사실을 떠올리기만 하면 된다.

질문은 간단하다. '내가 어떻게 도와줄 수 있을까?' 좀 더 구체적인 방식으로 생각해볼 수도 있다. 내가 어떤 문제를 해결하고 있는지, 어떤 요구를 들어주는 건지, 주변 사람들에게 어떤 변화를 불러올 수 있는지 등이다.

이 질문을 세 번째로 던지는 데에는 이유가 있다. 이 질문을 단독으로 할 수는 없다. 앞의 두 질문과 이어져야 한다. 앞서 여러분이 하고 싶은 일은 방향을 가르쳐주었고, 여러분이 싫어하는 일은 원동력이 되었다. 여러분은 이미 실마리를 찾았다. 이제 여러분이 남들뿐만 아니라 이 세상을 돕기 위해 할 수 있는 일을 찾아내기만 하면 끝이다.

남을 도울 방법을 물어봐야 하는 것은 오로지 이타적인 이유 때문만은 아니다. 자신의 꿈이 세상에서 어떻게 구체화되고 실현될 수 있을지 이해하려면 꼭 필요하기 때문이다. 여러분이 하고 싶은 일이 무엇이든 늘 상대방이 있기 마련이다. 여러분이 만든 옷을 입고, 홍보하고, 구매하고, 여러분이 만든 음식을 먹고, 여러분의 소셜 미디어를 봐주고, 여러분의 콘서트에 참석하거나 여러분에게 건축이나 디자인 혹은 도배를 맡길 사람이 있어야 한다.

어떻게 도울 수 있을지 고민하다 보면 고객의 입장이 되어 그들이 무엇을 원하고 필요로 하는지(그리고 그들에게 그 이상으로 참여할 이유를 어떻게 제공할지까지) 더 쉽게 알아낼 수 있다.

아울러 자신의 꿈이 합리적인지 점검하고 그 꿈이 다른 사람들에게는 어떤 의미가 있는지도 알 수 있다. 미래의 고객에서부터 시작해 파트너, 직원, 투자자와 같이 여러분이 꿈을 이루는 데 도움이 될 모든 사람을 생각해보자. 그들을 도울 방법과 여러분의 꿈을 통해 그 방법을 실현할 방안을 찾는다면, 꿈을 이루는 데 필요한 지원을 받을 수 있을 것이다.

또한 그 반대의 경우도 가능하다. 이는 여러분의 꿈을 응원하지 않는 사람들을 걸러내는 데 도움이 된다. 누군가 여러분의 꿈을 믿지 않는다면 그들의 돈이나 조언은 받지 말자. 그러다 보면 여러분의 인생에 전혀 보탬이 되지 않는 사람들을 멀리하는 법을 배울 수 있다. 누군가와 도덕적 기준이 일치하는

가의 문제는 목적과도 밀접한 관련이 있다. 그러므로 주변 사람들을 평가하는 좋은 기준이 될 수 있다.

꿈은 여러분이 좋아하는 일에서 탄생하지만 남들이 공감하고, 재밌어하고, 유용하고, 가치 있다고 생각하는 일이어야 그 꿈이 성장할 수 있다. 내가 되는대로 만들던 소셜 미디어 콘텐츠를 헬프뱅크로 발전시킨 이유도 바로 여기에 있다. 내가 사람들에게 꿈에 관해 물어보기 시작한 이유는 그게 재밌었기 때문이다. 사람들이 무슨 대답을 할지 궁금했고, 그들을 도울 방법을 찾고 싶었다. 그러다 보니 공통된 주제가 눈에 들어오기 시작했다. 사람들은 똑같은 장애물에 부딪혀 넘어졌고, 비슷한 형태로 한계를 정해 스스로를 제약했다. 나는 어쩌면 그런 사람들을 도울 수도 있겠다고 생각하게 됐다. 그래서 사람들의 이야기에 끼어들어 그들이 꿈을 이룰 수 있도록 격려했다. 그러고 나서 그들이 성공한 이야기를 다른 사람들이 본보기로 삼을 수 있도록 널리 알렸다. 그리고 최종적으로는 훨씬 많은 사람이 서로를 도울 수 있는 플랫폼을 만들어 더 많은 꿈이 이뤄지도록 응원했다.

처음부터 그런 의도로 시작한 것은 아니었다. 직감에 따라 여러 가지를 시도해보고, 개인적으로 내가 관심 있는 것과 필요한 것들을 섞었더니 자연스럽게 아이디어가 생겨났다. 내가 좋아하고 정말 하고 싶었던 일이 남을 도울 수 있는 일로 이어졌다. 현재 수만 명의 사람이 우리가 구축한 플랫폼을 통해 다양한 형태로 도움을 받고 있다. 그리고 그중 상당수는 무료로 받은 지원에 보답하기 위해 앞으로 남을 돕게 될 것이다.

그러니 이 세 가지 질문에 순서대로 답해보길 바란다. 질문에 대답하기 위해서는 자신이 좋아하는 일에서부터 그 일들이 다른 사람에게 미칠 영향까지, 여러분의 내면뿐만 아니라 외면까지 들여다봐야 한다. 그 결과 우리의 고통과 목적이 세상에 영향을 미칠 수 있는 우리의 능력과 이어지게 된다. 이렇게 만들어진 꿈은 시간이 지나도 변치 않는다.

## 추가 질문: 어떻게 확신할 수 있을까?

위의 질문들에 답하고 나면 머릿속에 뚜렷한 꿈이 떠오를 것이다. 아니면 새로 하고 싶은 일들이 생겨서 마침내 꿈으로 이어질 수도 있다. 어쨌든 두 경우 모두 이런 궁금증이 생기기 마련이다. 이게 정말 맞는 건지 어떻게 확신하지? 이게 정말 내 꿈인지 어떻게 알 수 있지?

인생에서 확실한 것은 아무것도 없지만, 우리는 그래도 최대한 올바른 답을 찾고 싶어 한다. 그걸 보장해줄 방법이 있을까? 대답은 '있다'이기도 하고 '없다'이기도 하다. 직접 해보기 전까지는 절대 알 수 없지만, 앞서 저 세 가지 질문에 신중하게 답하고 자신의 꿈이나 가고자 하는 방향을 파악했다면 크게 잘못될 가능성은 거의 없다.

다행히도 자신의 직감이 맞는지 다시 한번 확인할 방법이 있다. 뭔가 할 필요가 없고 오히려 아무것도 안 하는 편이 낫다. 그냥 며칠, 필요하다면 몇 주 정도 자신이 발견한 것들을 천천히 되새겨보자. 그런 다음 무슨 일이 일어나는지 지켜보기만 하면 된다.

일어날 일은 다음 둘 중 하나다. 꿈에 관한 생각들이 머릿속에서 점점 사라져 애쓰지 않으면 생각나지 않을 정도가 되거나, 혹은 그와 반대로 도무지 머릿속을 떠나지 않는 상태가 된다. 아침에 눈을 뜨자마자 그 생각이 떠오르고, 직장에서 지루한 회의를 하거나 헬스장에서 러닝머신 위를 달리고 있을 때에도 온통 그 생각뿐이라면, 어느샌가 목록을 만들고, 휴대전화 메모장에 아이디어를 적고, 밤늦게까지 관련 유튜브 동영상을 시청하는 자신을 발견하게 될 것이다. 그 생각이 마음속에 자리 잡았다면 이제 그 갈망을 충족시킬 수 있는 유일한 방법은 행동으로 옮기는 것뿐이다. 이제 이 에너지를 쏟아부어 눈에 보이는 성과를 이루는 수밖에 없다. 이 시점이 되면 꿈은 더 이상 말은 쉽지만 실천하기 어려운 것이 아니라, 말하긴 어렵지만 실천하긴 쉬운 것이 되어 있다.

이것이 점점 커지는 여러분의 꿈을 검증할 방법이다. 한번 해보면 여러분의 잠재의식을 통해 이 꿈이 진심인지, 아니면 서류상으로만 번듯한 아이디어인지 알게 될 것이다. 꿈이 제대로 검증되려면 투쟁-도피 모드fight or flight mode(위험에 직면한 상태에서 맞서 싸우거나 도망가는 방어 반응—옮긴이)에서 벗어나야 한다는 것을 잊지 말자. 생존 본능에 사로잡혀 있으면 다음 달 생활비를 어떻게 마련할지 고민하느라 바빠서 하고 싶은 일이 떠오를 틈이 없다. 따라서 현실은 잠시 잊어버려야 한다. 현재 주머니 사정은 잊고 통장에 100억 원이 들어 있다고 상상해 보자. 돈 걱정이 말끔히 사라졌다고 치자. 머릿속의 투쟁-도피 모드를 꺼버려야 생각이 맑아지고 여러분의 꿈도 편안히 숨 쉴 여유가 생긴다.

실제로 꿈을 찾으면 의심의 여지가 없다. 우리 뇌는 우리가 앉아서 고민하게 놔두지 않고 차리고 싶은 회사나 하고 싶은 직업에 대해 더 자세히 알아보게 한다. 실제로 하게 만드는 것보다 못 하게 말리는 것이 더 어렵다. 만약 여러분도 그렇다면 꿈을 찾았다고 확신하게 될 것이다.

장담컨대 이 시점에 도달하면 여러분도 알게 될 것이다. 인생을 바꿔놓을지 모를 흥미진진한 일을 이제 막 시작하려 하고, 자신은 분명 그 일을 하기 위해 태어난 거라고 확신할 때의 기쁨은 말로 다 표현할 수 없을 정도다. 이쯤 되면 여러분은 당장이라도 시작하고 싶어 온몸이 근질거리고 여러분의 꿈도 현실이 될 준비를 마친 상태일 것이다. 하지만 그 전에 여러분이 반드시 해야 할 일이 있다. 바로 자유로워지는 것이다.

# 06

# 꿈을 이루려면
# 먼저 자유로워져야 한다

케이틀린을 만났을 때 나는 그에게 꿈이 있다고 확신했다. 그는 젊고 의욕이 넘쳤으며 자신이 하고 싶은 일을 정확히 알고 있었다. 벌써 차리고 싶은 사진업체의 이름도 정해놓았다. '크로매틱스 바이 케이틀린Chromatics by Caitlin'이라고 했다. 꿈이 뭐냐고 묻자, 그는 이렇게 대답했다. "그냥 여행을 다니면서 쭉 사진을 찍는 거예요. 어디든 다니면서 사진을 찍어서 먹고사는 거요."

대답이 끝나기가 무섭게 나는 다시 물었다. 지금은 왜 그렇게 살지 않느냐고 말이다. "당장 떠나서 그렇게 살 수 있을 만큼 돈을 모으기가 너무 어려우니까요. 돈을 많이 주는 직장에 취직도 해야 하고 저축도 해야 하고…"

케이틀린의 대답은 많은 사람의 대답과 비슷했다. 이 대답 안에는 우리와 우리의 꿈 사이를 가로막고 있는 어쩌면 가장 큰 장벽이 있다. 우리는 꿈을 이룰 수 없다고 생각한다. 먼저 꿈을 이룰 준비를 해야 하니 실제로 이루는 건 그다음에 하면 된다고 여긴다. 언젠가 '이때다' 싶은 날이 올 때까지 무조건 기다려야 한다고 믿는다.

다시 말해, 케이틀린은 내가 앞서 이야기한 모든 잘못된 믿음, 인생에서 성공하려면 직업이 필요하다는 고정관념, 자신이 좋아하는 일이 수익성이 있는 사업이 아니라 취미 생활일 뿐이라는 오해에 사로잡혀 있었다. 꿈을 이루며 돈도 벌 방법을 고민하지 않고 꿈을 이루기 위한 돈을 마련할 방법을 걱정했다. 또한 사진을 찍는 일이 실제로 돈을 버는 일이 아니라 쓰는 일이라고 믿었다.

케이틀린이 이렇게 생각한 것은 그의 잘못이 아니었다. 아무도 그에게 사업에 대해 가르쳐준 적이 없었기 때문이었다. 다른 사람들과 마찬가지로 그도 학교에서 안정적인 직업과 근면 성실한 태도가 중요하다는 진부한 얘기를 귀가 닳도록 들었다. 그러다 보니 당장 필요한 돈을 마련해 꿈을 이룰 여러 가지 방법이 뻔히 있는데도 외면하고 있었다.

케이틀린에게 가장 적절한 방법은 후원이었다. 후원은 디지털 기반 사업을 시작하려는 많은 젊은이가 자금을 마련할 수 있는 방법이다. 온라인상에서 사진을 판매하고, 팟캐스트를 홍보하며, 인플루언서가 되기 위해 노력할 수도 있다. 이 모든 활동은 여러분과 소통하는 청중과 커뮤니티라는 잠재적인 가치를 창출하기 위한 것이라는 면에서 일맥상통한다. 따라서 이 가치를 만들어낸다면 브랜드는 여러분의 청중에게 다가가기 위해 여러분에게 기꺼이 비용을 지불할 것이다. 따라서 후원은 자신이 좋아하는 일을 하면서 돈을 벌 수 있는 가장 간단한 방법 중 하나다. 지금 당장 팔로워가 없더라도 괜찮다. 여러분의 목적에 공감하는 브랜드를 찾아서 여러분이 더 유명해지기 전에 지금부터 후원해달라고 요청해보자. 놀랍게도 많은 회사가 가능성만 보고 일찌감치 후원을 결정하기도 한다.

후원은 케이틀린의 꿈과 딱 맞아떨어졌다. 처음 대화를 나눈 자리에서 나는 당시 머릿속에 제일 먼저 떠오른 영국의 여행 브랜드 라스트미닛닷컴lastminute.com과 계약을 맺어보라고 케이틀린에게 제안했다. 계획하거나 미리 준비한 게 아니라, 카메라 앞에서 실시간 방송으로 대화하던 도중에 문득 그 이름이 떠올랐을 뿐이었다. 우리가 케이틀린의 영상을 게시하자 틱톡과 인스타그램에서 천만 명이 넘는 사람이 그 영상을 시청했고 이후 라스트미닛닷컴에서 그에게 연락을 해왔다. 그들은 케이틀린의 꿈을 응원하고 싶다고 했다! 바로 그렇게 크로매틱스 바이 케이틀린이 출범했다. 케이틀린은 곧바로 암스테르담과

몰타로 사진 촬영을 떠날 수 있는 비용을 후원받았다. 몇 주 전만 해도 불가능하다고 믿었던 꿈이 어느새 이뤄지고 있었다.

'사이먼, 케이틀린은 당신의 팔로워들 덕분에 후원을 받은 거야. 당신이 홍보해주지 않았으면 그런 기회는 어림도 없지'라고 생각할 수도 있다. 뭐, 그럴 수도 있고 아닐 수도 있다. 그게 이유일 수도 있지만, 그렇다고 해서 케이틀린이 절대 어떤 방법도 찾아내지 못했을 거라고 단정할 순 없다. 자신의 꿈을 믿고 적절한 사람들에게 도움을 요청했다면 결국 누군가는 '좋아요'라고 대답했을 것이다.

케이틀린을 가로막고 있었던 것은 부족한 인맥이나 낮은 팔로워 숫자가 아니라 **꿈을 이루지 못할 거라는 스스로의 믿음이었다.** 많은 사람이 똑같은 상황에 처해 있다. 꿈이 가까이 있지만 미처 깨닫지 못한다. 그들은 사회규범과 자신의 의심이라는 감옥에 갇혀 있다. 자신이 하고 싶은 일은 너무 어려워서 불가능하다고 예단하고, 해보기도 전에 미리 꿈을 포기한다.

꿈을 이루고 싶다면 반드시 이 감옥에서 탈출해야 한다. 따라서 꿈을 분명히 정해놓고 난 다음부터는 꿈을 이루기 위한 여유를 마련하는 데 집중해야 한다. 여러분과 꿈 사이를 가로막고 있는 모든 부담에서 자유로워져야 한다. 현재 자신이 갇혀 있는 단계를 밟고 올라서는 것 외에 지금부터 내가 알려주는 대로 한다면 모든 준비가 끝날 것이다. 이번 장에서는 여러분에게 여러 형태의 자유가 필요하다는 내용을 다뤄보려 한다. 경제적으로 자유로워지고, 쓸데없는 선입견과 부정적인 사고 방식으로부터 자유로워지고, 마지막으로 많은 사람이 여러분의 아이디어를 듣고 도움을 줄 수 있도록 아이디어를 자유롭게 풀어놓는 방법을 알아보자.

## 방법 1: 경제적으로 자유로워지자

사람들이 꿈을 이룰 수 없다고 말하며 제일 먼저 꼽는 이유는 단연코 돈이다. 직장이 없으면 삶이 불안정해지니까 직장은 그만두면 안 된다고 생각한다. 게다가 창업을 하려면 돈이 많이 들고, 마침내 꿈을 이뤄서 돈을 벌게 되기까지 오랜 시간이 걸릴 거라고 믿는다.

이런 생각은 전부 틀렸다. 적어도 그렇게 많은 사람이 입을 모아 얘기할 정도로 당연하지는 않다. 여러분의 직업을 예로 들어보자. 안심할 수 없다. 경제가 침체되어 여러분의 회사가 주요 고객들을 잃거나 비용을 절감해 투자자를 만족시켜야 하는 상황이 오면 여러분의 일자리는 사라지고 회사는 단칼에 여러분을 정리해고할 것이다. 기업들마다 직원을 대하는 방식을 점점 더 그럴듯하게 포장해서 얘기하고 있긴 하지만 기본 원칙은 절대 변하지 않는다. 대다수의 고용주에게 여러분은 수익을 창출하는 데 보탬이 될 때까지만 쓸모가 있다. 여러분의 업무를 아웃소싱하거나 기술로 대체할 수 있다면 가차 없이 그렇게 할 것이다. 여러분 일자리의 미래가 궁금하다면 아마존을 참고하면 된다. 이 글을 쓰는 현재, 아마존은 물류 창고에 75만 대에 달하는 로봇을 배치해 주문을 처리하고 있다.[1]

그렇다면 창업을 하는 데에는 비용이 얼마나 들까? 요즘은 저렴하거나 무료로 제공되는 온라인 도구와 플랫폼이 아주 많아서 비용이 그 어느 때보다 저렴하다. 전문 기술이 없어도 자신만의 웹사이트를 만들 수 있고 거의 공짜나 다름없는 돈으로 운영할 수 있다. 프리랜서 시장에서 수소문하면 합리적인 가격으로 브랜드를 구축해줄 사람을 찾을 수 있다. 또한 소셜 미디어에서 구독자를 늘려 비용을 들이지 않고 자신을 홍보할 수도 있다.

창업과 관련해서는 나중에 더 자세히 설명하겠지만, 이 시점에서 알아둬야 할 점은 큰돈 없이도 사업을 시작할 수 있다는 것이다(앞서 강조했듯이 초기에 지출(혹은 낭비)할 수 있는 돈이 많지 않은 편이 오히려 이로울 수도 있다).

요컨대 여러분의 직장은 생각만큼 안전하지 않고, 사장이 되는 데에는 생각보다 큰돈이 들지 않는다. 하지만 여전히 많은 사람이 하던 일을 그만두고 새출발을 해선 안 된다고 주장한다. 내가 지적하고 싶은 건 바로 이 부분이다. 이것이 바로 많은 사람이 꿈을 가지고 있어도 정작 이루지 못하는 결정적인 걸림돌이다. 이들은 돈 때문에 그만둘 수 없다고 생각하는 직장에 묶여 있다.

내가 본 바로는 결국 이렇게 된다. 여러분은 좋은 대학에 들어가 취업하기 좋다는 과를 졸업한다. 열심히 일해서 금융이나 컨설팅, 법률, 회계와 같이 연봉이 높다고 소문난 업계에 취직한다. 이제 평생을 안정되게 살 준비가 됐다. 직장에서 인정받고, 사랑하는 배우자를 만나 화목한 가정도 꾸리고, 대출을 최대한 받아 멋진 집을 사고, 1년에 두 번씩 휴가도 다녀온다. 남들이 보기에 끝내주는 인생을 살고 있으며 여러분도 그렇다고 얘기한다. 물론 피곤하고 바쁘고 고용주를 위해 소처럼 일하고 자녀들을 위해 운전기사 노릇도 하지만, 이것이 바로 여러분이 꿈꾸던 삶이라고 생각한다. 하지만 속으로는 비명을 지르고 있다. 업무가 너무 지긋지긋해서 대놓고 불평할 때도 있다. 지칠 대로 지쳐서 목표도 없다. 꿈은 있지만 그 꿈을 이룰 수 있을 것 같지 않다. 할 수만 있다면 회사를 그만두고 싶은데 그럴 수가 없다. 그랬다간 대출금과 해외여행, 아이들의 수학여행비는 어떻게 해결하겠는가?

냉정하게 들리겠지만, 계속 이런 식으로 살다간 지금 이 상황에서 절대 못 벗어난다. 늘어나는 지출을 감당하기 위해 여러분의 급여는 에스컬레이터처럼 매년 오른다. 거기서 내려야 한다면 겁이 날 수밖에 없다. 제정신이라면 어느 누가 에스컬레이터에서 뛰어내리겠는가?

많은 사람이 계속 남아 있기로 결심하는 이유는 다른 방법이 없다고 느끼기 때문이다. 하지만 여러분에게는 꿈이 있다. 여러분이 진심으로 에스컬레이터에서 내리고 싶다면, 바닥으로 굴러떨어지지 않고 무사히 내릴 수 있는 방법을 내가 알려주겠다. 다음은 함정에서 벗어나 경제적으로 자유를 얻는 방법, 즉 꿈을 펼칠 수 있는 여유를 마련하기 위한 첫 단계다.

우선 기본 개념을 하나 이해하는 것부터 시작해보자. **이제부터는 시간을 팔지 말고 사자.** 대부분의 사람은 시간을 판다. 그들은 연봉을 높이기 위해 더 열심히 일하고 더 많은 임무를 맡는다. 아니면 생계를 위해 투잡, 스리잡을 뛰기도 한다. 이들은 자신이 연봉을 얼마나 받을지 다른 사람이 결정하도록 놔둔다. 돈을 더 많이 벌어야 할 때는 시간을 더 팔아 더 많은 노동력과 에너지를 고용주에게 넘겨준다.

시간 판매의 문제점은 결국 한계에 도달한다는 것이다. 팔고 또 팔다 보면 결국 아무것도 남지 않는다. 여러분이 창출한 가치의 대부분은 고용주가 꿀꺽 삼켜버리고, 고용주가 여러분에게 주는 돈의 대부분은 대출금을 갚거나, 아이들의 학비를 내거나, 수십 년 동안은 돌려받지도 못할 연금을 내는 데 쓰인다. 그렇게 늘어나는 비용을 감당하기 위해 시간을 점점 더 많이 팔다 보면 결국 삶은 불행해지고 여러분은 탈진해 쓰러진다.

반면 시간을 사는 사람들은 시간이 아니라 결과물을 판다. 이들은 점점 일을 늘려 자신을 혹사하는 대신 운영 체계와 팀을 만들어 더 많은 수익을 올린다. 직원을 채용하고, 시스템에 투자하고, 관계를 쌓아서 시간을 산다. 이들은 경력이 쌓일수록 더 자유로워지지만, 반대로 시간을 파는 사람들의 자유는 점점 줄어든다.

직원과 사업가의 가장 큰 차이점이 바로 여기에 있다. 남의 밑에서 일할 때는 직급이 올라갈수록 더 많은 임무를 맡고, 더 많은 급여를 받는다. 무엇보다 열심히 일해서 얻은 직책과 급여가 정당하다는 사실을 끊임없이 증명해야 한다. 비용을 절감해야 하는 상황이 생기면 제일 먼저 도마 위에 오르는 것도 여러분의 급여다. 하지만 여러분이 사업가라면 상황은 정반대다. 사업이 커갈수록 여러분이 할 일은 줄어드는 경우가 많다. 이미 여러분 없이도 회사를 운영할 수 있는 훌륭한 팀을 만들어 놓았을 테고 실제로도 회사들은 대부분 잘 굴러간다. 여전히 예전만큼 많은 주식을 보유하고 있으며, 예전만큼 돈도 번다 (사업이 성장하고 있기 때문에 사실 더 많이 벌 것이다). 초기에 위험을 감수하고 사업을 키운 덕분에 이제는 크게 노력하지 않아도 그 수익을 누릴 수 있다.

플루이드에서 내게도 일어난 일이다. 10년 넘게 회사를 운영한 뒤 나는 경영에서 한발 물러나 회장직을 맡았다. 그런 다음 기업을 경영한 경력이 있는 인물을 CEO로 영입해 사업을 매각하는 임무를 맡겼다. 이 기간에 나는 내 평생 가장 적게 일하면서도 가장 많은 수입을 올렸다. 지금껏 회사에 열심히 투자한 결과, 시간이라는 선물을 받게 된 것이다. 세계적인 부자들이 전용기로 여행하면서 시간을 사는 것과도 같은 맥락이다.

그렇다면 최종 목표는 시간을 버는 것이 된다. 하지만 어떻게 해야 할까? 제일 먼저 사장이 될 수 있는 방법을 찾아야 한다. 내일 당장 직장을 그만둘 준비가 되지 않았다면 사장에게 회사의 지분을 달라고 요청해보자. 만약 그가 거절한다면 주주가 될 수 있는 직장을 찾아보자. 아니면 부업으로 창업을 해 시간을 사는 경험을 맛보는 것도 좋다.

사실 이런 말을 하면 나는 곤란해진다. 직원들에게 직장을 그만두거나 지분을 요구하라고 부추기는 나를 싫어하는 사업가들이 가끔 내게 협박 편지를 보내온다. 하지만 나는 계속해서 주장할 것이다. 인생에서 가장 중요한 진리 중 하나이기 때문이다. 우리는 자신이 만들어낸 가치의 일부를 가져야 한다. 고용주들은 이 사실을 알면서도, 대부분의 직원이 이 사실을 모르거나 실현 불가능하다고 생각하길 바란다(그래서 자기 사업을 하는 게 얼마나 어려운지에 관한 얘길 늘어놓는다). 소유는 자유를 가져다준다. 나는 앞으로도 더 당당하게 더 많은 사람에게 자유를 찾으라고 외칠 것이다.

방법이야 어찌 됐든, 더 이상 시간을 팔지 않는 것이 중요하다. 지금은 은퇴할 때까지 쉬지도 못하고 계속 일을 하게 만드는 구조 안에 있다. 여러분이 바꿔보겠다고 마음먹지 않으면 결국 꿈은 사라지고 말 것이다.

경제적 자유를 얻을 수 있는 두 번째 방법 역시 간단하지만 쉽지 않다. **바로 지출을 줄이는 것이다.** 특히 대출을 받아 집을 샀고 할부로 산 차까지 있는 상황이라면, 뼈 빠지게 일해서 산 소중한 재산들이 덫이나 다름없다. 한번 계산해보자. 자동차 할부금이 한 달에 100만 원이라고 쳐보자. 이 돈을 갚으려면 한 달에 야근을 얼마나 해야 할까? 이런 식으로 비용을 계산하다 보면 여러분이 은행과 자동차 회사, 그 외 여러분이 빚진 사람들을 위해 일하고 있다는 사실을 곧 깨닫게 된다. 따라서 이런 비용과 부채는 최대한 줄여야 한다.

대부분의 사람(과거의 나를 비롯해)에게 이는 매우 힘든 과정이지만, 돈에 대한 부담이 머리에서 떠나지 않으면 꿈을 이룰 수 없다. 여러분의 꿈이 정말 중요하다면 평소에 지출을 줄이고 돈을 아끼며 살기로 마음먹어야 한다. 이것은 꿈이 여러분에게 얼마나 중요한지를 판가름해주는 시금석이다. 경제적으로 자유로워지고 여유를 갖기 위해 꼭 필요한 일을 기꺼이 하겠는가? 꿈이 진실하고 목적이 확고하다면 당연히 '그렇다'라고 대답할 것이다.

## 방법 2: 자유롭게 생각하자

"뭘 드릴까요?" 문신을 한 잘생긴 바텐더가 뭘 마실지 내게 물었다. 보통 질문을 하는 건 내 역할이기 때문에 이번에도 그냥 지나칠 수 없었다. 그래서 그에게 꿈이 뭐냐고 물었다. 그는 대번에 자기 의류 브랜드를 출시하는 것이라고 대답했다. 그래서 이번엔 그 사업을 시작하려면 얼마가 필요한지 물어보았다. 그날 내게 현금이 좀 있었는데 마침 그가 말한 금액이 내 주머니에 있는 액수와 딱 맞아떨어졌다. 그래서 우리는 그의 영상을 제작해 그 꿈을 소개했고, 그는 자신의 사업을 시작할 수 있었다. 나는 이렇게 시작부터 운이 좋은 이야기는 결말까지 당연히 행복할 거라고 생각했다.

그로부터 몇 달 후 그가 내게 연락을 해왔다. 내가 투자한 돈을 이미 다 써버려서 돈이 더 필요하다고 했다. 나는 그가 사업 초기에 흔히 저지르는 실수를 저질렀다는 것을 깨달았다. 작은 회사를 차리면서 대기업인 양 굴었던 것이다.

의류 사업을 꿈꾸는 사람들에게 사업 계획을 물어보면, 대개 디자인을 중국으로 가져가서 공장에서 대량으로 찍어낸 다음, 외주 업체를 고용해 브랜드 인지도를 높이고, 인플루언서를 찾아 홍보하고, 소매업체 바이어들과 접촉해보겠다고 대답한다. 아직 시작도 못 한 상태니 사업은 아직 아이디어에 불과하다.

반면에 이렇게 말하는 사람은 거의 없다. 재봉틀이 있으니 자신이 그린 디자인으로 견본을 몇 개 만들어서 팔고, 몇 개 더 만들어서 또 팔고, 계속 그렇게 해나가겠다고 말이다.

첫 번째 계획은 전문가 같고 두 번째 계획은 아마추어 같아 보이지만, 사실 둘 중 성공하는 쪽은 두 번째다. 최근 몇 년간 영국에서 가장 성공한 패션 브랜드 중 하나인 짐샤크Gymshark를 보자. 창업자인 벤 프랜시스는 열아홉 살 때 피자헛에서 배달원으로 일하면서 사업을 시작했다. 그는 재봉틀과 실크스크린 기계를 사서 부모님 차고에서 옷을 만들기 시작했다. 심지어 할머니에게 바느질하는 법을 배우기도 했다. 8년 후, 그가 사업 지분을 일부 매각했을 때 짐샤크의 기업 가치는 1조 5000억 원을 훌쩍 넘은 상태였다.

이 이야기에서 배워야 할 점은 사업이 생각보다 간단할 수 있다는 것이다. 하지만 특히 사업을 해본 적도 없는 사람들이 자꾸 사업을 복잡하게 만든다. 아직 브랜드를 출시하거나 판매를 시작한 것도 아닌데 그들은 앞으로 필요할 것들까지 전부 하려고 한다. 그러면서 실제보다 돈도 더 많이 들고 더 힘들 것이라고 생각한다(그래서 시작조차 하지 않는 사람도 있다).

거의 다 말도 안 되는 소리다. 그리고 대개 창업이 어렵고 쉽고는 여러분이 하기 나름이다. 여러분은 지금 당장 사업을 시작할 수 있고, 원한다면 단 며칠 만에 고객에게 물건을 팔 수도 있다. 그 과정에서 이런저런 실험을 해보고, 배우고, 개선할 수 있다. 앞으로도 쭉 구멍가게처럼 옷을 팔지는 않겠지만, 티셔츠 한 장도 팔아보지 않고 마치 자신의 회사가 나이키라도 되는 양 많은 시간과 돈을 허비하느니 소규모로 시작하는 편이 훨씬 낫다.

결국 가장 중요한 건 마음가짐이다. 앞서도 얘기했듯이 성공한 사람들은 마음가짐이 다르다. 누구나 밑바닥에서부터 시작해 의류 브랜드를 만들게 되는데 그 과정을 어떻게 받아들이느냐는 사람마다 제각각이다. 복잡하다고 생각하는 사람, 간단하다고 생각하는 사람, 신중하게 계획해야 된다고 생각하는 사람, 당장 뛰어들고 보자는 사람이 있을 수 있다. 그래서 마음가짐이 무척 중요하고 큰 차이를 만들어내는 것이다.

마음가짐을 먼저 올바르게 다잡고 나서야 꿈을 향해 본격적으로 달려 나갈 수 있다. 마음가짐이 제대로 되지 않으면 모든 장애물이 실제보다 두 배 더 높게 느껴지고 모든 기회는 절반은 적게 느껴질 것이다.

다행히도 마음가짐은 배울 수 있다. 앞으로 맞닥뜨릴 어려움에 대비해 마음을 훈련할 수 있다. 경제적으로 자유로워지고 난 뒤에는 가난한 마음가짐이라는 덫에서 자유로워지는 것이 필수 과제다.

마음을 훈련한다고 하면 아마 여러분은 내가 자신감을 키우고, 큰 야망을 품고, 용기를 내라는 얘기를 늘어놓을 거라고 예상할 것이다. 마치 위험을 무릅쓰고, 전력을 다해서, 어떤 방해도 받지 않고 꿈을 향해 질주하기만 하면 되는 것처럼 말이다.

아쉽지만 틀렸다. 사실 그보다 조금 더 복잡하다. 물론 여러분의 머릿속에서 쉬지 않고 여러분을 응원해줄 꿈과 야망은 꼭 필요하다. 그리고 나중에 이야기하겠지만, 모든 과정에서 위험을 감수하는 것도 무척 중요하다. 하지만 현실적인 감각을 이용해 이 모든 것의 균형을 맞춰야 살아남을 수 있다. 차근차근 서서히 나아가도 괜찮고, 오랜 시간에 걸쳐 한 걸음씩 걸어가다 보면 긴 여정도 마칠 수 있다는 것을 깨달아야 한다. 남들이 3년, 5년 또는 10년 계획에 관해 이야기할 때, 여러분은 하루치 계획들을 모두 세워놓아야 하며 그 계획은 다음 단계에서 해야 할 구체적인 일들에 초점이 맞춰져 있어야 한다. 이제 내가 왜 그 계단을 샀는지 이해할 수 있을 것이다.

원대한 꿈을 단번에 이룰 순 없으니 큰 야망을 품고 꾸준히 노력해야 한다. 급히 먹는 밥이 체하는 법이다. 심하게 체하고 나면 그 음식은 쳐다보기도 싫어진다. 그리고 너무 오래 생각하면 애초에 시도할 엄두조차 나지 않는다.

음식으로 비유하면 이해하기 쉽다(그리고 먹는 것과 관련해서 내가 할 수 있는 조언은 이게 유일하다). 내일부터 다이어트를 하기로 결심했다면 큰 목표보다는 작은 목표가 더 유용하다. 앞으로 1년간 과자나 초콜릿 또는 탄산음료 없이 살겠다고 결심하지 말자. 대신 하루씩 끊어보자. 그리고 그다음 날 또 하루. 이렇게 습관을 들이면 얼마 지나지 않아 식단에서 가장 몸에 나쁜 음식들을 대부분 끊을 수 있다. 1년 내내 꼭 지킨다고 했다가 어느 순간 자칫 실수라도 하면, 성공한 모든 날은 싹 다 잊어버리고 실패한 날만 기억하게 된다. 마음가짐이라는 게 그렇다.

다시 한번 말하지만, 모든 게 마음먹기에 달려 있다. 자존감을 높일지 낮출지, 상황을 어렵게 만들지 쉽게 만들지는 여러분이 선택할 수 있다. 나는 개인적으로 중독에 빠지기 쉬운 성격이라 그 약점을 활용하려고 노력한다. 나는 술을 마시지도 않고 마약을 해본 적도 없지만 나 자신에게 딱 한 가지 중독은 허락한다. 내 생각에 이런 중독은 재미있고 건강하다. 그것은 바로 사업가가 되는 것이다. 우리는 누구나 자신의 약점에 의지할 수 있고 심지어 그것을 유리하게 이용할 수도 있다. 다시 말하지만 마음가짐의 문제다. 어쩌다 이렇게 되었는지 한탄만 할 텐가, 아니면 어떻게든 그 상황을 이용할 방법을 찾아보겠는가?

또한 자신이 얼마나 더 배워야 할지에 관해서도 솔직해져야 한다. 여러분의 꿈은 여러분이 잘하는 것일 수도 있고 전혀 해본 적이 없는 것일 수도 있다. 어쨌든 그 과정에서 실수도 자주 저지르고, 나중에 돌이켜봤을 때 창피할 일들을 하게 될 수도 있다. 그래도 여러분이 괜찮다고 생각하면 괜찮다. 하지만 많은 사람이 그러지 못한다. 다시 말하지만, 마음먹기 나름이다.

　실패와 성장, 배움을 긍정적으로 받아들이는 태도는 우리가 아끼는 사람들과의 관계에 적용해보면 금방 이해할 수 있다. 자녀가 있다면 잘 알겠지만, 세 살짜리 아이가 공을 제대로 못 차거나 처음 보는 단어를 못 읽는다고 해서 비웃지는 않는다. 그 대신 아이를 도와주고, 응원하며, 성공하면 환호한다. 또래 친구가 비틀거리면 놀리긴 하더라도, 이내 붙잡아주려고 할 것이다. 얼마 전 내가 사이클에 입문했을 때에도 비슷했다. 처음으로 사이클을 타던 날 나는 사이클 전문가라도 된 것처럼 신발을 페달에 고정하고 나갔다. 나보다 사이클을 훨씬 오래 탄 친구와 함께 있었는데, 아니나 다를까 첫 언덕을 오르다 꽈당 하고 얼굴부터 바닥에 넘어지고 말았다. 낄낄대며 웃던 친구는 한참 후에야 웃음을 멈추고 '다음부터 언덕을 오를 때는 기어를 낮춰'라며 내게 꼭 필요한 조언을 해주었다. 그리고 그날 이후로 나는 자전거를 타다 넘어진 적이 단 한 번도 없다.

　성공하려면 도움과 지원이 필요하다는 것을 알기에 우리는 남에게 관대한 태도를 보인다. 하지만 정작 자신에게는 엄격하다. 자신의 실패에 대해서는 이해하고 응원하기보다 가혹하고 비판적인 태도를 취하는 경향이 있다. 처음부터 제대로 해내야 한다고 다짐하며, 실패하면 자신을 채찍질한다. 이제부터는 거꾸로 해보자. 자신에게 실패할 기회와 배울 수 있는 여유를 마련해주는 것은 꿈을 이루기 위해 마음을 훈련하는 데 필수적인 단계다.

이 단계가 중요한 이유는 여러분의 마음가짐이 꿈을 이루는 과정에서 겪는 고비들을 대처하는 방법을 결정짓기 때문이다. 좌절할 때마다 자신을 탓하며 괴로워할 것인가? 아니면 어려운 일이고, 때로는 잘못될 수도 있다는 것을 인정하고 배워나가겠는가? 첫 번째 길을 선택한다면 꿈에 가까워지기도 전에 이미 지쳐서 포기하게 될 것이다.

자신에게 친절하고, 의욕이 넘쳐도 인내할 줄 아는 마음가짐이 필요하다. 또 실천을 우선시하는 자세도 중요하다. 즉, 말로 떠들기보다는 직접 행동으로 옮겨보는 것이다. 나는 누군가가 꿈을 설명할 때 사용하는 단어를 들으면 그 사람이 진심인지 아닌지 바로 알 수 있다. 그런 사람들은 '할 겁니다'나 '하고 싶습니다', '계획 중입니다'라고 말하지 않는다. 그 대신 이렇게 말한다. '패션 브랜드를 만드는 중입니다', '빵집을 준비하는 중입니다', '트위치 채널을 홍보하는 중입니다', '비행기 조종사가 되려고 훈련받는 중입니다', ' 노숙자 문제 해결에 동참하는 중입니다'.

이들은 미래를 현재로 불러온다. 그렇게 해서 꿈을 방해하는 많은 장애물을 훌쩍 뛰어넘는다. 꿈을 미래의 일로 만들면 꿈이 항상 미래에만 머물러 있을 가능성이 크다. 그러니 더 이상 '할 거야'라고 생각하지 말고 '하는 중입니다'라고 말해보자.

결국 마음가짐은 여러분이 세상을 바라보는 방식과 마찬가지다. 나는 꿈을 이루기 위해서는 낙관주의와 현실주의가 조화를 이루고, 결단력을 갖고 실수를 받아들이며, 당장이라도 행동하려는 자세가 필요하다고 생각한다. 그런 마음을 지니면 놀라운 효과가 나타날 것이다. 이건 누구나 할 수 있다. 마음을 훈련하면 많은 사람을 억누르는 부정적인 사고에서 벗어날 수 있다. 여러분은 마음껏 자유로워질 수 있다. 그것도 공짜로. 그럼으로써 꿈을 이루기 위한 가장 중요한 단계를 또 하나 넘을 수 있다.

## 방법 3: 자유롭게 아이디어를 이야기하자

케이틀린처럼 꿈이 있지만 막상 실행에 옮길 자신이 없는 사람들을 만나면 나는 문득 우리가 대화를 나누지 않았다면 어떻게 되었을까 궁금해진다. 사진 사업이 너무 어렵고 비용도 많이 들 거라고 생각하면서 그는 얼마나 더 오래 망설였을까?

인터뷰를 할 때, 나는 머릿속에 갇혀 있는 꿈을 세상에 꺼내 놓으라고 사람들을 격려하기도 하고 설득하기도 한다. 이것은 꿈을 이루기 위한 마지막 준비 단계다. 깜짝 놀랄 정도로 많은 사람이 실현되지 않은 꿈을 안고 살아간다. 어느 날 아침 나는 통근 열차에서 한 요리사를 만나 대화를 나누게 됐다. 그의 꿈은 출장 요리 회사를 운영하는 것이었다. 하지만 시도하기엔 너무 두려웠다. 이제 막 대출을 크게 받아 집을 산 데다가 상사가 다니던 직장을 그만두고 나가면 얼마나 고생하게 되는지 줄곧 얘기해왔기 때문이다. 한참을 앉아서 이야기를 나눠보니 사업하는 데 필요한 준비는 모두 갖춰져 있었다. 그는 재료비부터 수익률까지 업계의 관련 정보들을 속속들이 파악하고 있었다. 자질과 경력도 있었다. 게다가 신용도 높고 인맥도 있었다. 결정적인 한 걸음만 떼면 되는 상태였다.

여러분이 경제적으로 자유로워졌고 마음도 잘 단련했다면 이제 거의 다 왔다. 마지막으로 남은 과제는 아이디어를 자유롭게 해주는 것이다. 다시 말해, 여러분이 생각하는 꿈을 남들에게 이야기하고 마지막으로 실행에 옮길 수 있게 만들어야 한다.

이론상으로는 가장 간단하지만, 실제로는 가장 어려운 단계가 될 수도 있다. 사람들은 자신의 꿈을 밝혔을 때 남들이 어떻게 반응할지 두려워한다. 놀림을 당하거나 진지하게 받아들이

지 않는 건 아닐까 걱정이 앞선다. 이제 막 싹트기 시작한 자신의 아이디어가 많은 사람의 시선과 비판에 노출되면 그 자리에서 잘려나갈지 모른다고 생각한다.

이런 두려움을 갖는 게 이해는 가지만 결국 근거 없는 걱정일 뿐이다. 비판은 언제든 따라오기 마련이다. 하지만 그 비판을 얼마나 받아들일지는 전적으로 여러분에게 달렸다. 더욱이 여러분이 꿈을 공개하고 나서 다른 사람에게서 받을 수 있는 도움이 그보다 훨씬 더 중요하다. **아이디어를 널리 알리고 도움을 요청하면 늘 손해보다 이득이 클 것이다.**

그래서 내가 그렇게 오랜 시간 사람들을 만나 꿈을 소개하라고 설득하고, 수백만 명이 모인 커뮤니티에 그 꿈을 홍보하는 것이다. 머릿속에만 들어 있는 아이디어는 아무런 가치가 없다. 남들에게 알리고 도와줄 수 있는 모든 사람에게 도움을 요청해야 한다.

케이틀린은 자신의 꿈을 큰 소리로 외친 후 후원을 받아 전 세계를 돌아다니면서 사진을 촬영할 수 있게 됐다. 홍콩에서 만난 샘도 자신의 꿈을 내게 들려준 지 불과 며칠 만에 수많은 잠재 투자자와 고객 앞에서 사업을 소개했다. 꼭 많은 사람 앞에서 꿈을 공개할 필요도 없다. 친구나 가족, 직장 동료들도 좋다. 가지고 있는 생각을 공개하고 의도를 밝히기만 하면 된다.

여러분은 틀림없이 그들의 반응을 듣고 깜짝 놀랄 것이다.

물론 세상에는 남의 꿈을 비판하는 것 말고는 할 줄 아는 게 아무것도 없는 형편없는 인간들도 있다. 특히 온라인에는 더 많다. 하지만 대다수의 사람은 선하며, 최대한 여러분을 도와주려고 애쓸 것이다. 의외로 주변 사람들이 회사를 세우고 운영하는 데 큰 도움을 줄 수도 있다. 여러분의 계획을 여기저기 충분히 알리면 얼마 지나지 않아 동생의 친구가 유명 디자이너와 친분이 있고, 사촌이 유통에 관해 빠삭하게 아는 사람을 소개해줄 수 있으며, 어느 동창의 동생이 기업에서 여러분이 만들려는 제품을 구매하는 일을 담당한다는 사실을 알게 될 것이다. 어쩌면 할머니가 바느질하는 법을 가르쳐주실 수도 있다.

에레 플로우Erre Flow라는 이름으로 알려진 로널드 역시 그런 도움을 받았다. 로널드를 처음 만났을 때, 그는 디제이DJ가 되는 것이 꿈이라고 말했지만, 공연 한 회당 얼마를 받아야 할지도 아직 모르는 상태였다. 그래서 나는 그를 우리 집으로 초대해, 영국 본머스 세븐스 페스티벌Bournemouth 7s Festival의 창립자인 도지 우돌Dodge Woodall 앞에서 공연할 수 있는 기회를 만들었다. 그리고 일주일 뒤, 로널드는 그 페스티벌에 DJ로 섭외되었다. 단 한 번의 대화가 오디션으로 이어졌고, 그 결과 그는 영국에서 손꼽히는 축제 무대에 오를 수 있었다. 여러분도 이런 도움을 받을 수 있다. 하지만 그러기 위해서는 먼저 적극적으로 도움을 구하고, 당당히 자신의 꿈을 밝혀야 한다. **중요한 건 '누**

구를 아느냐'가 아니라, '누구에게 도움을 청하느냐'다.

도움의 손길은 사방에 널려 있다. 내가 이렇게 자신 있게 말할 수 있는 이유는 헬프뱅크를 설립한 후 내가 직접 확인한 바이기 때문이다. 나는 헬프뱅크에 도움을 주려는 사람보다 도움을 받으려는 사람이 훨씬 더 많이 가입할 거라고 생각했다. 그러니 뭔가 문제가 생긴다면 멘티에 비해 멘토의 수가 적기 때문일 게 분명했다. 그런데 가입을 받기 시작하자 도움을 주겠다는 사람들이 몰려들었다. 우리가 예상하고 계획했던 것과는 정반대의 상황이었다. 실제로 우리 주변에는 기회만 있다면 남을 돕고 싶다는 사람이 수두룩하고 그들의 의지 또한 강력하다는 사실을 확인할 수 있었던 아름다운 순간이었다.

간단한 이치다. 여러분이 도움을 받고 싶다면 그들에게 도울 기회를 줘야 한다. 무엇을 하려고 하는지 명확히 밝히고, 꿈에 관해 이야기하고, 예상되는 장애물을 언급해야 한다. 또한 피드백과 비판을 받아들일 준비가 되어 있어야 한다. 그래야 이미 경험한 사람들이 잘못되어가고 있는 점을 지적하거나 여러분이 아직 고려하지 않은 부분을 짚어줄 수 있다.

어떤 사람들은 모든 걸 혼자 비밀리에 준비하다가 완벽해지면 그때 최종 결과물을 공개하고 싶어 한다. 구겨진 부분 하나 없이 전부 깔끔하게 정리된 상태로 세상에 내보이려고 한다. 조각가나 화가라면 이해할 수 있지만, 사업가에 관한 이야기라면 완전히 잘못된 생각이다. 정말 도움이 필요한 시기는 무엇을 만드는 중이거나 문제를 해결해야 할 때다. 여러분의 '조각품'이 아직 몇 번 깎이지도 않은 단단한 덩어리일 때, 엉망진창이라고 느껴지는 바로 그때 온갖 도움과 피드백, 전문 지식 및 조언을 총동원해야 한다.

도움을 요청하는 것은 힘든 일이다. 그래서 한 가지 비법을 알려주자면, 누군가에게 도움을 받고 싶더라도 멘토가 되어달라고 요청하진 마라. 멘토가 되어달라는 말은 너무 모호하고 시간도 오래 걸리는 일이라 거절당하기 쉽다. 그러니 대신 간단한 질문 하나를 던져라. 멘토가 되어달라는 추상적인 요구보다 구체적인 질문 하나에 대답하기가 훨씬 쉽다. 이런 대화를 할 때에는 전에는 몰랐던 딱 한 가지 중요한 가르침만 배우는 것을 목표로 삼아야 한다.

그렇게 용기를 내야 한다. 이제 막 시작해서 아직 허점이 많다고 느껴질 때 아이디어를 꺼내놓고 도움을 요청해야 한다. 아직 아이디어를 다듬는 중이고 여전히 배울 게 많다고 솔직하게 밝히자. 다들 그렇게 시작한다. 성공한 사람들은 모른다고 인정하고 도움을 요청하는 것을 부끄러워하지 않았다. 반면에 중간에 포기한 사람들은 아마도 혼자서 너무 많은 것을 하려고 했을 것이다.

35년 넘게 사업을 해왔지만 나 역시 아직도 모르는 것이 너무 많다. 나는 모르는 것이 있다는 사실을 기꺼이 인정한다. 그래서 항상 도움을 요청했고, 특정 기술이나 약간의 지식으로 나를 도와줄 사람들을 찾을 수 있었다. 누구도 모든 분야에서 전문가가 될 수는 없으며, 그렇게 되려고 해서도 안 된다. 꼭 필요한 순간에 알맞은 도움과 지원을 얻어내 자신의 꿈을 지켜내는 사람이 되는 편이 훨씬 낫다. 도와달라는 말을 꺼내지 못해 결국 꿈을 이루지 못한다면, 분명 언젠가 후회하는 날이 온다.

* * *

모르는 것이 있고 지금 당장 도움이 필요하다고 인정하는 것은 온 세상에 자신과 자신의 꿈을 알리는 방법 중 하나일 뿐이다. 크게 개선하고 싶다면 앞서 얘기한 세 가지 자유, 즉 경제적 자유, 마음가짐의 자유, 반대하거나 비판하는 사람들에게도 자신의 꿈을 밝힐 수 있는 자유가 필요하다.

이런 자유가 없으면 어려움을 겪게 될 것이다. 꿈을 이루는 일은 절대 만만치 않기 때문이다. 더구나 경제적인 책임이 막중하다거나, 눈앞에 놓인 과제나 자기 능력을 부정적으로 바라보고 있다면 두 배로 힘들다. 이런 짐은 무조건 내려놓아야 한다. 스스로 만든 장애물을 치워버려야 앞으로 나아갈 수 있다. 그리고 그때부터 꿈을 이루기 위한 일들을 본격적으로 시작할 수 있다. 그러면 이제 그다음 단계로 어떻게 직장을 그만두고,

사업을 시작하고, 머릿속에서만 그려보던 꿈을 현실로 바꿀지 생각하는 방법에 대해 알아보자.

# 07

# 꿈의 바다를 가르는
# 배를 짓는 방법

얼마 전에 나는 실험을 하나 해보기로 했다. 사람들에게 지금 당장 400만 원을 줄 테니 직장을 그만두고 꿈을 이뤄보라고 하면 수락하는 사람이 몇이나 될까 궁금했다. 그래서 유동 인구가 많은 소호 지역의 카나비 스트리트로 가서 누가 얼마 만에 이 돈을 가져갈지 기다려보기로 했다.

우리는 하루 종일 그 거리에 서 있었고 최소 50명이 넘는 사람과 깊이 있는 대화를 나눴다. 어떤 사람들은 농담이나 사기라고 생각했고 그 외의 사람들은 진지하게 받아들이긴 했지만 돈의 액수가 적다거나, 직장을 때려치우고 나올 용기가 없다거나, 꿈을 이룰 수 없을 것 같다며 거절했다. 그리고 그 많은 사람 중 단 한 사람만이 내 제안을 받아들였다.

그날의 기억은 내 머릿속에 또렷하게 남아 있다. 꿈을 가지고 있는 단계에서 그 꿈을 향해 달려가는 단계로 넘어가는 과정이 얼마나 어려운지 똑똑히 확인할 수 있었기 때문이다. 꿈이 눈앞에 나타난 순간, 많은 사람이 꿈을 향해 달려가지 못하고 움츠러든다. 앞으로 벌어질지 모르는 최악의 상황이 별안간 머릿속을 가득 채운다. 실패할 가능성이 너무 커 보인다. 결국 의심이 야망을 묻어버리고 만다. 꿈을 향해 가는 길에 생긴 작은 틈 하나가 곧 건널 수 없을 만큼 큰 구덩이가 되어버린다.

이 장애물을 극복하는 것이 꿈을 실행하기 전에 반드시 거쳐야 할 마지막 단계다. 지금까지 우리는 꿈의 중요성, 삶의 경험에서 꿈과 목적을 이끌어내는 방법, 그리고 꿈이 뿌리내릴 수 있도록 여러분의 삶과 경제적 능력과 마음가짐에 공간을 마련하는 방법을 살펴보았다. 그렇다면 이제는 실행할 시간이다. 꿈꾸던 삶을 살면서 인생을 바꿔보자. 꿈을 생각하는 것과 실행하는 것 사이의, 그 위험하지만 짜릿하고 꼭 필요한 단계를 밟아보자.

이때부터 '배를 불태워라burning the boats'라는 말을 자주 듣게 될 것이다. 과거 수 세기 전에는 군대가 다른 나라를 침략하면서 되돌아가지 않겠다는 의미로 배에 불을 지르곤 했다. 이와 마찬가지로 사업가가 되기로 했다면 사업에 모든 것을 걸고 후퇴할 생각은 하지도 말라는 뜻이다. 나 역시 그 뜻에 대체로 동의한다. 이에 이 장의 후반부에서 '올인<sup>all in</sup>'의 중요성과 방법에 관해 얘기해보려고 한다.

하지만 나는 살짝 다른 아이디어를 여러분에게 제시해보고 싶다. 배를 불태우지 말고 한 척 새로 지어보는 건 어떨까. 꿈을 찾아 떠날 때 순조롭게 항해할 준비를 해보자. 사업을 하는 데 필요한 기술과 지식, 경험 그리고 인맥을 개발하는 것이다. 이런 도구들이 갖춰져 있으면 여러분은 떠났다가 다시 돌아올 필요가 없다. 하지만 쓸데없는 도구들은 안 된다. 이 여행길에서는 가볍고 빠르게 움직여야 하기 때문이다. 수년에 걸쳐 여유롭게 준비하는 게 아니라 수주나 수개월 내에 짐을 싸고 떠날 준비를 마쳐야 한다. 이 일은 이왕 하겠다고 마음을 먹었으면 후딱 해치워야 한다.

## 1단계:
## 사표를 던질 준비를 해라

많은 사람이 꿈을 이루기 위해 직장을 그만둬야 하는지 내게 묻는다. 간단히 대답하자면 '그렇다'. 하지만 그보다 약간 더 복잡한 경우도 있다.

사람마다 처해 있는 상황은 조금씩 다르지만, 대체로 비슷한 부분이 많다. 지금부터 몇 가지 전형적인 시나리오와 이런 상황에 대처하는 방법을 살펴보자.

지금 하고 있는 일이 너무 싫으면 결정을 내리기가 쉽다. 가능한 한 빨리 그만두고 뒤도 돌아보지 말아야 한다. 아직 창업을 하거나 꿈을 따라갈 준비가 100퍼센트 안 된 것 같아도 우선 저질러보자. 다른 직업을 찾거나 존경하고 배울 것이 있는 사람과 일해라. 영혼까지 탈탈 털리는 환경에서는 도망쳐야 한다. 나쁜 직장을 그만둔 걸 후회하는 사람은 아무도 없다. 오히려 더 빨리 빠져나오지 못한 걸 후회하는 사람이 대부분이다.

직업이 싫지도 않고 안정적인 직장을 그만두기가 불안하다면 어떻게 해야 할까? 이런 사람들은 아마 마음속에 꿈은 있지만 그 꿈을 이룰 자신이 없을 것이다. 솔직하게 얘기하겠다. **그런 마음가짐이라면 그 직장에 오래 머물러 있을수록 꿈을 이룰 가능성만 낮아진다.** 익숙한 환경이 편하다고 차일피일 미루다 보면 몸은 더 무거워진다. 이 함정에서 벗어나기 위해 정신 차리고 노력하지 않을 거라면 차라리 꿈을 포기하는 편이 낫다.

그러니 당장 사표를 내지 않을 거라면 낼 준비를 미리미리 해야 한다. 시간이 필요할 수 있다. 다만 그 시간을 잘 활용하기 위한 계획을 세워야 한다. 창업 자금을 마련하기 위해 집중적으로 노력해야 할 수도 있다. 아니면 하고 싶은 일을 부업으로 시작해도 좋다. 티셔츠를 만들어 팔거나, 서점을 열기 전에 야외 시장에서 책 가판대를 차려도 보고, 나중에 고객이나 후원사를 모을 수 있도록 미리 온라인에서 인지도를 쌓을 수도 있다. 목돈을 모으든, 전문성을 개발하든, 특정 분야에서 인맥을 쌓든, 이렇게 하면 여러분을 꿈의 나라로 데려다줄 배를 지을 수 있다.

뭐가 됐든 그 시간을 활용해 꿈을 향해 나아가라. 이번 연말이나 올여름이 오기 전에 그만두겠다고 생각만 한다면 계속 그렇게 미루고 미루다 결국 때를 놓쳐버리고 만다. 꿈을 이룰 계획을 진지하게 세우고 있는 건지 아니면 아예 포기하고 있는 건지 냉정하게 판단해야 한다.

무엇을 하든 너무 오래 끌지 마라. 경험상 꿈을 정했다면 6개월 이내에 하려는 일에 착수하는 게 좋다. 그 정도면 모든 준비를 마치기에 충분한 시간이다. 그보다 오래 걸리면 결심이 서서히 흔들리거나 남이 아이디어를 가로채게 될 수도 있다.

꿈이 마음속에 자리 잡은 후 몇 개월은 소중한 시간이다. 가슴이 설레고 활기가 넘치며 당장 시작하고 싶은 마음이 솟구친다. 꿈을 이루려는 노력을 꾸준히 한다면 마치 모닥불에 장작을 추가하듯이 이 열정을 뜨겁게 유지할 수 있다. 하지만 아무것도 하지 않으면 연료가 다 타서 불꽃이 사라지고 말 것이다. 이때 여러분의 에너지와 추진력을 이용하지 못하면 불꽃을 다시 살리지 못할 수도 있다. 내가 가장 좋아하는 영화 중 하나인 〈쇼생크 탈출The Shawshank Redemption〉에서 주인공 앤디 듀프레

인도 이와 비슷한 말을 했다. "결국 정말 간단한 선택인 것 같아요. 바쁘게 살거나 바쁘게 죽거나."

어떤 사람들은 남들보다 더 쉽게 정규직 자리도 그만둘 수 있다. 만약 20대에 소매업이나 서비스 직종에서 일하고 있다면 상대적으로 잃을 것은 거의 없고 얻을 것만 있다. 반면에 그보다 나이가 많고 부양가족까지 있다면 망설여질 수밖에 없다. 하지만 이 책을 여기까지 읽었다면 여러분에겐 진지한 꿈이 있고 그 꿈이 여러분을 끊임없이 괴롭히고 있을 게 분명하다. 장담컨대 그 불편함은 사라지지 않을 것이다. 두려움이 아무리 커도 꿈은 굴복하지 않을 것이다. 인간은 누구나 자신이 내릴 결정의 결과를 걱정한다. 하지만 결정을 내리지 않아도 후회한다는 사실을 우리는 꼭 명심해야 한다. 우리는 일을 해서 망칠 수도 있고 안 해서 망칠 수도 있다.

자신의 꿈이 무엇인지, 그 꿈이 자신에게 얼마나 중요한지 정확히 알고 있는 이 시점에서는 행동하지 않는 것이 여러분의 적이다. 실수는 해도 괜찮다. 실수를 통해 배우고, 회복하고, 나아질 수 있기 때문이다. 하지만 아무것도 하지 않는 것은 땅에 구덩이를 파는 것과 같다. '조만간 할 거야'라고 생각하는 사이에 구덩이는 매일 조금씩 깊어져서 점점 빠져나오기 어려워진다. 그러다 얼마 지나지 않아 역시 아무것도 안 하길 잘했다고 믿게 된다. 할 줄 아는 거라고는 자신을 의심하며 주저하는 것밖에 없다.

따라서 당장 그만둘 수는 없다 해도 그만둘 준비를 해야 한
다. 실행하는 것을 원칙으로 삼고 움직여보자. 후퇴보다 전진
을 선택하는 버릇을 들이자.

이런 방법도 있다. 약간 엉뚱하니 잘 들어보길 바란다.

**지금 여러분이 하고 있는 일을 상사에게 숨기지 마라.** 솔직
히 얘기하자. 여러분에게 꿈이 있고 언젠가는 그 꿈을 이루기
위해 직장을 그만둘 것이라고 털어놓자. 최악의 상황이래봤자
어차피 그만두려고 했던 직장을 자기 입으로 나간다고 말하게
될 뿐이다. 내 경험상, 오히려 상사는 여러분을 격려하거나 심
지어는 도와주려고 할 것이다. 비슷한 분야에서 사업을 시작
할 생각이라면 전 직장이 여러분의 첫 고객이 될지도 모른다.
하지만 둘 중 어느 쪽이 됐든, 이로써 여러분은 꿈을 현실로 만
드는 데 필요한 결정적인 한 걸음을 내디뎠다는 사실이 중요
하다.

여전히 망설여진다면 이 사실을 기억하자. 여러분은 이미 취
직을 해봤으니 또다시 취직을 할 수 있다. 어떤 이유로든 꿈이
좌절되거나, 자기 사업을 하다가 적성에 안 맞는다고 판단되면
언제든지 다시 취업 시장에 뛰어들면 된다. 다시 한번 분명히
말하지만, 나중에 일자리가 필요해지더라도 그때 다시 구하면
된다. 여러분의 고용주나 채용 담당자가 일자리 구하기가 하늘

의 별 따기만큼 어렵다고 해도 겁먹지 말자. 이미 여러분은 자기 능력과 경험을 이용해 먹고살아봤으니, 필요하다면 또 할 수 있다. 절대로 이 일이 너무 중요하고 특별해서 다음에는 못할 거라든가 이 일을 그만두는 것은 너무 위험하다는 생각에 빠져 있어서는 안 된다. 이것이 바로 매몰 비용의 오류sunk cost fallacy다. 많은 사람이 여기까지 오는 데 많은 시간과 노력을 들였으니 이제 와서 그만둘 수는 없다고 생각한다. 고용주들에겐 고마운 현상이다. 좋은 인재들을 역량에 비해 하찮은 직업에 붙잡아놓을 수 있기 때문이다. 그러니 꿈을 이뤄볼 마음이 있다면 이런 생각은 버려야 한다.

## 2단계:
## 첫 고객을 찾아라

처음으로 낯선 사람에게 꿈이 뭐냐고 물었던 때가 아직도 기억에 생생하다(온라인이 아니라 무려 현실에서였다). 플루이드를 매각하고 얼마 되지 않아 하고 싶은 대로 이것저것 해보던 시절에 나는 여러 소셜 미디어 플랫폼에서 많은 시간을 보냈다. 틱톡은 최근 실시간 방송 중에 구독자들이 돈을 보낼 수 있는 기능을 도입했다. 당시 나는 사람들과 채팅을 하면서 사업에 관한 조언을 해주고 있었다. 1부가 끝날 무렵, 요청하지도 않았는데 나도 모르게 30만 원이 들어와 있었다.

공돈이 생겼으니 기분이 좋아야 하는데 그때는 어쩐지 그 돈을 갖기가 싫었다. 심지어 헬프뱅크를 설립하겠다는 아이디어가 생기기도 훨씬 전이었다. 당시 나는 무엇을 하든 무료로 해야겠다는 생각에 빠져 있었다. 항상 받지 않고 베푸는 게, 보상을 받을 기대를 하지 않고 다른 사람을 돕는 게 중요하다고 여겨온 터였다. 내가 요구하진 않았지만 어쨌건 돈을 '받아서' 기분이 나빴다. 그래서 그 돈을 꼭 좋은 일에 써야만 기분이 나아질 것 같았다.

점심때 먹을 샌드위치를 사러 슈퍼마켓에 갔을 때에도 내 머릿속은 온통 그 생각뿐이었다. 그렇게 진열대를 훑어보다가 한 직원 옆에 서게 됐다. 그 순간 왜 그랬는지 모르겠지만 나도 모르게 그 직원에게 다가갔다. 사람들을 돕고 싶고, 꿈은 중요하고, 도움은 무료여야 한다는 온갖 생각이 머릿속을 떠다니다 한데 엉켜버린 듯했다. 슈퍼마켓으로 오는 길에 나는 어떻게든 써버려야겠다는 일념으로 현금 인출기에 들러 돈을 꺼내 왔었다. 나는 그에게 질문을 했다. "꿈이 뭐예요?"

고객들이 흔히 하는 질문이 아니었기에 처음에 그는 약간 충격을 받은 듯했다. 혹시 깜짝 카메라인가 싶었는지 내 어깨 너머를 쳐다봤다. 하지만 카메라나 마이크는 없었다. 나는 아무 계획이 없었다. 그가 어떻게 반응할지도 모르는 데다 내가 이런 질문을 하리라고는 전혀 예상도 못 했을 텐데 그냥 불쑥 질문을 던져버렸다.

그때 나는 이 질문이 얼마나 큰 힘을 가지고 있는지 처음으로 깨달았다. 살짝 이상한 이 남자가 의외의 질문을 던졌을 뿐 위험하지는 않다는 걸 알게 된 그의 태도가 달라졌기 때문이다. 그는 어깨를 펴고 내 눈을 바라봤다. 그렇다, 그에게는 꿈이 있었다. 요양원을 열고 싶었다. 그는 요양원에서 어떤 문화를 만들고 싶은지는 물론 어디에 지을지, 어떤 이름을 붙일지까지 정해둔 상태였다. 그의 어머니가 집에서 홀로 돌아가셨기 때문이다. 그래서 누구도 그런 일을 겪지 않길 바랐다.

어안이 벙벙했다. 나는 이 여성을 그냥 지나칠 수도 있었다. 자주 일어나는 일이다. 진열대를 채우고, 거리를 청소하고, 쓰레기통을 비우는 사람들을 우리는 무심코 지나친다. 지루한 일을 하니까 의욕도 없고 재미없는 사람일 거라고 미루어 짐작해버린다.

하지만 그날 나는 그를 붙잡고 말을 걸었다. 누군가에게 꿈을 물어보고 얘기할 기회를 주는 단순한 행동 하나가 이렇게 극적인 효과를 가져올 줄은 상상도 못 했다. 그가 꿈꾸던 대로 요양원을 열었는지는 모르겠다. 우리가 만났을 때를 촬영하지도 못했고 이후로도 만나보지 못했기 때문이다.

하지만 그와 나눴던 이 짧은 대화가 내 인생을 바꾸고, 그 후

로 내가 한 모든 일의 방향을 설정하는 데 도움이 되었다는 것
만은 확실하다. 내 질문에 꾸밈없이 솔직하게 답하는 그를 보
면서 나는 계속 이 질문을 해야겠다고 결심했다. 그리고 이 대
화를 촬영해 꿈을 알리면 좋다는 메시지를 소셜 미디어를 통해
공유해야겠다고 마음먹었다.

그렇다면 그 30만 원은 어떻게 되었을까? 그의 꿈에 관해 듣
고 난 후 나는 그 돈으로 무엇을 해야 할지 확신했다. 그래서 그
에게 정말 멋진 요양원이 될 것 같다며 만약 요양원을 열게 되
면 (언젠가) 나도 들어가서 살고 싶다고 말했다. 그리고 보증금
으로 받아달라며 그 돈을 건넸다.

그의 대답은 딱 한 마디였다. 사람들과 비슷한 대화를 나누
면서 내가 수백 번이나 들었던 바로 그 대답이었다. 나는 그들
에게 첫 고객이 되어 사진을 찍거나, 머리를 자르거나, 차를 색
칠하거나, 청바지를 사고 싶다고 말했다. 그 자리에서 바로 먼
저 돈을 낸 다음, 지금 당장 할 수 없는 일이면 다음을 기약해도
괜찮다고 말했다. 그러면 대답은 거의 한결같았다.

"진짜요?"

그들은 누군가가 자신의 말을 진지하게 듣고 자신이 제공하
려는 서비스를 기꺼이 구매하려고 한다는 사실에 깜짝 놀랐다.
나는 이런 일을 자주 겪었다. 첫 고객을 확보하는 순간 우리는
엄청난 확신을 얻을 수 있다. 꿈을 이룰 가능성과 자기 자신을

완전히 다른 시각으로 바라보게 된다. 그저 아이디어에 불과했던 생각이 갑자기 현실이 된다. 우리는 더 이상 어떤 일을 하고 싶은 사람이 아니라 하는 사람이 된다. 우리는 돈을 받고 일하는 전문가다. 그리고 한 번 할 수 있다면 계속해서 또 할 수 있다.

사람들을 돕기 위해 내가 할 수 있는 가장 중요한 일 중 하나는 그들의 첫 고객이 되는 것이다. 내가 건네는 금액은 적지만 그와 함께 전달되는 신뢰와 확신의 크기는 비교할 수 없을 정도로 크다. 꿈이 있는 사람에게는 아이디어가 있다. 하지만 고객이 있는 사람은 그 꿈을 현실로 만들 수 있는 사업을 이미 시작한 거나 다름없다. 겨우 한 걸음에 불과하지만 가장 중요하고 의미 있는 첫걸음이다.

그래서 나는 여러분이 배를 지을 때 가장 중요한 부분은 첫고객을 찾는 것이라고 생각한다. 친구의 친구일 수도 있고, 소셜 미디어에서 알게 된 사람이거나 현재 또는 과거의 동료일 수도 있다. 심지어 엄마나 아빠여도 상관없다. 할인만 안 해주면 된다.

첫 고객이 생기면 자신과 자신이 하려는 사업을 보는 여러분의 인식이 달라질 것이다. 생각했던 것만큼 힘들거나 복잡하지 않다는 것을 깨닫게 되고 자신감이 치솟는다. 고객이 있으면 사람들이 무엇을 원하는지 가장 정확하게 알 수 있다. 게다가 고객이 한 명 생기면 두 명, 그다음엔 네 명, 그렇게 계속해서 더 많은 고객을 확보하고 싶어져 더 열심히 일할 의욕이 생긴다. 여기서 한 가지 주의할 점이 있다. 여러분의 꿈이 자선단체와 관련되어 있다면 고객이 필요하지 않다고 생각할 수도 있다. 하지만 실제로는 자선단체에도 기부자나 후원자, 자원봉사자처럼 다양한 사람이 필요하다. 그러니 그중 한 명을 찾아보자.

내일 당장 직장을 그만두든, 앞으로 6개월 동안 그만둘 계획이 없든 무조건 여러분이 할 수 있는 일이 있다. 첫 고객을 확보하고 첫 매출을 올리는 것이다. 그러면 이론으로만 존재하던 꿈이 별안간 실제로 벌어지고 있는 현실이 된다. 여러분은 꿈을 이루고 있다. 벌써 시작됐다.

## 3단계: 올인!

나는 지금까지 전 세계 여러 지역에서 각기 다른 분야에 다양한 규모로 열아홉 개의 회사를 설립했다. 아직도 배워가는 중이지만 내가 잘하고 있다고 믿고 싶다. 그리고 내가 절대적으로 확신하는 한 가지가 있다. 회사는 시간제part-time로 운영할 수 없다는 것이다. 오랜 경험과 많은 실적이 있는 나도 만약 시간제로 회사를 운영한다면 결국 실패할 것이다.

부업으로 사업을 시작해도 내가 앞서 설명한 것과 같은 경험이나 자신감을 얻을 수는 있지만 금방 한계에 부딪히게 된다.

첫 고객을 확보했던 때의 희열이 사라지고 본격적으로 사업을 키워보려는 순간 회사 업무 시간 전후, 주말 및 휴일 동안에 사업에 필요한 모든 일을 다 해치울 순 없다는 사실을 알게 될 것이다. 그러니 사업에 올인하는 수밖에 없다.

사업은 아기와 비슷하다. 끊임없이 관심을 기울여야 하고 너무 오랫동안 눈을 떼서도 안 된다. 회사를 운영하다 보면 '그럴 수도 있지'라는 말의 진정한 의미를 알게 될 것이다. 주문이 제대로 처리되지 않고, 고객이 (맞든 틀리든) 불만족스러워하고, 공급업체 중 한 곳에 위기가 닥치고, 필요한 사람이 나타나지 않고, 제때 대금을 받지 못할 수도 있다. 몇 가지 일이 한꺼번에 터지는 경우가 거의 매주 발생하므로 문제에 달려들어 해결할 준비가 되어 있어야 한다.

그리고 그런 일들은 여러분이 하고자 하는 일에 방해만 된다. 정작 여러분이 하려던 일은 훌륭한 제품이나 서비스를 판매하고, 고객을 만족시키고, 브랜드를 설립하고, 네트워크를 확장하고, 꿈에 더 가까이 다가가는 것이었다.

이제 그 모든 일을 시간제로 한다고 가정해보자. 본업을 하면서 부업으로 사업을 운영한다고 상상해보자. 불가능하다. 사업이 제대로 자리 잡고 성장할 수가 없다.

이렇게 지극히 현실적인 이유로, 사업이 성공하고 결국 꿈을 이루기 위해서는 온 힘을 다해야 한다. 사업에 모든 관심과 에너지, 창의력을 쏟을 준비가 되어 있어야 한다. 1퍼센트도 남기지 말고 100퍼센트를 다 써야 한다.

사업을 발전시키려면 반드시 올인해야 한다. 이는 여러분과 함께 일하고, 여러분을 응원하는 모든 사람에게 여러분의 의지를 분명히 밝히는 일이기도 하다. 여러분이 직원을 채용하거나 고객과 투자자를 유치하려고 한다고 치자. 그러면 그들은 제일 먼저 여러분이 얼마나 마음을 다해 일하는지 확인하려 들 것이다. '진심으로 하는 말인가?' '이 사람을 위해 일하거나, 이 사람에게서 물건을 사거나, 이 사람에게 돈을 투자하는 게 옳은 결정일까?' 그들의 믿음을 뿌리째 뽑아버리는 가장 쉬운 방법은 여러분이 시간제로 일하는 중이라고 말하는 것이다. 사실상 자신도 헌신하지 않으면서 상대방에게 헌신하라고 요구할 수는 없다. 수많은 기업에 투자해본 사람으로서 내가 가장 먼저 찾아보는 것 중 하나는 창업자의 능력과 헌신의 정도다. 그 가운데 조금이라도 의심스러운 점이 있다면 나는 당장 투자를 거둘 것이다.

올인한다는 것은 자신에게 하는 약속이기도 하다. 자기 아이디어와 꿈을 믿고 그것을 이루기 위해 온 힘을 다하겠다는 뜻이다. 실패할 수도 있고, 시작하려던 사업이 꿈을 이룰 최고의 방법이 아니었다는 사실을 알게 될 수도 있다. 그렇다고 해도 이번 기회에 배우고 다음번에는 더 잘할 수 있으니 괜찮다. 문제는 자신에게 성공할 기회를 주지 않는 것이다. 머릿속에서 떠나지 않는 아이디어가 있지만 너무 용기가 없어서 실행에 옮기지 못하는 경우다. 실패는 용서할 수 있고 또 용서해야 하지만, 기회가 왔을 때 잡지 않은 자신은 용서하기 어려울 것이다.

올인해야 하는 마지막 이유는 책임감이다. 언젠가는 이 아이디어를 실현할 수 있는지, 그리고 이로써 수익을 창출할 수 있는지 알아내야 한다. 세상의 모든 생각과 희망, 계획보다 중요한 것은 현실에서 실제로 시험해보는 것이다. 사업을 해서 돈을 벌지 못하면 난처해지는 위치에 서봐야 한다. 그런 긴장감과 절박함은 억지로 만들어낼 수 없다. 성공하려면 안전장치를 거두고 실패를 받아들일 각오를 해야 한다.

그렇다면 실제로 올인을 하려면 어떻게 해야 할까? 첫 번째 할 일은 간단해 보이지만 무척 중요하다. 사람들에게 얘기하는 것이다. 여러분이 하고 있는 일과 이루고 싶은 꿈을 밝히자. 큰 소리로 자주 떠들어라. 친구와 가족, 직장 동료에게 말하자. 우체부나 단골 카페의 바리스타, 헬스장에서 인사하고 지내는 사람들에게도 말하자. 키우는 강아지에게도 말하자.

이렇게 해야만 현실이 된다. 아이디어에 관해 그저 얘기만 했을 뿐인데도 그 순간 아이디어는 머릿속을 벗어나 세상으로 나온다. 미처 생각하지 못했던 부분이나 만나야 할 사람, 또는 살펴봐야 할 경쟁업체에 관한 피드백을 받을 수도 있다. 그리고 책임감도 생긴다. 몇 주 또는 몇 달이 지나면 사람들이 어떻게 되고 있는지 물어볼 것이다. 남들이 물어볼 거라는 생각이 들면 잘되어간다고 대답하고 싶을 것이다.

충분히 떠들고 다녔으면 이제 행동으로 옮길 차례다. 이때 하지 말아야 할 일이 있다. 그런데 아마 많은 사람이 내 의견에 반대하고 나설 것이다. 바로 사업 계획서를 작성하지 말라는 것이다. 그런 것에 괜히 시간을 들일 필요가 없다. 그게 중요하거나 필요하다고 믿어서도 안 된다.

내가 사업을 하며 알게 된 것 중 하나는 사람들이 계획을 사랑한다는 것이다. 내용이 길수록, 차트가 화려하게 그려져 있고 숫자가 빼곡하게 차 있을수록 더 좋아한다. 사업 계획에는 모든 정보가 다 담겨 있어야 한다. 여러분이 모든 것을 고려했고, 모든 가능성에 대비했으며, 성공할 수 있는 최고의 방법을 마련했다는 보증서나 마찬가지다.

문제는 이게 말도 안 되는 소리라는 것이다. 대부분의 사업 계획도 말이 안 되는 건 마찬가지다. 나는 수백 건의 사업 계획서를 읽어봤다. 아무리 좋은 계획서라고 해도 거기엔 하지 않아도 되는 내용이나 실현 가능성이 거의 없는 예측이 가득하다. 대부분의 사업가가 앞으로 5주 후의 일도 확신하지 못하는데, 사업 계획서는 마치 5년 후의 일도 다 알 수 있는 척한다. 설상가상으로 사업 계획은 창업을 할 때 업무에 방해가 된다. 여러분이 실제로는 아무것도 안 하고 있는데도 잘 진행되고 있는 것 같은 착각을 불러일으키기 쉽기 때문이다. 여러분에게 정말 필요한 것은 길잡이 별이 되어줄 목적이라는 것을 기억하자. 필요하면 목적을 벽에 크게 써 붙이고 사업 계획이라고 불러도 좋다.

사업 계획서를 작성하는 대신 사업을 시작할 준비를 해야 한다. 일단 해보자! 비용이 얼마나 드는지, 점포가 필요하다면 좋은 위치는 어디인지, 관련 업계의 동향은 어떤지 알아보자. 가장 훌륭한 조사 방법은 실제로 가서 눈으로 보고 사람들과 이야기도 나눠보는 것이다. 정보를 수집하고 감각을 키워라. 책상 앞에 앉아서 계획서만 써서는 안 된다. 해보는 게 중요하다. 정보도 조사하고, 직접 사람들도 만나고, 경쟁업체와 비교도 해보고, 제품을 개발하고 서비스를 시험해보는 데 집중하자. 종이 위가 아니라 머릿속에서 사업을 시작하자. 직접 나가서 시장이 어떻게 돌아가는지 살펴보자. 눈으로 보고 발로 뛰면서 배워라. 해당 분야에 경험이 전혀 없다면 잠시 취직해서 실무를 해보는 것도 좋다. 적당한 때가 되면 직장을 그만두라고 계속 얘기했지만, 꿈을 이루는 데 필요한 경험과 자신감을 얻을 수 있다면 잠시 일을 배워보는 것도 무척 합리적인 방법이다.

짧은 대화를 나누거나, 현장을 방문하거나, 소셜 미디어에 가입하는 사소한 경험이 하나하나 쌓이면 여러분은 만반의 준비를 갖추게 된다. 이 모든 것이 여러분의 자신감과 의욕을 키우고 사업에 대한 이해를 높이는 데 도움이 된다. 여러분이 출발할 수 있도록 배를 짓는 것이다. 모순처럼 들릴지 모르지만 올인은 느닷없이 할 수 있는 게 아니다. 스카이다이빙을 하기 전에 낙하산과 예비 낙하산이 단단히 묶여 있는지 확인하는 것처럼 단계적으로 신중하게 준비해야 한다.

하지만 모든 준비가 끝나면 뛰어들 수 있어야 한다. 가느냐 마느냐의 기로에 서게 되는 시점이 온다. 할 수도 있고 안 할 수도 있다. 이 시점에 도달하는 시간이 오래 걸릴수록 앞으로 나아가기보다는 뒤로 물러설 가능성이 높다. 기다리고 준비하는 시간이 길었다면 무의식적으로 의심이 더 깊어진다.

망설이고 미루다 보면 인생이 여러분의 발목을 붙잡고 늘어지기 시작할 것이다. 사업을 시작하고 꿈을 좇으려 하는 바로 그 순간에 예상치 못한 일들이 마구 터진다. 가족 누군가가 아프거나, 집에서 수도관이 터지거나, 자동차가 고장 나거나, 친구가 위기에 처해 도움을 청한다. 여러분이 꿈을 이루지 못하게 하려고 누가 계획을 짰나 싶을 정도다. 아직 그 일에 100퍼센트 전념하고 있지 않다면 여러분은 머뭇거리다 결국 완전히 포기하게 될 것이다.

그러니 가능한 한 빨리 배를 짓고 시작해야 한다. 돌이킬 수 없을 정도로 전념하자. 그 정도의 확신은 있어야 꿈을 현실로 만들 수 있다. 그쯤 되면 의심의 여지가 없어야 한다. 이것이 여러분의 목적이자 방향이며 길잡이 별이다. 반드시 성공해야만 하고 여러분은 해낼 수 있을 것이다.

약간 두렵기도 하지만 설레는 기분이 든다면 균형을 잘 잡았다는 뜻이다. 그 긴장감은 여러분이 충분히 준비를 마쳐 자신이 있으면서도 조금은 겁이 날 만큼 큰 도전을 한다는 뜻이다. 자신감이 넘치면 안주하게 되고, 너무 겁을 먹으면 아무것도 할 수 없다. 바로 그 중간이 여러분이 있어야 할 곳이다. 이제 여러분의 배는 바다를 가를 수 있고 여러분이 나아갈 방향은 정해졌으며 떠날 준비도 끝났다. 여러분의 꿈이 눈앞에 있다.

## ※ 경고 2

여기까지 읽었는데도 꿈이나 목적이 뭔지 잘 모르겠다면 책을 읽는 것을 여기서 멈춰야 한다. 이 책의 후반부에 포함된 모든 내용은 여러분이 꿈과 목적을 확신하고 있다는 것을 전제로 한다. 따라서 그렇지 못하다면 도움이 되지 않을 것이다.

하지만 좌절할 필요는 없다. 내가 해주고 싶은 조언은 여러분이 존경하고 존중하는 목적을 가진 사람을 위해 일하라는 것이다. 사람들을 도울 수 있는 방법을 찾아보자. 여러분 두뇌의 다양한 '근육'을 풀어서 앞의 세 가지 질문에 답한 다음, 여러분의 목적을 명확히 밝히고, 꿈을 찾아라. 아직도 망설이고 있다면, 여기 계속 읽을 준비가 되었는지 확인할 수 있는 간단한 체크리스트가 있다. 일종의 비상 낙하산 장비다.

1) 목적이 명확하고 꿈을 설명할 수 있다.

2) 친구와 가족, 응원해주는 사람들이 주변에 있다.

3) 기꺼이 응원해줄 고객을 한 명 확보해 시장의 검증을 받았다.

4) 운영비용을 절감했으며 은행 계좌에 수개월 분의 현금을 보유하고 있다.

5) 자신을 믿는다.


여러분이 이에 해당한다면 뿌듯한 마음으로 책장을 넘겨라. 그리고 준비해보자. 여기서부터가 가장 중요하다.

# 꿈을 따라 나아가는 길

## 꿈을 이뤄줄 회사를 차려라

# 08

# 가난하게 시작해라

책의 후반부에 들어가기 전에 지금까지 얘기한 내용을 정리해보자.

여러분에게는 아이디어가 있다.

여러분에게는 꿈과 그 원동력이 되어줄 목적이 있다.

사업을 시작했고 이제 올인할 준비가 됐다.

이제 몇 가지 커다란 의문점이 남았을 것이다. 내가 정말 이걸 할 수 있을까? 어떻게 실현할 수 있을까? 비용은 어떻게 마련하지?

여러분의 꿈이 무엇이든, 여러분은 그 일을 해서 돈을 벌거나 자금을 마련할 방법을 찾을 수 있을 것이다. 남들이 뭐라고 하든 여러분의 열정은 진지한 사업이 될 수 있고, 여러분의 꿈은 제대로 된 직업이 될 수 있다. 여러분의 꿈을 응원하고 실현할 수 있는 사업 모델이 있을 것이다. 지금부터는 여러분에게 알맞은 사업 모델을 찾아보고 수익 구조를 창출하는 방법을 알아보자.

어떤 사람들은 '사업'이라는 단어를 부정적으로 여기지만, 현대사회에서 사업은 남을 돕고 좋은 일을 할 수 있는 가장 효과적인 수단이기도 하다. 현재 내가 하는 일들은 모두 무료로 남들을 돕는다는 원칙을 바탕으로 하고 있다. 사람들은 헬프뱅크 웹사이트에서 조언을 구할 수 있고, 소셜 미디어를 통해 내게 질문할 수 있으며, 초인종을 눌러 자신의 꿈을 소개할 수도 있다. 나는 사람들이 받은 도움이나 조언, 홍보와 관련해 어떠한 비용도 청구하지 않을 것이다. 구독료도 없고, 강좌를 판매하지도 않으며, 유료 고객들만 이용할 수 있는 비공개 채팅도 없다.

하지만 플랫폼을 구축하고 유지하며, 콘텐츠를 제작하고, 사람들을 도움의 손길에 연결해주는 이 모든 일은 결코 공짜로 해낼 수 없다. 사실 꽤 많은 비용이 든다. 별 볼 일 없는 내 아이디어들을 탁월한 아이디어로 바꿔줄 팀을 꾸리려면 뛰어난 인재들에게 돈을 줘야 한다. 커뮤니티가 커질수록 늘어나는 호스팅 비용도 내야 한다. 장비를 사들이고, 사무실 전기세도 내고, 사람들에게 식사와 물도 계속 제공해야 한다.

그래서 내가 하는 일이 마치 자선단체와 같은 구석이 있더라도 나는 처음부터 헬프뱅크와 그 관련 업무를 하나의 사업으로 운영해왔다. 나의 주요 사업 모델은 후원이다. 내가 하는 일을 믿고 내 커뮤니티에 노출되기를 원하는 기업들이 브랜드 홍보를 의뢰하고 비용을 낸다. 덕분에 나는 커뮤니티와 함께하는 모든 일을 무료로 진행할 수 있다. 이윤을 추구하는 사업 모델이 반드시 원래의 목적을 해칠 거라고 생각하는 사람이 많지만, 나는 돈을 벌면 내 목적을 달성하고 더 크고 나은 방법으로 계속 일할 수 있을 거라고 생각한다. 수익이 커질수록 사람들이 꿈을 이룰 수 있도록 돕는 일에 더 많이 투자할 수 있고, 실제로도 그렇게 하고 있다.

내가 이 이야기를 꺼낸 이유는 내 자랑을 하려는 게 아니라 이 책의 마지막 부분에서 여러분의 꿈을 실현할 수 있게 도와줄 사업 모델을 만드는 방법을 알려주는 이유를 설명하기 위해서다. 꿈이 무엇이든, 설령 무료로 하는 일이라 해도 그 꿈에는 상업적인 기반이 필요하다. 꿈이 있다고 해서 하루아침에 모든 게 공짜가 되지는 않기 때문이다.

꿈을 온전히 이루기 위해서는 꿈을 인생의 우선순위로 삼아야 한다. 여러분에게는 좋아하는 일을 하면서 그 결과를 걱정하지 않을 자유가 필요하다. 그 자유는 일을 하면서 돈을 벌고 꿈을 계속 유지해야만 얻을 수 있다. 그래서 여러분도 꿈을 이루고자 한다면 거의 예외 없이 회사를 설립하거나 사업 모델 (비영리단체나 자선단체용)을 개발해야 한다.

다행히 그 방법은 생각보다 더 쉽고 성공할 가능성도 높다. 사업을 시작하고 운영하는 것과 관련해 여러분이 들어봤을 법한 끔찍한 소문들은 죄다 사실이 아니기 때문이다. 창업을 할 때 비용이 많이 든다는 것은 사실이 아니다. 거의 모든 사업이 첫해에 망한다는 것도 거짓이다. 또한 사업가가 되려면 특별한 자질을 타고나야 한다는 말도 가짜다. 사실 사업은 빠르고 쉽게, 그리고 거의 무료로 시작할 수 있다. 누구나 할 수 있다.

앞으로 설명하겠지만, 여러분이 들었던 거의 모든 얘기보다 더 빠르고 저렴하며 현실적인 방법으로 창업을 할 수 있다. 그렇다고 해서 편법을 쓰거나 대충 부실하게 시작한다는 말이 아니다. 소자본으로 창업을 하면 장기적으로는 오히려 성공하는 데 도움이 될 것이다. 적은 돈을 들여 사업을 시작하면 결국 돈벼락을 맞을 가능성도 커진다. 이 장에서는 사업을 시작하는 방법과 그 과정에서 통장이 바닥날 정도로 돈을 쓰지 말아야 하는 이유에 관해 설명하려 한다.

# 소자본으로
# 시작해야 하는 이유

'방법'을 알아보기 전에 간단히 '이유'를 살펴보겠다. 내가 왜 사업을 시작할 때 가난하게 생각하고 돈을 아껴 쓰라고 하는지 교훈이 될 만한 이야기를 먼저 들으면 쉽게 이해가 될 것이다. 내가 운영했던 모든 사업 가운데 돈을 물 쓰듯 쓰며 '부유한' 마음으로 운영했던 사업이 딱 하나 있었다. 그리고 얼마 지나지 않아 나는 그 사업을 시작한 것을 후회했다.

내게 가장 큰 손해를 입히고 망한 만화책 사업인 『데바샤드』는 원래 내 아이디어로 시작한 사업이 아니었다. 홍콩의 한 성공한 사업가와 함께 플루이드 내에 설립한 조인트 벤처에서 진행한 사업이었다. 우리의 고객이었던 그 사업가는 자신의 모든 마케팅 업무를 같이 하자고 내게 제안했다. 그는 수십억 원이 아니라 수천억 원에 달하는 거래를 성사시킨 사모펀드의 소유주이자 어마어마하게 성공한 인물이었다. 그에게는 스포츠, 엔터테인먼트, 숙박업 등을 아우르는 거창한 아이디어들이 있었다. 그리고 그 모든 것을 우리와 함께하고 싶어 했다. 고객이 아니라 사업 파트너가 되기를 원했다.

프로젝트를 함께 진행할 수 있는 수단으로 그가 조인트 벤처를 제안했을 때, 우리는 좋은 기회라고 생각하며 덥석 달려들었다. 우리 사업을 한 단계 더 발전시킬 수 있는 절호의 기회였다. 에스티 로더와 같은 주요 글로벌 브랜드와는 협력을 하더라도 우리가 그 브랜드의 서비스 제공업체에 머무를 수밖에 없었다. 하지만 이번에는 지금까지의 성과를 뛰어넘을 어마어마한 사업 아이디어의 지분을 제안받았다. 만화책 사업은 그가 꿈꿔왔고 간절히 이루고 싶었던 사업이었다. 게다가 레스토랑 가맹점 사업, 스포츠 매니지먼트 에이전시와 새 크리켓 토너먼트 경기의 텔레비전 중계권까지 우리는 이 모든 것을 플루이드의 자회사인 조인트 벤처를 통해 추진할 수 있었다. 새 회사를 설립한다는 서류에 서명하던 날 그가 했던 말을 나는 아직도 기억하고 있다. "이제 이건 치워버리고 다시는 들여다보지 맙시다."

가장 좋았던 점은, 아니 적어도 좋아 보였던 점은, 우리가 돈에 쪼들리며 일할 필요가 없었다는 점이다. 새 파트너의 재정적 지원 덕분에 더 이상 우리가 번 돈만으로 운영 비용을 충당하며 사업을 운영할 필요가 없었다. 이번에는 한 번에 한 걸음씩 나아갈 필요 없이 수익을 기대하며 지출하고 투자할 수 있었다. 곧 우리는 그 돈줄을 최대한 활용했다. 체육관과 영화관이 딸린 멋진 사무실도 임대했다. 당시에는 팀원이 고작 세 명뿐이었는데도 스물다섯 명은 족히 들어갈 정도로 거대한 규모의 사무실을 빌렸다. 홍콩의 관습대로 풍수 전문가를 고용해 사무실의 디자인과 구조, 가장 창의적이고 조화로운 공간을 만드는 방법에 관해 조언을 구했다. 솔직히 드디어 내가 평생 기다려온 사업을 만난 기분이었다. 야심만만했고 투자할 돈도 넉넉한 데다 아무런 제약도 없었다. 실리콘 밸리에서나 볼 수 있을 법한 운영 방식이었다.

『데바샤드』는 이 호화로운 조인트 벤처를 통해 추진한 첫 번째 프로젝트였다. 알다시피 이 프로젝트는 성공하지 못했다. 우리 만화가 영화화되어 흥행할 거라는 기대가 사라지면서 사업 파트너로부터 연락이 오는 횟수가 점점 줄어들기 시작했다. 그러더니 급기야 그는 내 전화를 피했다. 유감스럽게도 얼마 지나지 않아 우리는 법적 분쟁에 휘말렸고, 그 파트너가 자신이 내세웠던 것처럼 재정적으로 튼튼한 상태가 아니라는 사실이 밝혀졌다. 『데바샤드』는 한때 야심 차게 추진했던 우리 조인트 벤처의 처음이자 마지막 프로젝트가 되었다. 우리는 새 회사를 정리했고 운 좋게도 임대인이 한 번도 완전히 가동해본 적 없는 비싼 사무실의 임대 계약을 해지하는 데 동의해주었다.

그 실험에서 우리는 파트너를 신중하게 선택해야 한다는 교훈을 배웠다. 그뿐만 아니라 그 실패는 사업을 할 땐 걸을 수 있을 때까지 뛰지 말고, 주머니에 없는 돈은 쓰면 안 된다는 일종의 경고가 되어주었다. 나는 부유한 사업 파트너와 거창한 아이디어에만 홀렸던 게 아니라 더 이상 돈이 나갈 때마다 해명할 필요가 없다는 생각에 매혹됐다. 절제력을 잃고 지난 20년 동안 쌓아온 나의 사업 감각을 무시했다. 돈을 써도 내 주머니에서 나가는 게 아니었으니 개의치 않았다(하지만 결국 수십억 원의 손해를 입었다). 그 실패 덕분에 나는 많은 교훈을 얻었다. 그중 가장 중요한 교훈 하나는 사업을 시작할 때 돈이야 나중에 벌어서 갚으면 된다고 생각하는 부자들의 사고방식에 절대 빠져서는 안 된다는 것이었다.

조인트 벤처를 설립하기 전까지 나는 모든 사업을 부트스트랩(외부 투자를 받지 않고 보유 자금과 자체적으로 발생하는 수익에 의존하는) 방식으로 운영했다. 그리고 조인트 벤처 이후로 다시 부트스트랩 방식으로 돌아갔다. 다른 사람의 돈으로 실수를 덮는 대신, 사업 수익으로 비용을 충당하는 지속 가능한 사업을 설립하고, 탄탄한 토대 위에서 시간이 지남에 따라 성장할 수 있는 가장 좋은 방법이다. 상식적으로 안 맞는 소리 같지만, 사업 운영 초기에는 **돈이 없다는 점이 오히려 장점이 될 수 있다.** 즉, 모든 지출을 꼼꼼하게 관리하고 수익이 나지 않는 일은 하지 않을 수 있다. 주머니가 두둑하면 자만하게 되지만 주머니가 홀쭉하면 날카롭게 생각하고 규정에도 엄격해진다. 이 책의 앞부분에서 언급했듯이 위워크나 줄과 같은 신생기업들이 자멸한 모습을 보면, 돈이 많다고 해서 꼭 성공하는 것은 아니라는 사실을 알 수 있다.

복잡한 하드웨어나 연구 개발 분야라면 초기 비용이 많이 들어갈 수도 있겠지만, 이 책을 읽는 독자들의 99.9퍼센트는 이에 해당하지 않을 것이다. 대부분의 사람이 이루고자 하는 꿈과 시작하려는 사업은 부트스트랩 방식으로 시작할 수 있고, 그래야만 한다. 소자본으로 시작해 아무것도 낭비하지 않고 전부 다 벌어들이자. 이제 그 방법을 설명하겠다.

## 사업 모델을
## 정하는 방법

부트스트랩 방식으로 사업을 운영하기에 앞서 자신이 어떤 종류의 사업을 운영하려고 하는지 알아야 사업 모델을 정의할 수 있다. 여기서 사업 모델이란 간단히 말하자면 꿈을 이루면서 돈을 버는 방법이다. 뭔가를 판매한다면 무엇을 판매할지, 고객은 누구인지, 어디서 판매할지, 수익은 어떻게 내게 돌아올지 여러분이 정해야 한다. 각 항목을 차례로 살펴보자.

무엇을 판매할지 정하는 일은 간단한 것 같아도 복잡한 요소들이 곳곳에 숨어 있다. 그저 신발 한 켤레나 장신구, 밀키트를 판매한다고 생각할 수도 있겠지만 제품은 단순한 물건 이상인 경우가 많다. 사람들은 그 제품을 누가 만들었는지, 어떤 계기로 만들게 됐는지 알고 싶어 한다. 여러분의 이야기를 듣고 싶어 한다. 이는 여러분이 만든 제품뿐만 아니라 여러분 자신을 판매한다는 뜻이다. 욕실을 개조하거나 마케팅 캠페인을 고안하는 등 서비스업을 운영하는 경우에도 마찬가지다. 사람들은 믿을 만한 사람과 함께 일하고 싶어 하기 때문에 단순히 일의 결과물뿐만 아니라 그 뒤에 있는 사람도 중요하게 여긴다. 따라서 개인 브랜드를 육성하고 제품과 서비스만큼이나 자신을 홍보하는 데에도 익숙해져야 한다. 왜 여러분을 신뢰해야 하는가? 무엇이 여러분을 특별하게 만드는가? 여러분의 동기는 무엇인가?

여러분이 콘텐츠 크리에이터나 인플루언서가 되려고 한다면 이 점이 더욱 중요하다. 여러분의 사업이 곧 여러분 자신이기 때문이다. 여러분의 개성과 스타일, 사람들과 어울리며 즐거움을 주는 능력이 바로 사업의 핵심이다. 창업자가 운영하는 모든 사업은 제품이나 서비스뿐만 아니라 창업자 개인을 판매하는 것이기도 하다. 따라서 여러분 개인의 브랜드는 물론 자기 아이디어와 이야기, 꿈을 고객에게 드러낼 방법을 고민해야 한다. 사람들은 결국 사람을 보고 구매한다는 사실을 기억하자.

고객은 누구이며 판매 장소는 어디가 될까? 아마도 신생 기업에게 가장 중요한 질문일 것이다. 이 질문을 통해 기업의 성격과 수익 모델을 빠르게 정의할 수 있다.

놀랍게도 고객들에 대해 충분히 생각하지 않는 기업이 많다.

그들은 추측이나 가정을 하고, 사람들이 자신들의 제품이나 서비스에 당연히 관심을 가질 거라고 여긴다. 이건 정말 지독한 실수다. 제품을 판매하려는 대상이 누군지 이해하지 못하면 판매가 성공할 리 없기 때문이다. 불특정 다수에게 떠맡기듯이 판매하기는 어렵지만, 고객을 직접 고르고 시간을 들여 이해한 다음 접근하면 판매하기가 훨씬 쉬워진다. 다시 말해 고객의 문제를 해결해주거나, 요구를 들어주거나, 행복하게 만들어주는 무언가를 제공할 수 있어야 한다. 그러면 굳이 영업을 하지 않아도 된다.

고객을 파악하는 것은 모든 사업의 기본이다. 그렇다면 어디서부터 시작해야 할까? '누구나' 여러분의 고객이 되어야 한다고 말하고 싶을 것이다. 가장 큰 시장을 원하지 않는 사람이 어디 있겠는가? 하지만 그렇게 간단하지가 않다. 많은 기업이 아무나 자사 제품을 구매하기를 바라지 않는 데에는 그럴 만한 이유가 있다. 예를 들어 페라리는 아이들을 등하교시키는 학부모들이 자신들의 차를 구매하길 바라지 않는다. 고급스러움과 희소성을 추구하기 때문이다. 역시 같은 이유로 볼보Volvo는 결코 포뮬러 원F1(국제자동차연맹이 주관하는 세계적인 자동차 경주대회—옮긴이) 참가팀을 후원하지 않을 것이다. 볼보의 자동차는 정지 상태에서 시속 100킬로미터까지 최대한 빨리 가속하는 것보다 가족의 안전을 더 중요시하기 때문이다.

따라서 브랜드와 비즈니스가 고객의 마음을 사로잡으려면 고객을 반영해야 한다는 점을 꼭 기억해야 한다. 10대 청소년들은 할머니, 할아버지와 같은 브랜드에서 셔츠를 사지 않는다. 그들은 유모차를 끌고 온 아줌마, 아저씨들이 없는 카페를 찾아다닌다. 모든 걸 다 갖추고 모든 사람을 공략하겠다는 건 부질없는 짓이다. 틈새시장 하나를 공략해서 특정한 요구와 관심사를 가진 한정된 고객의 관심을 끌 수 있는 브랜드를 구축하는 편이 훨씬 낫다. 그런 다음 그들을 대상으로 제품을 디자인하고 마케팅하면 된다. 나중에 설명하겠지만, 공통적인 관심사와 경험을 가진 고객 커뮤니티를 만들 수도 있다. 고객을 정의할 때는 최대한 구체적으로 생각해야 한다. 어떤 사람들이 여러분의 카페에 걸어 들어오고, 여러분의 온라인 스토어를 둘러봤으면 좋겠는지 상상해보자. 그들은 점심을 어디서 사 먹고, 어떤 브랜드를 좋아하며, 뭘 하면서 주말을 보낼까?

이 틈새시장에 영원히 갇혀 있을까 봐 걱정할 필요는 없다. 일단 성공하고 나면 점차 사업을 확장하고 다각화할 수 있다. 짐샤크는 초창기에 남자 역도 선수를 위한 옷을 판매했다. 그러다 시간이 지나면서 다양한 종류의 운동복을 판매하기 시작했고, 이후 여성용 제품을 개발하는 데 성공했다. 룰루레몬은 이와 정반대 방향으로 성장한 예다. 여성용 요가 바지로 브랜드가 유명해지기 시작했고 현재는 남성 운동복과 일반 의류도 판매하고 있다.

이들은 모두 개인 고객들에게 제품을 판매한다고 가정한다. 여러분이 사업을 시작할 때도 이와 마찬가지일 것이다. 시장에 가판대를 설치하거나 온라인 스토어로 사람들을 유도하는 방식이다. 하지만 그런 방식들이 여러분의 궁극적인 사업 모델이 아닐 수도 있다. 그러면 어디서 판매해야 할지 생각해봐야 한다. 개개인에게 판매하는 일은 힘이 많이 들기 때문에 시간이 지나면서 한 번에 더 많은 고객을 만날 수 있는 더 효율적인 방식으로 전환해나가야 한다. 즉, 소비자에게 직접 판매하는 대신 이미 많은 수의 목표 고객에게 서비스를 제공하고 있는 식당이나 카페, 슈퍼마켓, 대형 소매업체 등을 통해 판매하는 것이다. 목표 고객과 그들에게 제품을 어필할 방법이 무언지 알아야 하는 것은 마찬가지지만 이때 실제 고객은 개인 소비자가 아닌 기업의 '바이어'나 소규모 자영업자다. 즉, 그들의 필요와 우선순위를 파악하고 여러분의 티셔츠나 보습제, 파스타 소스, 어린이 장난감으로 그들에게 어필할 방법을 마련해야 한다.

그러기 위해서는 사업 모델을 이해해야 한다. 무엇을, 누구에게, 어떤 경로로 판매할지 정확히 알아야 한다. 여기서 정확히 안다는 것은 일반 고객에게 제품을 소개하는 것뿐만 아니라 고객이 어떤 질문을 할 것인지 미리 알고, 답변을 준비하고, 고객을 안심시키고 설득할 방법까지 완벽하게 준비해둬야 한다는 뜻이다.

이는 고객에게 직접 또는 중개자를 통해 제품이나 서비스를 판매하는 종류의 사업 모델에 해당하는 내용이다. 대부분의 사람은 이 모델을 생각하지만, 사업 모델의 종류는 여러 가지다. 여러분이 사업을 설립하고 꿈을 실현하기에 더 적합한 방법이 많다.

그중 하나가 앞서 얘기했던 후원 방식이다. 공통된 관심사를 가진 구독자를 모으거나 커뮤니티를 만들고 있다면, 여러분이 브랜드를 커뮤니티에 홍보하고 브랜드가 그 대가로 비용을 지불하게 될 가능성이 크다. 브랜드는 여러분의 영상에 언급되거나, 여러분의 웹사이트나 이벤트 자리에서 자신들의 로고를 노출하는 조건으로 돈을 지불할 것이다. 브랜드는 축구 팬이나 음악 팬, 애견인, 패션 리더와 같이 특정한 유형의 사람들에게 정확히 접근하고 싶어 하므로 기꺼이 그에 대한 대가를 지불할 것이다.

이와 밀접한 관련이 있는 광고 모델은 인터넷 경제 전체의 기반이 되는 사업 모델이다. 구글이 대부분의 서비스를 무료로 제공할 수 있는 이유는 매년 300조 원이 넘는 광고 수익을 올리고 있기 때문이다. 이용자들에게 접근할 수 있게 해주는 대가로 광고주가 구글에 돈을 내면, 구글은 그 수익을 이용해 구글 검색, 지도, 지메일, 유튜브를 무료로 제공한다. 소비자 대신 광고주가 사용 요금을 내는 것이다(만약 광고로부터 자유로워지고 싶다면 소비자가 그 요금을 내야 한다). 구글이 사용하는 방법을 여러분도 써먹을 수 있다. 사람들을 여러분의 플랫폼으로 불러 모을 수 있다면 광고를 판매해 수익을 창출할 수 있다. 이는 가장 오래된 사업 모델 중 하나다.

다양한 분야에서 일하는 창작자들은 라이선스 모델을 고려할 수도 있다. 라이선스 모델은 기업들이 창작자의 디자인이나 이미지 또는 글을 사용하고 비용을 지급하는 방식이다. 여러분이 멋진 창작물을 만들었는데 이를 사용하고 싶어 하는 사람이 있다면 그 사람에게 비용을 청구하면 된다. 라이선스 모델은 사진작가부터 음악가, 작가, 영화 제작자에 이르기까지 많은 사람이 모든 형태의 미디어를 통해 수익을 창출하는 방법 중 하나다. 정말 멋진 작품을 만들었다면 그걸로 돈을 벌 수 있다.

또 다른 사업 모델은 구독 모델이다. 넷플릭스 같은 서비스 덕분에 우리가 익히 알고 있는 방식이다. 원하는 콘텐츠를 이용할 수 있는 대가로 정기적으로 요금을 낸다. 뉴스레터나 팟캐스트, 영화, 음악, 미술 등 어떤 형태로든 훌륭한 콘텐츠를 제작하고 있다면 커뮤니티를 형성할 수 있을 것이다. 그리고 그 가운데 요금을 낸 사람들은 콘텐츠를 정기적으로, 혹은 특별한 권한을 가지고 볼 수 있다. 패트리언이나 서브스택, 트위치와 같은 플랫폼들은 정확히 이런 사업 모델을 지원한다(물론 플랫폼들도 그들의 사업 모델로 창작자의 수입 일부를 가져간다).

　이상 언급된 모델들이 전부는 아니지만 이제 여러분도 대략적인 내용을 이해했을 것이다. 아이디어로 수익을 창출하고 좋아하는 일로 돈을 벌 수 있는 방법은 다양하다. 물론 꼭 이 중 한 가지 방법을 선택해야 하는 건 아니다. 재능 있는 음악가나 사진작가는 온라인 커뮤니티를 구축해 유료 구독자를 확보하는 동시에 고객들로부터 유료로 특정 이미지나 음악을 만들어 달라는 의뢰를 받거나 자신만의 콘텐츠를 제작해 라이선스 사용권을 판매할 수도 있다. 식품 사업이라면 이동식 주방에서 판매를 시작했다가 점점 판매 루트를 확장해 소매업체를 통해 제품을 유통하고 식당 가맹점을 열 수도 있다. 사업은 오직 한 가지 방식으로만 운영될 필요가 없으니 여러 수입원을 개발하는 것이 바람직하다.

　무엇보다 중요한 점은 어떤 사업 모델을 추구하고 싶은지, 잠재적인 유료 고객이 누구인지, 그들을 어디서 찾을지에 대한 분명한 아이디어를 가지고 시작해야 한다는 것이다. 확실한 것은 아무것도 없으니 결국 시행착오를 겪으며 많은 것을 해결해 나갈 수 있을 것이다. 하지만 이런 필수적인 사항들을 제대로 파악한 후에 시작한다면 최소한 방향을 알려줄 나침반은 확보한 것이나 다름없다. 그러고 나면 일을 시작할 수 있다. 물론 최대한 돈을 안 들이고 시작할 수 있으면 더욱 좋다.

# (거의) 공짜로
# 시작하는 방법

수십 년 전만 해도 사업을 시작하려면 먼저 사무실을 임대한 다음 전화선을 설치하고 심지어 비서까지 고용해야 했다. 지금은 이미 갖고 있는 노트북으로 이미 가입해 쓰고 있는 인터넷을 이용해, 클릭 몇 번 만에 전 세계와 연결되는 온라인에서 사업을 시작할 수 있다. 내가 돈 들이지 말고 창업하라는 말은 바로 이 뜻이다. **사업을 시작하기 위해 꼭 많은 돈을 쓸 필요는 없다.** 초창기에 필요한 것들은 대부분 공짜거나 꽤 저렴하다.

사업을 시작할 때는 최대한 돈을 아끼면서 공짜로 쓸 수 있는 것들을 모조리 활용하자. 디지털 세상에서는 그 어느 때보다 많은 것이 무료로 제공된다. 소셜 미디어에 가입하면 공짜로 콘텐츠를 제작하고 홍보까지 할 수 있다. 무료 평가판 프로그램을 사용해 웹사이트를 디자인하고 개설할 수 있다. 잠재 고객과 파트너를 찾아 연락할 수도 있다. 영국의 경우, 법인회사로 등록하는 데 드는 2만 원가량의 비용을 제외하고는 돈 한 푼 들이지 않고 제대로 돌아가는 회사를 차릴 수 있다(처음부터 다른 직원 없이 혼자 운영할 계획이라면 개인 사업자로 등록할 수 있으며, 이 경우에는 등록 비용마저 무료다).

물론 모든 것이 완전히 무료인 것은 아니다. 원하는 경우, 회계사에게 비용을 지불하고 재무 상태를 꼼꼼하게 확인할 수 있다(내 회사들은 거의 다 이렇게 해왔고 나는 늘 만족했다). 약간의 비용을 들여 디자이너에게 로고를 제작하고 웹사이트를 꾸며달라고 의뢰할 수도 있다. 콘텐츠를 홍보하기 위해 온라인 광고에 약간의 돈을 투자해볼 수도 있다. 작업에 필요한 특정 장비를 구매해야 하는 경우도 있을 수 있다. 하지만 핵심은 필요한 거의 모든 작업을 무료 또는 아주 적은 비용으로 할 수 있다는 것이다. 필요와 욕구의 관점에서 생각해야 한다는 점을 잊지 말자. 사업을 성공시키는 데 이 장비가 필요한가, 아니면 그저 내 기분이나 남 보기에 좋으라고 구매하는 것인가? 필요하지 않다면 돈을 낭비하지 말자. 나중에 스스로에게 감사하게 될 것이다(회계사를 고용한다면 그에게도 감사하게 될 것이다).

이렇게 알뜰하게 검약하는 자세는 그저 초기 단계에서 비용을 낮추기만 하는 게 아니다. 고객을 찾고, 거래를 맺고, 업무를 처리하는 데 실용적이고 효율적으로 접근하는 방식이기도 하다.

플루이드 초창기에 나는 어느 고객에게 무료로 일을 해주기로 했다. 많은 사람이 그렇게 해서는 안 된다고 말한다. 돈을 안받고 일을 해주면 사람들이 일의 가치를 인정하지 않을 거라면서 말이다. 하지만 나는 그 말에 동의하지 않는다. 대가 없이 무언가를 해주면 신뢰를 쌓을 수 있고 나중에 몇 배로 보답을 받을 수도 있다. 그 고객의 경우, 그 이후로 16년 동안이나 우리 회사와 함께하며 엄청난 수익을 가져다주었고 우리의 대표 고객 중 하나가 되었다. 우리는 인내심을 갖고 기다린 덕분에 장기적으로 이익을 얻을 수 있었다. 초기에 어려움을 감수했기 때문에 나중에 더 큰 보상을 받은 것이다.

사업 초기에는 모든 면에서 이런 자세로 일해야 한다. 합리적으로 생각하고, 기초를 탄탄히 다지며, 유행과 지름길을 좇지 말아야 한다. 그러기가 생각보다 어려울 수 있다. 인간은 본성상 화려하고 흥미로운 것에 쉽게 끌리기 때문이다. 사람들은 참신함과 유행을 좇는다. 최신 바이럴 동영상(viral video, 입소문을 통해 화제를 일으킬 목적으로 제작된 짧은 영상—옮긴이) 형식을 따라 해 수백만 명의 눈길을 사로잡기만 하면 성공할 수 있다고 생각한다.

이런 유혹에 빠지면 정작 제일 중요한 것을 놓치게 된다. 얼마 전, 화학물질을 사용하지 않고 욕실 냄새를 개선하는 이끼식물로 틈새시장을 공략해 창업하겠다는 사람들이 내게 연락을 해왔다. 그들은 소셜 미디어에서 이 제품에 관한 입소문을 내고 싶다면서 내게 조언을 구했다. 나는 이런 종류의 사업이라면 처음부터 틱톡에서 시작하지는 않을 거라고 말했다. 그들에게 필요한 건 고객이므로 고객이 있을 만한 곳을 찾아가야 한다. 나 같으면 우선 동네 원예용품점에 연락할 것이다. 그 가게는 15년 동안 장사를 해왔으니 이미 수천 명이나 되는 고객의 이메일 주소를 가지고 있을 것이다. 이 사업에 꼭 필요한 사람들이다. 그렇다면 그 가게나 그와 비슷한 다른 수십 개의 가게와 제휴를 맺은 다음, 함께 제품을 홍보하고 유통하면서 수익을 배분하면 어떨까? 누군가 이미 원하는 고객 정보를 다 가지고 있는데 뭐 하러 몇 달 혹은 몇 년을 소셜 미디어에서 고객을 찾으려고 생고생하는가? 사업 초기에는 역량을 집중해야한다. 그러니 걷기도 전에 뛸 생각은 말고 당장 눈앞의 일을 괜히 복잡하게 만들지도 말자.

무엇보다도 민첩하고 결단력 있으며 끊임없이 적응하려는 자세가 필요하다. 자신이 거대 유명 브랜드라도 되는 양 철저한 계획을 따르려고 하지 말자. 일단 시작하고 여기저기 부딪혀보자.

정확히 무엇을 해야 하는지는 사업의 종류에 따라 다르다. 여러분이 찾는 고객은 온라인 커뮤니티를 둘러보고 있을 수도 있고 길을 걷고 있을 수도 있다. 소셜 미디어에 광고비를 내거나 기차역에서 전단지를 나눠주는 편이 더 나을 수도 있다. 확신이 서지 않는다면 다양한 방식을 시도해보고 데이터를 수집해 효과가 있는 방법을 더 자주 사용하면 된다.

여러분이 전 세계 최초로 창문을 닦거나, 카페를 열거나, 티셔츠를 판매하는 게 아니라는 사실을 잊지 말자. 지금 여러분과 같은 사업을 하려는 사람이 동네에 또 있다. 진출하려는 시장과 이미 진출해 있는 회사들, 그리고 그들의 고객들을 이해해야 한다. 그 회사들은 경쟁자일까, 아니면 잠재적 파트너일까? 그들이 감당하지 못하는 고객들을 대신 도와줄 수 있을까? 그들은 여러분의 제품을 판매하거나 여러분과 공동으로 사업을 진행하고 수익을 나눌 의향이 있을까? 특히 소규모 자영업자들은 생각보다 유연하게 대처하는 경우가 많다. 상대방에게 너무 많은 것을 요구하지 않으면서도 이익을 가져다줄 수 있는 제안을 내놓는다면 진지하게 고려할 것이다. 좋은 파트너십은 굉장히 소중하다. 사업을 하다 보면 1 더하기 1이 11이 되는 경우가 종종 있다. 혼자서 전부 다 하려고 하지 말고 적은 노력으로 큰 성과를 낼 수 있는 방법을 찾아보자.

이렇게 민첩하고 유연해지기 위해 나는 새로 회사를 설립할 때 번거롭게 사업 계획서를 작성하기보다는 마인드맵을 그리는 편이다. 복잡할 게 하나도 없다. 내가 좋아하는 일(취미)과 돈을 벌 수 있는 일(사업 모델)을 원 안에 적은 다음 이를 실현하는 데 도움을 줄 수 있는 사람이나 파트너, 고객 등과 연결하기만 하면 된다. 그리기도 쉬운 데다가 그림이나 표를 봐야 이해가 빠른 사람에게는 사업의 성공 요소들이 어떤 관계에 있는지 파악하는 데 도움이 된다. 취미가 어떻게 돈을 버는 사업이 될 수 있을까? 고객을 어디서 어떻게 찾을 수 있을까? 기존의 사업자들과 파트너 관계를 맺을 수 있을까? 후원사나 광고주가 될 만한 기업이 있을까? 어떤 기술을 보완하고 어떤 직원을 채용해야 할까? 이렇게 많은 것을 서로 연결할 수 있는 마인드맵은 여러분에게 필요한 것과 다음에 해야 할 일을 파악할 수 있게 해준다.

마인드맵과 더불어, 하고 싶은 사업에 관해 궁금한 점들을 모두 적어보자. 제품을 어떻게 만들 것인가? 어떤 규정을 준수해야 하나? 가격은 어떻게 매길 것인가? 어디서 어떻게 판매할 것인가? 사업을 유지하려면 최소한 얼마를 벌어야 하나? 전부 다 적어놓고 답을 줄 수 있는 사람을 찾아보자. 조사를 하고, 사람들에게 도움을 요청하고, 모르는 걸 인정하길 두려워하지 말자. 자존심을 버리고 자신이 무지한 부분을 인정하자.

마지막으로, 틀에 박히지 않고 엉뚱하며 조금은 무모한 아이디어를 적어보자. 처음 사업을 시작할 때는 왠지 어떤 틀에 맞춰 행동해야 할 것 같고 내내 점잖고 프로다워야 한다는 압박감을 느끼기 쉽다. 하지만 그러다 보면 유머와 개성은 물론, 바쁜 세상 속에서 살고 있는 사람들의 시선을 끄는 일이 얼마나 중요한지 금세 잊어버리고 만다. 사업을 할 때는 남들과 다른 방식으로 자신을 홍보할 수 있는 살짝 별난 아이디어가 하나쯤은 있어야 한다. 여러분의 고객에게 영향을 미치는 문제와 관련한 시위를 벌여보자. 관련 분야에서 세계 신기록을 세워보

자. 소셜 미디어가 들썩거릴 만한 사진을 찍을 수 있는 자리를 마련해보자. 여러분이 하는 사업과 직접적으로 관련이 없어도 괜찮다. 숙박 공유 서비스 에어비앤비는 2008년 미국 대통령 선거 당시 후보였던 버락 오바마와 존 매케인이 상자에 그려진 시리얼을 판매해 운영자금을 마련한 것으로 유명하다.

무엇을 하든, 어떻게 하든, 일단 시작하고 보는 게 가장 중요하다. 나는 사업을 하고 싶다는 생각만 할 뿐 실행에 옮기지 않는 사람을 많이 만난다. 그들은 시작하는 데 필요한 조건들만 늘어놓고, 정작 지금 당장 할 수 있는 일을 찾아 나서진 않는다. 하지만 이 장에서 꼭 기억해야 할 한 가지를 꼽으라면, 그건 하루라도 빨리 뛰어들어 최대한 많은 일을 벌이고 속도를 내야 한다는 것이다. 반드시 완벽한 사업 아이디어를 갖추고 사업을 시작할 필요는 없다. 어쩌면 지금 시작한 사업을 계속 이어가지 않을 수도 있다. 아직 모든 것을 다 계획하지 못했을 수도 있고, 당연히 앞으로 실수도 하게 될 것이다. 하지만 직접 사업을 운영하다 보면 영업을 하고, 고객을 상대하고, 예상치 못한 상황을 겪으면서 많은 것을 배운다. **한 달 내내 계획만 세우느니 오히려 하루 동안 직접 부딪혀보는 편이 낫다.** 사업가가 되는 제일 좋은 방법은 사업을 시작하는 것이다.

# 마법의 숫자 3

지금까지 내가 제안한 것들을 여러분이 전부 다 완수했다고 치자. 마인드맵을 작성했고, 시장을 조사했으며, 잠재적 사업 파트너들과 인맥을 쌓았고, 마케팅에도 살짝 손을 댔다. 처음으로 매출도 한두 건 올려봤길 바란다. 그러고 나면 슬슬 궁금증이 밀려온다. 언제부터 사업으로 인정할 수 있을까? 더 이상 취미나 실험이 아니라 제대로 된 사업이라고 말할 수 있는 시점은 언제일까?

이 질문에 대한 내 대답은 또 다른 질문으로 이어진다. '고객이 몇 명인가?' 앞서 얘기했듯이 첫 고객은 그 사업이 그저 머릿속에 있는 아이디어에 그치지 않을 수 있다는 사실을 보여준다. 그리고 두 번째 고객은 지금까지 해온 것이 우연이 아니었다는 것을 증명한다. 하지만 내 생각에 사업을 진짜 현실로 만들고 꿈에 확실한 토대를 마련해주는 것은 세 번째 고객이다. 세 명부터는 이른바 집단이 된다. 여러분의 사업이 인정받고 여러분의 아이디어를 사람들이 정말 원하는 무언가로 바꾸기 위해서는 이 고객 집단이 꼭 필요하다.

고객 집단이 필요한 첫 번째이자 가장 중요한 이유는 이 작은 집단이 사업이 성공하는 데 필요한 가장 중요한 정보, 즉 고객이 실제로 원하는 게 무엇인지 알려주기 때문이다. 사업가로서 여러분은 자신이 그걸 이미 알고 있다고 생각할 수 있다. 어쨌든 이 아이디어를 머릿속에서 수개월, 길게는 수년간 고민해왔으니 말이다. 여러분은 성가신 문제를 해결해줄 소프트웨어, 사람들의 취향을 저격할 색다른 음식, 입소문이 날 수밖에 없는 패션 브랜드와 같이 지금까지 시장에 없었던 제품을 내놓을 수 있다고 생각한다. 친구와 가족들이 듣더니 정말 좋은 아이디어 같다고 한다. 그들도 다 내 고객이 될 것이다. 여러분은 자신만만하다. 기회가 왔으니 이제 그 기회를 꼭 붙잡기만 하면 된다.

하지만 여러분이 하지 않은 것들이 있다. 여러분의 제품이나 콘셉트 또는 경험을 여러분과 아무 관련이 없는 실제 고객에게 판매해보지 않은 것이다. 그리고 고객이 재구매를 하거나, 다른 친구에게 추천할 의향이 있는지 확인하지도 않았다. 사업의 운명을 결정할 고객의 눈으로 사업을 보지 못한 것이다. 아직 그 누구에게도 여러분의 꿈을 인정받지 못했다.

신규 사업은 반드시 이 시험을 통과해야 한다. 드디어 세상이 실제로 여러분의 아이디어를 좋아할지 확인해야 하는 때가 왔다. 남들도 여러분이 문제라고 지적한 부분을 문제라고 여길까, 아니면 여러분이 내놓은 해답이 효과가 있다고 생각할까? 여러분이 새롭고 흥미롭다고 느끼는 것에 남들도 관심이 생길까? 더 간단하게 공과금을 납부하고, 휴가를 예약하고, 자동차를 수리할 수 있는 방법이 있다는 데 동의할까? 기꺼이 지갑을 열만큼 여러분의 꿈에 공감할까?

직접 물어보기 전까지는(실제 고객에게 판매하기 전까지는) 절대 알 수 없다. 일단 묻고 나서 막상 그 대답을 들으면 깜짝 놀랄지도 모른다. 고객은 이따금 여러분의 기대나 예상과는 전혀 다르게 행동하기 때문이다. 여러분이 예측한 것과는 영 다른 것들을 요구하기도 한다.

정리하자면 여러분이 가지고 있던 아이디어와, 최종 제품이나 서비스 사이에는 어느 정도 거리가 있을 수 있다. 궁극적으로, 여러분을 가고자 하는 곳으로 안내해주는 것은 바로 고객이다. 고객들은 자신들이 실제로 필요로 하고 원하는 것들과 여러분의 계획이 맞아떨어지는지 보여준다. **여러분은 여러분이 예상한 고객이 아니라 실제 고객이 누구인지 알아야 한다.**

하지만 한 고객이 원하는 걸 그다음 고객도 똑같이 원할지 어떻게 확신할 수 있을까? 그것은 불가능하다. 그리고 사업을 운영하며 얻은 교훈 중 하나는 모든 사람을 만족시킬 수 없고, 고객이 항상 옳지는 않다는 점이다. 여기저기 뜯어고치다 보면 어느새 배는 산으로 가게 된다.

모든 사업가의 과제는 사람들이 해달라는 걸 다 들어주려다 망하는 꼴이 나지 않으면서 고객의 피드백에 신속하게 대응하는 것이다. 그래서 여러분에게는 세 명의 고객이 필요하다. 한 명은 특이한 사례일 수 있고, 두 명까지도 별다른 의미가 없을 수 있다. 하지만 세 번째 고객까지 만나게 되면 시장과 고객이 무엇을 원하는지 어느 정도 이해할 수 있다. 아이디어가 효과가 있을지, 고쳐야 할 점은 어딘지, 어떻게 하면 사업이 성공할 수 있는지 이해하는 데 필요한 최소한의 피드백을 얻을 수 있다. 고객 세 명을 만족시킬 수 있다면 그다음 고객 세 명, 또 그다음 고객 세 명까지 충분히 만족시킬 수 있을 것이다. 비로소 사업이 순조롭게 굴러가게 될 것이다. 그때부터는 또 다른 고민이 생겨난다. 사업을 성장시키려면 어떻게 해야 할까?

# 09

# 사업을 성장시켜라

나는 내가 유튜브에 제일 처음 올렸던 동영상을 아직도 기억한다. 당시는 내가 막 콘텐츠를 제작하기 시작한 시기였다. 그때 시작한 모든 일이 지금의 헬프뱅크를 만드는 바탕이 됐다. 나는 전문가들이 흔히 성공의 열쇠라고 외치는 제목과 섬네일 사진을 다듬으며 며칠씩 편집에 매달렸다. 지금의 이 모든 고생은 반드시 보상을 받게 될 거라고 믿었다.

내가 그렇게 공을 들인 작품의 조회수는 얼마나 나왔을까? 수백만은커녕 수천에도 미치지 못했다. 나는 꽤 많은 시청자가 그 영상을 봐주길 바랐고, 내심 기대하기도 했다. 하지만 일주일이 지난 후에도 동영상을 본 사람은 총 150명에 불과했다. 내 기쁨이자 자부심이었던 그 작품은 소셜 미디어라는 황무지를 떠도는 수많은 모래알 중 하나에 불과했다. 완전히 시간 낭비였다.

그런데 정말 시간 낭비였을까? 사람들의 시선을 끌지 못한 내 능력을 탓하고 있을 무렵 낯선 사람에게서 쪽지 한 통이 날아왔다. 영상을 봤으며 그 영상 덕분에 감동을 받았다고 했다. 그리고 그간 재미 삼아 구상했던 사업 아이디어를 이제 본격적으로 실행에 옮길 거라고 했다. 딱 한 명이었다. 많지는 않은 숫자지만 당시에는 온 세상을 다 가진 기분이었다. 당장이라도 날아갈 것만 같았다. 어쩌면 그 모든 노력이 헛되지 않았을지도 모른다는 생각이 들었다.

내가 이 얘기를 하는 이유는 사람들이 종종 사업을 성장시키는 데 필요한 것들을 잘못 생각하고 있기 때문이다. 그들은 성공의 척도를 필요 이상으로 높고 복잡하게 정한다. 1년 내에 수십억 원 매출 달성, 구독자 수천 명 확보 또는 전년 대비 수백 퍼센트 매출 성장과 같은 비현실적인 목표를 설정해 자신을 괴롭힌다. 지나치게 높은 성공의 기준을 정해놓고 그 기준을 충족하지 못하면 실패했다고 생각한다. 성공은 원래 힘든 것이고 고속 성장만이 살길이라고 주장하는 사람이 너무 많다.

그래서 여러분을 안심시키고자 내가 운영하는 모든 회사의 목표를 밝혀보겠다. 그 목표를 달성하면 축하 파티를 열기도 한다. 그 목표가 정말 중요하다고 생각하기 때문이다. 그 **목표**

는 바로 0(영)이다. 이 목표는 회사가 손익분기점에 도달하면 달성된다. 매달 수익과 지출이 동일해진다. 더 이상 적자가 나지 않는다. 손익분기점을 맞출 수 있게 되면 그때부터가 진짜 사업이다. 본전을 찾을 수 있고 같은 추세로 계속 나아간다면 곧 수익도 낼 수 있을 것이다. 0은 여러분이 지으려는 집의 토대가 튼튼하다는 뜻이다. 완성되려면 아직 멀었지만, 자신감을 가지고 만들어나가도 좋다.

0은 모든 신규 사업이 이뤄야 할 중요한 목표일 뿐만 아니라 작은 성공이 얼마나 중요한지, 그리고 시간이 흐르면서 작은 성공들이 어떻게 쌓여가는지를 보여주는 상징이기도 하다. 나는 사람들에게 꿈을 크게 꾸라고 입이 닳도록 말하지만 실행할 때는 소박하게 생각하라고 강조한다. 여러분의 꿈은 아직 멀리 있지만 계속해서 의욕을 불어넣어주고 여러분이 나아갈 방향을 알려준다. 그 꿈에 도달하기 위해 하루도 빼놓지 않고 신기록을 세울 필요는 없다. 나 역시 천만 명의 사람이 꿈을 이룰 수 있도록 돕는 데 일주일이 걸릴지 1년, 아니 10년이 걸릴지 모른다. 하지만 하루에 몇 명은 도울 수 있다. 그러면 그 사람들이 다른 사람들을 도울 것이고, 시간이 지나면 그 숫자는 더 늘어날 것이다. 꿈에 집착하며 하루를 보내는 대신, 꿈에 가까워지기 위해 지금 당장 할 수 있는 일에 집중하다 보면 마침내 내가 목표한 숫자에 도달할 수 있을 것이다.

우리는 한 번에 한 걸음씩 나아갈 수 있다. 한 번에 하나씩 작은 승리를 거둔다. 내 경험상 정말 그렇게 사업에서 성공하고 성장한다. 꿈도 마찬가지다. 지름길이나 편법을 통해서가 아니라 매일, 매주, 매년 꾸준히 승리를 쌓아서 이룰 수 있다. '우공이산愚公移山'이라는 고사성어처럼, 산을 옮기려면 작은 돌부터 집어 들어야 한다.

이런 자세로 소소한 승리를 목표로 삼고 매진한다면, 머지않아 한때 여러분이 두려워했던 목표들도 순조롭게 넘어설 수 있을 것이다. 모든 것을 한 번에 달성하려고 했다면 삐끗해서 넘어졌을지도 모른다. 앞서 조회수 150건을 기록했다던 내 동영상을 기억하는가? 4년 후, 나는 다른 동영상을 하나 올렸다. 그냥 나 혼자 탁자에 앉아 어떻게 창업을 할 수 있는지 두 시간이 넘게 떠들었다. 아무런 전략도, 선물 공세도 없었다. 관심을 끌려고 슈퍼마켓을 통째로 사버리거나 버려진 공장을 폭파한 것도 아니었다. 그냥 자리에 앉아 이 책의 내용과 비슷한 조언을 하면서 이야기를 나눴을 뿐이다. 열흘 동안 150만 명이 그 동영상을 시청했다(큰 성과를 좋아하는 사람들을 위해 언급하자면, 99만 9,000퍼센트 성장한 수치다).

150명에서 150만 명으로 늘어난 데에는 많은 의미가 담겨 있지만 무엇보다 중요한 것은 작게 시작해도 크게 성장할 수 있다는 사실이다. 처음에는 보잘것없게 느껴지던 것도 시간이 지나면서 쌓이고 쌓이면 어느새 훌쩍 커져 있을 것이다. 도토리도 잘만 키우면 참나무로 자랄 수 있다. 그러니 특히 사업 초기에는 여러분의 성공을 남들이 정하도록 내버려두지 말자. 성과를 내고, 축하하고, 0을 찍고 계속 나아가자.

## 이미 확보한 고객과
## 함께 성장해라

모든 사업에서 가장 눈에 보이는 성과 중 하나는 판매 실적과 고객 유치다. 실제로 매장을 운영하든 운영하지 않든, 모든 사업가는 계산대에 돈 들어오는 소리를 들으면 당연히 의욕이 샘솟는다. 그러나 여기에는 위험도 있다. 돈 버는 데 온통 마음을 다 빼앗겨버리면 사업이 성장하는 데 방해가 될 수 있다.

나는 누군가 내게 어느 정도 궤도에 오른 사업을 더 성장시킬 수 있는 방법을 물어볼 때 이런 상황을 자주 목격한다. 사람들이 내게 도움을 청하면, 나는 제일 먼저 무엇이 필요하다고 생각하는지 그들에게 묻는다. 그러면 그들은 거의 한결같이 더 많은 고객이 필요하다고 답한다. 자연스러운 반응이긴 하지만 잘못된 판단일 수 있다. 그들은 더 많은 고객을 강조했다. 하지만 정답은 바로 신규 고객이다.

그렇다면 이미 확보한 기존 고객은 어떻게 해야 할까? 끊임없이 새로운 고객을 찾아다니다 보면 이미 거래하고 있는 고객을 깜빡하기 십상이다. 대부분의 기업이 기존 고객을 만족시키는 직원보다 신규 사업을 유치하는 직원에게 더 큰 상을 내린다. 인간의 수렵과 채집 본능 역시 새 목초지에서 식량을 구해오는 사람들을 찬양하라고 외친다.

새로운 것이 매력적이기는 하지만 반드시 최선은 아니다. 나는 플루이드를 운영하던 초창기에 이 교훈을 얻었다. 플루이드는 헬렌이 그래픽디자이너로 일하면서 모았던 고객들을 기반으로 설립됐다. 고객들은 헬렌의 작업에 무척 만족했지만, 헬렌은 충분한 보상을 받지 못하고 있었다. 함께 사업을 시작하기로 합의했을 때만 해도 나는 그 고객들이 나쁘다고 생각했다. 그들은 작업의 가치에 상응하는 대가를 지불하지 않으려고 했다. 그러니 그 고객들이 문제일 수밖에 없었다.

하지만 나는 이미 사업에 잔뼈가 굵어진 터라 충분한 대가를 지불하지 않는 그 고객들도 여전히 자산이 될 수 있다는 것을 알고 있었다. 그래서 우리는 계속 그들과 일했다. 그리고 나도 그 고객들을 점점 알아가게 됐다. 얼마 지나지 않아 그들은 그들에게서 우리가 벌어들인 수익을 넘어 더 큰 가치를 지닌 고객들이 됐다. 그 세 고객은 우리 사업의 주춧돌이 되었고, 우리를 열렬히 응원하고, 다른 고객을 소개해주었으며, 긍정적인 평가를 남겨주었다(사업 초기에는 고객 추천의 힘을 과소평가해서는 안 된다는 사실을 꼭 명심하자).

그 창립 고객들 덕분에 생긴 초기 고객 중 하나가 미국 경제 잡지《포춘》이었다. 당시에는 잡지들이 여전히 잘나가던 시기였기 때문에 광고 수익이 어마어마했다. 우리는《포춘》과 함께 영국 스포츠카 브랜드 애스턴 마틴Aston Martin과 같은 브랜드의 광고를 포함한 여러 콘텐츠를 제작했다. 그 결과 곧《포춘》의 모회사인 CNN과 같은 다른 여러 기업에서도 우리에게 작업을 의뢰하기 시작했다. 더욱이《포춘》은 우리의 가장 중요한 대표 고객이 되었다. 사람들에게 전화를 걸 때 나는 더 이상 플루이드에서 일하는 사이먼 스큅이 아니었다. 나는《포춘》을 고객사로 둔 사이먼 스큅이었다. 플루이드는 사람들이 한 번도 들어본 적 없던 회사에서 모두가 감탄하는 이름을 고객사로 내세우는 회사가 됐다. 이것이 바로 스테이크가 아니라 '지글지글' 굽는 소리를 파는 판매 기법이다. 잠재 고객에게 단순한 사실만 전달하지 말고 매력적인 점을 어필하는 것이다. 우리의 경우, '저희는 웹사이트를 디자인하고 마케팅 캠페인을 개발합니다'라고 말하는 대신《포춘》이 만족할 만한 실력이니 여러분도 만족할 겁니다'라는 메시지를 전달했다.

이처럼 영향력 있는 고객사 하나가 사업에 엄청난 변화를 불러올 수 있다. 무명이었던 우리는《포춘》의 일을 맡아서 한 이후, 유명 고객을 확보하고 인재들이 선망하는 평판 좋은 에이전시로 빠르게 성장했다. 이를 통해 초기 고객들을 잘 응대하면 그들이 사업에 엄청난 도움을 줄 수 있다는 교훈을 얻었다. 고객은 어느 순간 여러분의 가장 열렬한 지지자가 될 수 있다. 이런 일은 우연히 일어나지 않는다. 마케팅 문제를 해결해줄 기발한 방법, 몸에 꼭 맞는 셔츠, 믿음직스러운 반려견 산책 또는 아이 돌보미 서비스와 같이 고객들이 기대하던 결과를 가져다준다면 고객은 여러분의 회사를 혼자만 알고 있지 않을 것이다. 친구나 동료, 아니면 자녀가 다니는 학교의 다른 학부모에게라도 소문을 낼 것이다.

여러분이 새롭거나, 흥미롭거나, 쓸모 있는 것을 발견했을 때 어떻게 하는지 생각해보자. 우리는 남들에게 알린다. 이 멋지고 유용한 것을 자신이 제일 먼저 발견했다는 자랑도 하고 남들에게도 그 비밀을 알려주고 싶기 때문이다. 이것이 바로 돈 주고도 못 사는 일종의 입소문 마케팅이다. 입소문을 탈 수 있는 유일한 방법은 고객이 다른 사람들에게 이야기하지 않고는 못 배길 수준의 훌륭한 서비스를 제공하는 것이다.

고객과 고객의 추천이 중요하다는 사실을 알기에 나는 신규 고객 유치에만 전념하는 것은 위험할 수 있다고 말한다. 더 많은 고객을 확보하는 게 나쁘다는 말이 아니라, 신규 고객이 최우선이라고 믿는 함정에 빠져서는 안 된다는 뜻이다. 다음 고객만을 노리다 보면 가장 충성도가 높은 고객을 소홀히 대하게 된다. 이는 여러 가지 이유로 엄청난 실수다. 우선 고객들은 누구나 더 이상 특별한 취급을 받지 못하거나, 세상에서 가장 중요한 인물같이 대우받지 못하면 느낌으로 안다. 특히 플루이드처럼 서비스를 제공하는 사업의 경우, 여러분의 관심이 다른 곳으로 옮겨가고 자신의 사업이 더 이상 우선순위가 아니라는 것을 감지하면 고객은 금방 불만을 품게 된다.

두 번째 이유는 우수(그리고 대개는 가장 오랜) 고객을 돌보는 것이 사업을 성장시키는 가장 좋은 방법 가운데 하나이기 때문이다. 고객이 늘어나야 사업도 성장한다고 생각하는 사람들은 이 사실을 잊어버린다. 매달 더 많은 고객에게 물건을 팔아야만 회사가 성장할 수 있다고 믿는다. 그러니 신규 고객이 기존 고객보다 더 가치 있다고 여긴다. 특정 유형의 사업에서는 그게 맞을 수도 있지만 대부분의 경우라면 위험할 정도로 지나치게 단순한 생각이다. 일반적으로 사업은 가장 크고 중요한 고객을 통해 성장하는 것이지 그들이 지불하는 돈으로 성장하는 것이 아니라는 핵심을 놓치고 있기 때문이다.

경제학에는 파레토 법칙Pareto principle이라는 유명한 개념이 있다. 전체 결과물의 80퍼센트는 20퍼센트의 원인이 만들어낸다는 것이다. 이 법칙에 따르면, 상위 20퍼센트의 영업 사원이 전체 매출의 80퍼센트를 창출하고, 상위 20퍼센트의 고객이 수익의 80퍼센트를 책임진다.

숫자가 좀 달라질 수는 있겠지만 고객과 사업을 성장시킬 방법에 관해 생각할 때 이 법칙은 상당히 유용하다. 성과의 대부분이 고객의 20퍼센트에서 나온다면, 폭넓게 접근하기보다는 깊이 있게 접근하는 편이 더 효과적이다. 모든 고객을 그 20퍼센트의 고객으로 만들어보자. 시간이 흐르면서 고객들이 더 많은 비용을 지불하고 새로운 고객을 추천하는 훌륭한 지지자가 되도록 해보자.

다시 말해, 고객과 맺은 관계의 가치가 고객의 수보다 중요하다. 여러분이 창문 청소 사업을 한다고 상상해보자. 첫 고객을 위해 충분한 시간을 들여 고객이 기대한 것보다 훨씬 깨끗하게 창문을 닦았다면 얼마 지나지 않아 동네 전체가 여러분의 고객이 되어 있을 것이다. 반면에 여러분이 다음 일정 때문에 청소를 제대로 마무리하지 못하고 부리나케 떠나버린다면, 그 고객이 여러분과 재계약을 하거나 여러분을 남에게 추천하는 등 도움이 되는 일을 해주고 싶을 리가 없다.

그러므로 기존 고객을 잘 관리하면서 충성도가 높은 고객들에게 보상을 해주고, 그들의 충성도를 더 높이는 것을 최우선으로 삼아야 한다. 이런 고객은 그저 요금만 지불하는 데 그치지 않는다. 여러분에게 자신의 문제를 들려주며 해결해달라고 요청해 여러분이 사업을 어느 방향으로 확장할지 결정하는 데에도 보탬이 되어준다. 또한 주위 사람들에게 여러분을 추천하고, 여러분이 없는 곳에서도 여러분을 칭찬한다. 이들을 잘 대접하면 사업이 성장하는 데 여러분 못지않게 크게 이바지할 것이다.

사업 초기부터 함께한 고객은 사업이 성장하는 데 필요한 열쇠를 쥐고 있는 경우가 많다. 하지만 고객이 모든 해답을 가지고 있는 건 아니다. 뿌리를 잊어서는 안 되지만, 그렇다고 제자리에만 머물러 있어서도 안 된다. 성장은 진화를 의미하기도 한다. 고객들을 만족시키고, 브랜드를 키우고, 수익원을 늘려갈 새로운 방법을 찾아야 한다. 성장 속도를 높이고 싶은 시점이 오겠지만, 그 전에 반드시 튼튼한 발판을 마련해 두자.

## 먼저 기본을 충실히 다져라

앞서 나는 고객이 현재보다 미래에 더 큰 가치를 가져다줄 수 있다고 믿는다면 무료로 일해주는 것도 좋은 방법이라고 얘기했다. 이런 방식으로 수익을 몇 배 더 늘릴 수는 있다. 하지만 모든 고객에게 그렇게 해줄 순 없다. 어쨌든 여러분은 돈을 벌기 위해 사업을 하고 있기 때문이다.

고객의 대부분은 유료 고객이어야 한다. 그런데 사람들은 유료 고객과 관련해 가장 중요한 문제가 가격이라고 생각한다. 실제로도 가격을 책정하는 기준은 매우 중요하며, 해당 업계의 시세와 손익분기점을 고려해 책정해야 한다. 하지만 수익을 내는 데 '얼마'만큼이나 중요한 문제는 바로 '언제'다.

그래서 내가 절대적으로 지키는 사업의 황금률 중 하나는 바로 **'요금은 선지급으로 받는다'**이다. 고객이 구매할 때 요금을 전액 지불하지 않는 사업을 하고 있다면 일을 시작하기 전에 항상 요금의 50퍼센트를 계약금으로 받아야 한다. 이는 현금 유동성과 사업의 안정성을 보장하는 동시에 유연성을 확보하기 위해서다. 금액을 적절하게 책정했다면 요금의 50퍼센트만 미리 받아도 작업 비용 전액을 충당할 수 있다. 나머지 절반은 순수익이 된다. 따라서 이 순수익을 잘만 활용하면 사업의 성장 동력으로 삼을 수 있다.

플루이드도 바로 이런 방식으로 성장했다. 고객으로부터 받은 선급금으로 비용을 충당하고 나머지는 사업을 확장하는 데에 투자했다. 초창기에 우리가 했던 굵직한 프로젝트 중 하나는 브랜드 개발 작업이었다. 그 프로젝트에서 받은 요금의 나머지 절반, 즉 수익금은 이메일 마케팅 서비스를 개발하기 위한 종잣돈으로 사용했다. 이 서비스에 필요한 소프트웨어 제품을 개발하는 데에는 투자가 필요했는데 사업 초기에는 그 비용을 도저히 감당할 수 없었다. 이것이 바로 부트스트랩 창업 방식이다. 투자 비용이 거의 없는 일부터 시작해서 요금의 일부는 선지급으로 받고, 나머지는 성장에 투자한다.

여기에는 중요한 원칙이 하나 있다. 부트스트랩 방식으로 창업한다면 수익을 창출해 시스템과 인력, 새로운 아이디어에 재투자할 수 있어야 **성장할 자격이 있다.** 이런 자격을 얻는 방법에는 여러 가지가 있지만 중요한 것은 탄탄한 기반 위에서 사업을 시작해야 한다는 점이다. 따분하고 시시해 보이는 일부터 해야 할 수도 있겠지만 이를 토대로 사업이 발전하면 여러분이 정말 하고 싶은 일로 다각화할 수 있게 된다.

제임스와 존이 바로 이런 경우였다. 영국 포츠머스 출신의 일란성쌍둥이였던 이들은 어느 날 나에게 쪽지를 보내왔다. 자신들이 청소 사업을 시작하려고 하는데 헬프뱅크의 계단을 청소해주고 사업을 홍보하고 싶다는 내용이었다. 이야기를 나누며 나는 곧 그들 마음속에 단단히 자리 잡은 진짜 꿈을 발견했다. 당시 20대 초반이었던 이 형제는 그동안 힘든 삶을 살아왔다. 청소년 시절에 노숙 생활도 해봤고, 거의 평생에 가까운 17년 동안 아버지를 만나지도 못했다. 아버지는 다른 나라에 거주하고 있었는데, 화면을 통해 늘 대화는 나눴지만 영국에 온 이후로 아버지를 직접 만난 적은 한 번도 없었다. 아버지를 영국으로 모셔 올 형편이 아니었기 때문이다. 이 형제에게는 아픔도, 목적도 있었다. 그들은 내게 "이 사업이 성공해야만 우리 가족이 다시 모일 수 있어요"라고 말했다.

형제에게는 꿈이 있었지만, 여전히 사업을 시작할 방법이 떠오르지 않았다. 그들은 청소가 필요한 집과 사무실을 무작정 찾아다니기만 하면 주변에 있는 수십 개의 청소업체와 다를 바가 없다는 사실을 깨달았다. 사람들이 경쟁업체 대신 굳이 그 형제를 부를 이유가 없었다. 그래서 창업 준비를 하는 과정에서 우리는 이 문제에 대해 얘기를 나눴다. 그때 나는 브랜드 강화를 위해 소셜 미디어에서 사람들의 눈길을 사로잡을 만한 동영상을 기획해보라고 제안했다. 그들은 그다음 만난 자리에 새로운 아이디어를 가지고 나타났다. 쓰레기로 가득 찬 복도, 숨도 못 쉴 정도로 냄새가 지독한 공중화장실, 동네 사람들이 온갖 쓰레기를 버려놓은 빈집 마당과 같은 제일 지저분한 장소를 청소하는 것이었다. 제임스와 존은 이런 장소를 직접 치우는 모습을 촬영해 소셜 미디어에 게시하고, 이 콘텐츠를 활용해 청소 사업을 홍보하기 시작했다. 동영상을 소개하면서 이들이 사용한 홍보 문구는 맹세컨대 누구든지 한 번 들으면 도저히 잊을 수 없을 것이다. "저는 제임스, 저는 존입니다. 저희는 아무도 시키지 않은 곳까지 청소합니다."

이런 접근 방식이 바람직한 이유는 첫째, 시간 외에는 아무런 비용이 들지 않고 둘째, 인지도를 높여서 유료 고객을 유치하는 데 도움이 되며 셋째, 계속 인기가 높아지면 브랜드를 만들어 훨씬 많은 사람을 대상으로 청소용품을 판매하는 등 추가 수익을 창출할 수 있기 때문이다. 그뿐만 아니라 시청자 수가 많이 늘어나면 콘텐츠 자체로도 수익을 낼 수 있다. 이들 형제는 사업의 한 부분을 활용해 다른 부분을 강화하고, 인기 없는 사업을 사람들이 동경하는 사업으로 전환하는 방법을 보여주었다. 나는 이 쌍둥이 형제가 결국은 청소 업계의 콘텐츠 제작자이자 인플루언서가 될 거라고 생각한다. 그리고 그건 오로지 그들이 더럽고, 힘들고, 화려하지 않은 청소일을 마다하지 않은 덕분이라고 여긴다.

그와 반대로 나는 소셜 미디어가 사업의 만병통치약이 될 수 있고, 도저히 다른 방법으로는 유치하기 어려운 고객을 찾는 데 도움이 된다고 생각하는 사람들도 가끔 만난다. 꼭 명심해야 할 점은 소셜 미디어가 훌륭한 도구가 될 수 있는 반면, 방해가 될 수도 있다는 것이다. 제임스와 존처럼 소셜 미디어를 현명하게 사용해서 사업 성장이나 다각화를 이끌어낸다면야 더할 나위 없이 좋다. 하지만 사업에서 가장 중요한 부분을 희생하면서까지 소셜 미디어에 시간을 투자하고 있다면 잠시 멈추고 다시 생각해봐야 한다.

사업을 시작할 때 가장 중요한 점은 강점을 살리고 **기본을 충실하게 다진 다음**, 추가적인 것들에 손을 뻗어야 한다는 것이다. 창문 청소 얘기로 돌아가보자. 여러분이 이 사업을 시작한다면 컴퓨터 앞에 앉아 콘텐츠를 편집하는 데 시간을 낭비할 필요가 없다. 나가서 창문이 더러운 고급 주택을 찾아보자. 그런 다음 주인에게 창문을 닦아주겠다고 제안해라. 창문을 닦은 후에 고객이 만족한다면 이웃과 친구에게 여러분을 추천해달라고 부탁해보자. 배수로 청소나 다른 작업을 제안해서 부수입을 얻을 수도 있다. 그러다 사업이 잘되어 직원도 늘리고 규모도 확장하게 되면 그때쯤 사업을 다각화하고 성장시키기 위해 온라인 브랜드 설립을 고려하면 된다.

기본을 잘 다지고, 선지급 결제로 현금을 확보하는 것은 모든 신규 사업을 지탱해주는 기둥과도 같다. 이 두 가지가 지켜진다면 곧 더 흥미로운 일을 할 수 있고, 예상치 못한 새로운 곳에서 성장을 모색하며 새로운 영역을 개척할 수 있다. 이제는 성장을 향해 더 빠르게 달려갈 준비가 됐다.

## 과감하게 도전해라

나는 아직도 그날의 대화와 그 대화가 오갔던 장소를 기억한다. 당시는 플루이드를 설립한 지 1년 정도 지났을 때였고 우리는 승승장구하고 있었다. 《포춘》을 고객으로 확보했고 회사도 잘 돌아가고 있었다. 높은 기준을 유지하고 직원들을 만족시키면 사업은 성장하기 마련이다. 하지만 좀처럼 가시지 않는 불만이 있었다. 다른 에이전시 비즈니스와 마찬가지로 플루이드의 목숨은 고객들의 손에 달려 있었다. 고객은 언제든 계약을 파기하거나, 의뢰를 취소하고, 대폭 수정을 요구할 수 있었다. 따라서 우리는 상당 부분 고객의 선의에 의존하고 있는 상태였다.

어느 날 저녁 나는 헬렌과 어느 바에서 대화를 나누고 있었다. 내 앞 탁자 위에는 맥주잔을 올려두는 컵받침들이 낮게 쌓여 있었다. 나는 약 30분 동안 컵받침 하나를 툭툭 좌우로 밀치며 헬렌과 일 얘기도 하고 앞으로의 계획도 논의했다. 그러다 하늘에서 뚝 떨어지듯 아이디어가 한 가지 떠올랐다. 나는 컵받침을 만지작거리기만 한 게 아니었다. 정확히는 컵받침을 들여다보며 읽고 있었다. 컵받침은 음료를 올려놓는 용도로만 쓰이는 게 아니었다. 광고 매체이기도 했다. 거리에서 지나치는 광고판이나 눈 깜짝할 사이에 스쳐 지나가는 버스 광고보다 훨씬 더 효과적인 매체였다. 사람들은 꼼짝없이 한 시간 혹은 몇 시간을 탁자 앞에 앉아 있기 때문이다. 이들을 바로 '사로잡힌 청중captive audience'이라 부른다.

나는 컵받침을 들어 올리며 말했다. "이런 걸 만들어볼까?" 간단한 아이디어였지만 당시에는 아무도 시도해본 적 없는 일이었다. 컵받침을 작은 광고판처럼 만들어 기업들에게 광고 공간으로 판매한 다음, 홍콩 전역에 있는 바와 레스토랑에 컵받침을 납품할 생각이었다. 이 아이디어는 여러 가지 면에서 매력적이었다. 플루이드는 디자인 회사였기 때문에 사내에서 창작물을 만들 수 있고, 이미 기업들의 광고 작업을 도와준 경험도 있었다. 무엇보다도 우리가 서비스 제공업체로 고용되는 것이 아니라, 제품을 소유할 수 있었다. 기존 사업의 연장선상에서 우리가 이미 잘하고 있는 일에 뿌리를 두고 있으면서도, 우리가 바라던 새 영역으로 진출할 기회였다. 이제 우리의 제품과 그 수익이 모두 우리 소유였다.

내가 여러분에게 조언하는 것처럼, 당시 우리는 아무 비용을 들이지 않고 이 사업을 시작했다. 광고 영역을 판매해본 적이 없었기 때문에 옥외광고 업체에 전화를 걸어 그들의 광고 요금 체계에 관해 물어봤다. 그리고 특정한 위치에 특정 기간 광고를 표시하는 데 어떤 기준으로 금액을 청구하는지에 대한 설명을 들었다. 광고료가 몇 명이나 보는지[또는 전문 용어로 OTS(매체를 볼 수 있는 위치에 있는 인구)]에 따라 결정된다는 사실을 알게 된 후, 우리는 실제로 레스토랑과 바 밖에 서서 드나드는 사람들의 숫자를 일일이 셌다. 그리하여 잠재 고객들에게 하루 사이에 얼마나 많은 사람이 그 컵받침 앞에 앉게 될지 예상 수치를 제시할 수 있었다. 그런 다음 레스토랑과 바의 사장들에게 음료 회사에서 제공하는 컵받침 대신 우리의 컵받침을 사용하는 대가로 수익을 배분해주기로 합의했다. 마지막으로 나는 코스터애드CoasterAds라 이름 붙인 이 아이디어를 20개의 주요 브랜드에 제안했고, 첫 광고주에게는 6개월 동안 독점권을 제공하기로 약속했다.

그 첫 고객은 바로 유나이티드 항공이었다. 그들이 코스터애드의 최초 고객이 되자 우리는 광고 캠페인을 고안해 신문에 광고를 냈다. 우리가 섭외한 바에서 컵받침을 하나 골라 행사에 응모한 사람에게 추첨을 통해 무료 항공권을 증정한다는 내용이었다. 술집에 한가로이 앉아 있다가 생각해낸 이 아이디어는 곧 관련된 모두에게 이득이 되는 사업으로 발전했다. 고객은 우리가 섭외한 장소에 모인 사람들에게 브랜드를 노출할 수 있었고, 광고 장소가 된 레스토랑과 술집은 수익 배분을 통해 아무 일도 안 하고 돈을 벌었을 뿐만 아니라 유나이티드 항공 덕분에 신문에 무료로 광고를 하는 혜택도 누렸다. 이게 바로 누이 좋고 매부 좋은 일이었다. 헬렌과 나도 시간 말고는 투자한 게 아무것도 없었다.

계약상 유나이티드 항공은 광고비의 50퍼센트를 우리에게 선지급했다. 우리는 그 돈으로 제작, 인쇄 및 배포에 드는 모든 비용을 충당했다. 캠페인이 마무리되고 나서 받은 나머지 금액은 순수익이었기 때문에 사업을 확장하는 데 모두 투자할 수 있었다. 게다가 광고물에 코스터애드와 플루이드의 이름을 함께 넣었던 터라 우리의 주요 사업에 대한 문의가 자연스럽게 이어지기도 했다.

1년 만에 코스터애드는 플루이드와 비슷한 규모의 매출을 올리게 됐고 매각할 때까지 수십억 원의 수익을 가져다주었다. 우리는 이 사업을 투자금 없이 설립해 자체 자본으로 운영하며 수백만 달러의 가치를 지닌 사업으로 키워냈을 뿐 아니라 기존 업무를 홍보하는 플랫폼으로도 활용했다. 그리고 이를 통해 사업이 항상 한 방향으로만 성장하는 것은 아니라는 사실을 배웠다. 성공은 반드시 기존에 하던 일을 더 많이 해야 이룰 수 있는 것이 아니다. 성장하기 위해서 사업을 다각화하거나 흥미로운 제휴 관계를 맺어야 할 수도 있다. 많은 고객이 필요로 하는 것 중에 여러분이 제공할 수 있는 것이 있는지, 여러분의 네트워크와 브랜드를 더 활용할 수 있는 방법이 있는지, 아직 고려하지 않은 유통 경로가 있는지 돌아보자.

거의 모든 비즈니스는 아직 실현하지 못한 잠재력을 지니고 있다. 의류 브랜드가 반팔 티셔츠에 이어 긴팔 티셔츠를 만들거나 아이스크림 회사가 기업 행사에 아이스크림을 제공하는 것처럼 뻔한 일일 수도 있다. 그게 아니면 플루이드의 경우처럼 수평적 사고가 필요할 수도 있다. 우리는 플루이드를 순수 크리에이티브 에이전시로만 생각해왔지만, 어느 순간 느닷없이 미디어 회사로서 혁신적인 틈새시장을 공략할 수 있는 잠재력이 있다는 사실을 깨달았다.

물론 이때 균형을 잘 잡아야 한다. 모든 아이디어가 몇십억 원짜리 사업이 되지는 않는다. 다각화를 시도했다가 막다른 골목에 다다를 수도 있다. 아니면 성과는 괜찮게 나왔어도 결국 본업에 보탬이 아니라 오히려 방해만 될 수도 있다. 우리도 뒤이어 사업 다각화를 시도했다가 실패하는 바람에 그 대가를 치르고 나서야 깨달았다. 사업이 순조롭게 진행되던 2007년, 우리는 사무실과 같은 건물에 카페를 열었다. 그레이즈<sup>Graze</sup>라는 이름의 이 카페는, 직원들이 할인된 가격으로 음료를 마시며 쉬는 휴게 공간이자 일반인들에게 음료를 파는 수익 사업이 될 거라고 예상했다. 우리는 시간이 지나면서 직장과 바깥세상의 중간에 있는 이런 형태의 카페가 더 널리 유행할 거라고 믿었다.

하지만 기존 사업과 직접적으로 관련이 있던 코스터애드와 달리, 카페는 투자 비용을 거의 들이지 않고 시작할 수가 없었다. 장소도 마련해야 하고 식음료 업계를 잘 아는 전문가를 채용해야 했다. 또한 우리는 식음료 서비스업을 운영할 때 발생하는 여러 가지 문제를 겪고 있었다. 신용카드 결제 금액을 지불받는 데에는 석 달이나 걸렸고, 장비들은 고장이 났으며, 팔리지 않는 음식들은 버려졌다. 카페는 늘 북적거렸지만 수익을 내기가 어려웠다. 우리에게는 낯선 영역이었다. 우리는 기존 사업을 확장한 것이 아니라 완전히 별개의 사업을 운영하고 있었다. 그레이즈는 우리에게 방해만 될 뿐, 안정적인 수익을 기대할 수 없는 모델이었다. 결국 우리는 카페 문을 닫았다. 하지만 그 사실을 깨닫기까지 무려 5년이 걸렸다. 그래서 나는 여러분들이 이 책을 읽고 나와 똑같은 실수를 하지 않길 바란다. 그러려면 자신이 유리한 조건을 가진 분야에서 강점을 살리는 방법으로 현명하게 사업을 다각화해야 한다는 사실을 꼭 기억해야 한다.

이 값비싼 교훈을 배운 사업가는 나 말고도 더 있다. 전에 영국 견과류 버터 회사인 핍앤넛Pip&Nut의 설립자 핍 머리Pip Murray를 인터뷰한 적이 있다. 핍앤넛에서 생산하는 다양한 천연 견과류 버터는 큰 성공을 거뒀고 현재 영국 전역의 수천 개 소매업체에서 판매되고 있다. 핍앤넛은 소규모로 시작해 몇 년 만에 수십억 원의 매출을 올리는 기업으로 성장한 전형적인 성공 사례였다. 그 후 건강한 채식주의 생활 습관이 유행하자 핍은 우유 대체품인 견과류 '밀크mylk'를 출시해 사업을 다각화하기로 결정했다. 그럴듯한 생각이었다. 같은 재료로 만든 제품이 이미 큰 성공을 거뒀는데 다른 제품군이라고 안될 이유가 없었다. 하지만 핍은 그게 끔찍한 실수였다고 털어놨다. 주력 제품과 제조 공정부터 크게 달랐고, 매장 내에서는 눈에 띄지 않는 곳에 진열되었으며, 시장 내 경쟁도 치열했다. 결국 제품은 실패했고 핍은 재빨리 사업을 접었다. 작은 변화일 뿐이라고 생각했지만 실제로는 감당하지 못할 정도로 큰 도전이었다.

이처럼 성장만을 좇다가는 길을 잃을 수도 있다. 브랜드를 확장할 수 있을 것 같아 시도한 일이 결국 밑 빠진 독에 물 붓기가 되어버릴 수도 있다. 우리가 그레이즈의 실패에서 얻은 교훈은 기업이 처음에 성공을 거둘 수 있었던 이유나 방식을 잊고, 너무 다른 방향으로 벗어나면 안 된다는 것이었다. 하지만 우리는 실패에 굴하지 않았다. 그러니 여러분도 성장하기 위한 도전을 미뤄서는 안 된다.

언젠가는 사업 영역을 확장하고 새로운 방향으로 나아가야 할 때가 올 것이다. 회사가 안정적으로 운영되고 있고 중요한 부분에 계속 집중한다면, 제한된 비용으로 다양한 실험을 해보고 큰 성과를 거둘 수도 있다. 위험을 감수하고 창의적으로 도전하지 않으면 사업을 성장시킬 수 없다. 끊임없이 새로운 아이디어를 떠올리고, 마인드맵에 동그라미를 추가해나가자. 그러다 그중 하나를 해봐야 할 것 같은 느낌이 들면 과감하게 시도해보자. 실패하더라도 교훈을 얻어 다음에는 더 철저하게 준비할 수 있을 것이다.

## 성공을 위해 투자하는 법

"성장은 결코 우연이 아니다. 여러 힘이 함께 작용한 결과다."

미국 백화점 체인 JC 페니<sup>JC Penney</sup>를 설립한 위대한 사업가 제임스 캐시 페니<sup>James Cash Penney</sup>가 남긴 명언이다.

여기서 말하는 힘들은 무엇이며 어떻게 하면 이 힘들을 우리에게 유리하게 이용할 수 있을까?

앞서 언급했듯이 첫 번째이자 가장 중요한 힘은 아마 고객일 것이다. 고객의 요구에 맞춰, 고객에게 기대 이상의 가치를 제공하고, 시간을 들여 충성도 높은 관계를 쌓으면 몇 배로 보상을 받을 수 있다. 파레토 법칙을 기억해보자. 상위 20퍼센트의 고객은 여러분과 점점 더 많은 거래를 하고, 다른 고객을 소개해주며, 여러분을 칭찬하고 여러분의 브랜드가 성장하는 데 도움을 줄 것이다. 훌륭한 사업은 고객을 만족시키고, 이 고객들은 가장 중요한 마케팅을 책임진다.

두 번째 힘은 바로 직원들이다. 다음 장에서는 모든 사업의 원동력인 훌륭한 인재를 찾아 육성하는 방법에 대해 자세히 설명할 것이다. 직원들을 진심으로 아끼고 그들이 사업(그리고 사업을 통해 여러분이 이루고자 하는 꿈)을 성공시키기 위해 열정적으로 일하게 만들어야 사업은 성장할 수 있다.

그래서 나는 **성장 단계에서 성공을 위해 투자해야 한다**고 말한다. 이쯤 되면 더 이상 위험 요소도 없고 사업 모델도 찾은 상태다. 잘못된 투자에는 더 이상 돈을 밀어 넣지 말아야 한다는 것도 알고 있다. 여러분은 아마존에서 산 싸구려 마이크 정도가 아니라 값비싼 팟캐스트 스튜디오 비용도 감당할 수 있고, 투자를 한 만큼 더 높은 품질의 제품을 생산할 수 있을 것이다.

이 시점에서 사업에 재투자해야 한다. 일 잘하는 직원에게 월급을 더 많이 주고 지분도 나눠주자. 사람들이 일하고 싶을 만큼 좋은 사무실을 골라 근사하게 꾸미자(아니면 자택의 근무 공간에 필요한 것들을 갖추게 해주자). 필요한 장비와 시스템에 투자하자. 무엇보다 직원들에게 일하는 방식과 장소를 결정할 수 있는 자유와 재량을 줘야 한다.

앞서 설명했듯이, 사업 초기에는 절약해야 한다(쓰고 싶어도 없겠지만). 한 푼이라도 아끼고 꼭 필요할 때에만 지출해야 한다. 그러나 일단 사업이 자리를 잡고 커나가기 시작하면 상황이 달라진다. 이 시점에서 급여와 수당을 낮추거나 열악한 환경에서 일하라고 하면 직원들은 도망가버린다. 또한 온라인에서 인지도를 높이고 사람들이 여러분의 브랜드를 찾을 수 있는 모든 채널에 전폭적으로 투자하지 않으면 잠재 고객과 투자자들도 멀어지고 만다.

얼마 전 어느 회사가 내게 투자를 제안했다. 그들의 웹사이트와 소셜 미디어 채널을 확인해보니, 오래되어 유효하지 않은 링크들이 여전히 게시되어 있었고, 최신 소식 코너에는 6개월 전에 올린 게시물이 마지막으로 올라와 있었다. 제대로 하든지, 아예 하지 말든지 둘 중 하나를 결정해야 한다. 소셜 미디어는 제대로 관리하지 않을 거라면 차라리 없는 것이 낫다. 사업이 이 정도 단계에 이르면 브랜드가 포함된 모든 것이 그 브랜드를 대표하는 것으로 보인다. 사업의 어느 부분 하나라도 하자가 있는 것처럼 보이면 사람들은 분명 전체가 다 그럴 거라고 생각하고 재빨리 다른 곳을 찾는다. 그러므로 사업이 성장하면 올바른 시스템을 갖추는 데 투자하고 이를 유지할 수 있는 적절한 인력을 고용해야 한다. 그러지 않으면 사업이 성장하는 데 큰 걸림돌이 된다. 사업을 시작할 때는 검약하게, 키울 때는 넉넉하게 투자해야 한다.

그러기 위해서는 어떻게 해야 할까? 내가 사업을 하면서 배운 가장 중요한 교훈 한 가지를 따라해보자. **회사에서 수익이 났을 때 그 돈을 개인적으로 꺼내 써서는 안 된다.** 그 돈을 집을 사거나 오랜만에 휴가를 가는 데 사용하지 마라. 그 대신 사업에 다시 투자하자. 직원들의 급여를 인상하고, 사업장을 개선하고, 브랜드를 개발하고 홍보해야 한다. 그러면 일부 지분이나 사업 전체를 매각할 때, 그 투자에 대한 보상을 받을 것이다. 그 대신 만약 사업을 운영하는 동안 새집을 사거나 휴가를 즐기는 데 수익을 야금야금 써버린다면 결국 사업의 성장을 방해하고 최종적인 가치마저 떨어뜨리게 된다. 당장의 유혹을 참아내면 장기적으로 크게 성공할 수 있다.

이 단계에서는 사업으로 벌어들인 돈을 재투자하는 것뿐만 아니라 외부에서 투자를 받는 것도 고려해볼 수 있다. 내가 가장 자주 받는 질문이 바로 이것이다. "사이먼 씨, 투자자는 어떻게 구하나요?" 그러면 나는 항상 이렇게 대답한다. "정말 투자자가 필요한가요?" 많은 사람이 외부 투자는 당연히 좋은 일이고, 사업이 '대박을 터트렸다'는 뜻이라고 생각한다. 하지만 잘못된 투자자를 만나거나 잘못된 곳에 투자를 받으면 인생이 망가질 수 있다. 돈을 버는 짜릿함은 곧 사라지고, 만나지 말아야 했을 사람을 위해 일하고 있는 자신을 발견하게 될 것이다.

투자자가 필요한 게 확실하다면 투자자를 어디서 찾을 수 있을지 곰곰이 생각해보자. 비교적 금액이 적은 사업 초기 단계에서는, 가족이나 친구로부터 자금을 조달하는 것도 좋다. 이들은 이미 여러분을 잘 알고 있고 여러분의 성공을 기원하는 사람들이다. 딱 한 가지 기억해야 할 것은, 절대 사업을 부풀려 얘기해서는 안 된다는 점이다. 사업 때문에 가까운 사람들과의 소중한 관계를 망치지 말자.

가족과 친구 중에 투자할 만한 사람이 없다면, 초기 단계에서는 에인절 투자자angel investor를 찾게 될 것이다. 에인절 투자자들은 다른 사업에 투자하는 개인 자산가들로, 대부분 자신의 사업을 매각한 사업가들이다(나 역시 이런 방식으로 투자한다). 이들은 자금을 지원할 수 있는 경제력은 물론 창업 단계에서 실질적으로 도움을 줄 수 있는 지식과 경험을 갖추고 있다. 업계 사람들과 인맥을 쌓거나, 행사 자리에서 회사를 소개하거나, 다른 창업자들에게 투자자를 소개해달라고 요청하는 방법으로 에인절 투자자들을 찾을 수 있다.

하지만 이때 기억해야 할 점이 있다. 반드시 여러분의 사업과 잘 맞는 투자자를 찾아야 한다는 것이다. 창업자의 목표를 믿고, 관련 전문 지식이 있으며, 여러분이 생각하기에 함께 오랜 시간 즐겁게 일할 수 있는 사람이어야 한다. 사람들은 투자자가 까다롭게 회사를 고른다고 생각하지만 창업자 역시 투자자를 찾을 때 그만큼 신중해야 한다. 사업에 가장 적합한 투자자를 찾아라. 투자자에게 투자를 받는 중이라고 하는 대신, 알맞은 사람들에게서 투자를 받고 싶다고 말해라. 투자자들이 사업의 성장과 발전에 어떤 식으로 도움을 줄 수 있다고 생각하는지 설명해라. 여러분은 꿈을 이루기 위해 창업을 하는 것이지, 투자자를 자처하는 또 다른 상사 밑에서 일하려고 회사를 차리는 게 아니다. 까다롭게 골라라. 그리고 내가 알려주는 투자의 황금률을 기억하자. **돈을 요청하면 조언을 받고, 조언을 요청하면 (아마도) 돈을 받을 것이다.**

사업이 그 이후 단계에 있다면 벤처캐피털과 같은 투자자가 적합할 수 있다. 하지만 벤처캐피털은 매우 **빠른** 속도로 크게 성장할 수 있는 회사를 찾는 전문 투자회사라는 점에 유의해야 한다. 이들은 제2의 에어비앤비, 룰루레몬, 파이브 가이즈를 찾고 있다. 여러분의 야망이 그만큼 크고, 사업을 통해 엄청난 견인력과 성장 잠재력을 보여줄 수 있다면 벤처캐피털의 관심을 끌 수 있을 것이다. 이때에도 다시 한번 신중을 기해야 한다. 여러분이 속한 업계와 관련된 벤처캐피털 회사를 찾아서 그들이 투자한 다른 회사들을 살펴본 다음, 적합하다면 누군가로부터 소개를 받아보도록 하자.

사람들이 거의 언급하지 않는 마지막 투자 유치 방법은 여러분이 고용한 직원으로부터 투자를 받는 것이다. 가끔 특정 수준의 능력이나 경력을 갖춘 인물이 필요하지만 그런 인재를 채용하지 못할까 봐 애태우는 경우가 있다. 그 사람은 이미 더 큰 경쟁업체에서 여러분은 제안할 수 없는 높은 연봉을 받으며 일하고 있을 가능성이 크다. 대개 그런 경우 그들은 CEO나 창업자를 대신해 회사를 실질적으로 운영하는 이인자인 경우가 많다. 그렇다면 닿을 수 없는 곳에 있는 것만 같은 이들을 어떻게 데려올 수 있을까? 간단히 말하자면, 현 고용주가 절대 주지 않는 것을 제안하면 된다. 바로 회사의 주요 지분이다. 말 그대로 회사를 인수하라고 초대하는 것이다. 이렇게 하면 원하는 인재를 영입하는 동시에 필요한 자금도 확보하는 일거양득의 효과를 얻을 수 있다.

하지만 언제 어떻게 투자자를 구하든, 기본적으로 원칙은 동일하다. 적합한 사람을 찾고, 여러분의 사업이 왜 투자하기에 적절한지 그들에게 설명하고, 돈을 요청하기 전에 먼저 도움을 요청해야 한다. 여러분의 사업을 더 가치 있게 만들 수 있고 투자 기회를 제안받아서 기뻐할 사람을 찾아야 한다. 여러분의 목표를 응원하는 투자자를 찾으면 커다란 변화를 이끌어낼 수 있으며, 더 빠르게 움직이고 더 과감한 조치를 취할 수 있다.

고객과 직원, 투자자에 이어 마지막 힘은 바로 여러분이다. 애초에 사업에 생명을 불어넣은 것은 바로 창업자인 여러분이었다. 그리고 시간이 흘러 사업이 얼마나 훌륭하게 성장할지도 역시 여러분의 행동이 결정한다. 이는 여러분이 무얼 하는가에 달려 있다. 사업을 확장할 새로운 기회를 찾거나, 주요 고객들과의 관계를 관리하거나, 신규 사업을 유치하는 일과 같이 사업의 흐름을 결정하는 일을 하기에 가장 적합한 사람은 여전히 여러분이다. 또한 창업자로서 정해진 틀에서 벗어나 전혀 예상치 못한 일을 할 가능성도 가장 크다. 기회를 포착하고 그 기회에 시간(때로는 돈)을 투자하는 것도 창업자가 해야 할 일이다.

동시에 하지 말아야 할 일도 있다. 대부분의 사업가들이 어려워하는 부분이다. 여러분은 뭔가를 하고 결정을 내리는 데 익숙하다. 실행했더니 결과도 좋았다. 하지만 어느 시점이 지나면 혼자서 모든 것을 할 순 없다. 그렇게 하려고 한다면, 사업을 키우기 위해 채용한 사람들을 오히려 방해하는 꼴이 된다.

흔히 볼 수 있는 상황이다. 사람들은 사업을 확장하기가 힘들다고 말한다. 제자리걸음을 하고 있으며 성장하려고 안간힘을 쓰고 있다고 말이다. 여러분도 마찬가지라면 잘 들어보길 바란다. 먼저 거울을 들여다보자. 좋든 싫든, 사업의 성장을 방해하고 있는 사람은 십중팔구 여러분 자신이다.

그 이유는 이렇다. 여러분은 빈손으로 사업을 일궈냈고 성공의 주역도 바로 여러분이었다. 대부분의 신규 계약을 유치하는 사람도 여전히 여러분이다. 팀에서 가장 실적이 좋은 사람도 여러분일 것이다. 여러분이 없었다면 이 모든 것은 불가능했을 것이다. 문제는 모두가 이 사실을 알고 있고 그에 따라 행동한다는 데 있다. 모두가 여러분에게 먼저 확인하지 않고 결정을 내려선 안 된다고 여긴다. 자신이 나서서 더 많은 책임을 지길 기대하는 사람은 없다는 것도 무의식적으로 알고 있다. 그들은 문제가 발생하거나 해당 월의 목표를 달성하지 못할 위기가 닥치면, 해결해달라며 여러분을 찾아올 것이다.

하지만 그것은 그들의 단점이 아니라 여러분의 단점이다. 여러분의 그림자가 너무 커서, 그 그늘 속에서 자라는 식물처럼 직원들도 자랄 기회를 얻지 못하고 있다. 이를 흔히 '창업자 증후군founder syndrome'이라고 하는데, 성공을 위해 많은 사람이 이바지해야 할 시점에 창업자가 여전히 지나치게 큰 역할을 맡고 있는 상황을 말한다.

이는 창업자만이 해결할 수 있는 문제로, 세 가지 T를 실천하면 된다. **다른 사람을 가르치고**Train, **믿으며**Trust, **자신은 손을 떼는**Tear yourself away **것이다.** 나는 플루이드에서 이 사실을 깨달았

280

다. 몇 년간 사업을 운영하면서 나는 중요한 일을 할 사람은 나밖에 없다고 믿고 있었다. 그래서 모든 사업 제안을 주도하고, 모든 주요 고객을 상대하고, 모든 업계 행사에서 내가 회사를 대표해야 한다고 생각했다. 그리고 한참 후에야 그런 행동들이 나 자신을 해치고 훌륭한 팀원들을 방해하고 있다는 사실을 깨달았다.

그래서 자리에 앉아 내가 하고 있는 일을 전부 죽 적어 내려 갔다. 그런 다음 내 업무를 쪼개서 직원들에게 나눠주기 시작했다. 전에는 서툴렀지만 재능이 있다고 생각되는 사람들을 가르치고 그들에게 역할을 맡겼다. 그리고 진작에 더 많은 책임을 맡겨야 했을 사람들을 믿어보기로 했다. 마지막으로 사업에서 손을 뗐다. 나는 여전히 CEO였고, 여전히 사업 제안도 많이 하고 고객과 인맥 관리에도 신경을 썼지만, 더 이상 내가 없으면 사업이 망할지도 모른다는 생각은 들지 않았다. 다른 사람들이 나설 수 있도록 나는 한 걸음 물러섰다. 그러자 놀랍게도 사업이 빠르게 성장했다.

어떤 사업이든 성장은 쉽지 않은 과제다. 해야 할 일과 하지 말아야 할 일, 그리고 운과 타이밍이 얽히는 복잡한 과정이기 때문이다. 이 과정에는 중요한 요소가 많으므로 다음 장에서는 각 요소를 차례로 살펴보겠다. 필요한 팀을 구성하고, 위험을 감수하는 능력을 키우며, 끈기를 발휘하고, 자기 인식을 통해 자신의 역할을 잘 관리하고 발전시키는 방법에 대해 알아보자. 그중에서도 성장을 이끄는 가장 중요한 요소인 사람과 파트너십에서부터 시작해보자.

# 10

# 뛰어난 인재를 찾아라

지금까지 나는 수백 명의 직원을 채용했고 수십 명의 동업자와 사업에 뛰어들었다. 직원 중에는 뛰어난 인재들도 있었고, 업무 첫날부터 잘못 뽑았다 싶었던 사람들도 있었다. 수십 년간 이어진 비즈니스 파트너십도 있었고, 뻔뻔하게 나를 벗겨먹으려던 사람들도 있었다. 넘치게 많은 돈을 벌어들인 거래도 있었고, 엄청나게 돈을 쏟아부었지만 모두 물거품이 되어버린 거래도 있었다.

그 모든 좋은 경험과 나쁜 경험을 통해 나는 한 가지를 확신하게 됐다. **누구와 함께 사업을 하는가가 그 무엇보다 중요하다는 것이다.** 회사의 성공과 실패는 대개 좋은 사람을 고용(그리고 해고)하고, 좋은 파트너십을 맺고, 올바른 투자자와 조언자를 찾는 능력에 달려 있다. 조직에 딱 맞는 인재를 영입하고 부적절한 인물들을 얼마나 잘 쫓아내는지에 따라 사업의 성패가 달라진다.

마지막 말이 다소 가혹하게 들릴 수 있지만, 좋은 직원은 사업을 잘되게 하고 나쁜 직원은 사업을 망하게 할 수도 있다는 것은 부정할 수 없는 현실이다. 여러분의 꿈에 공감하지 않고, 여러분과 같은 목표나 도덕적 신념을 지니지 않으며, 성공하고자 하는 의욕도 없는 사람은 여러분이 사업을 해나가는 데 큰 걸림돌이 된다.

하지만 훌륭한 인재는 여러분이 깜짝 놀랄 정도로 많은 일을 하면서 중요한 역할을 해낸다. 그들은 여러분이 실수하지 않도록 도와주고, 여러분이 놓쳤던 기회를 발견하며, 사업을 발전시키는 데 도움을 준다. 여러분이 공을 인정하고 보상한다면 머지않아 그들도 여러분만큼 훌륭하게 업무를 해나갈 것이다.

함께 일하는 사람들의 중요성은 사업이 성장하면서 함께 커질 수밖에 없다. 사업이 성장하면 더 많은 인력이 필요할 뿐만 아니라 다양한 능력을 갖춘 사람들이 필요하기 때문에 채용 방식을 변경해야 할 수도 있다. 성장을 촉진하기 위해 외부 투자를 받거나 파트너십을 맺어야 할 수도 있다. 이때 완전히 새로운 범주의 사람들을 접하게 되는데, 이들은 반드시 신중하게 채용해야 한다. 훌륭한 인재는 고객층을 키우는 것뿐만 아니라 여러분의 사업 목적에 부합하는 방식으로 일하고, 사업이 이루려는 꿈을 응원하며, 그 둘 모두를 더욱 빠르게 성장시킬 수 있는 커뮤니티를 육성하려 할 수도 있다.

사업가에게 가장 큰 장애물이 무엇인지 물어보면 대부분 사람이라고 답할 것이다. 직원을 채용하는 것은 가장 힘들고 시간을 오래 잡아먹는 일이다. 게다가 아무리 정교한 시스템을 마련한다 해도 결국 함께 일할 사람은 직접 일일이 결정할 수밖에 없다. 항상 올바른 결정만 내릴 수는 없지만, 절차를 마련하고 피해야 할 커다란 함정을 파악하면 잘 선택할 가능성을 높일 수 있다. 따라서 이 장에서는 파트너를 고르는 방법, 직원을 채용하고 해고하는 방법, 투자자와 조언자를 찾는 방법, 커뮤니티를 구축하는 방법에 대해 알려주고자 한다. 여러분의 꿈은 여러분 개인의 것이지만, 사람들과 함께 이야기하고 힘을 합쳐야 이룰 수 있다. 팀워크는 꿈을 실현해준다.

## 제대로 된 파트너를 골라라

아마도 가장 먼저 찾아야 할, 그리고 단연코 가장 중요한 사람은 바로 비즈니스 파트너일 것이다.

제대로 된 비즈니스 파트너십을 맺는다면 탁월한 성과를 거둘 수 있다. 물론 지금껏 내 가장 중요한 파트너는 헬렌이었다.

우리가 처음 만났을 때 헬렌은 박봉에 시달리는 그래픽디자이너였고, 나는 친구 집 소파에서 잠을 청하며 홍콩으로 이주한 건 잘한 일이라고 애써 합리화하는 신세였다. 게다가 헬렌은 나보다 내 친구에게 더 관심이 있었다. 그 자리에서 우리는 여러 가지 사업 아이디어의 이름을 지으며 낄낄거렸다. 그중에는 핑크 탱크Pink Tank도 있었는데 분홍색 탱크가 그려진 로고를 보면 한 번이라도 더 쳐다볼 거라는 이유에서였다. 그때만 해도 우리가 앞으로 15년 동안 함께 사업을 운영하고 결혼을 해서 부모가 될 거라고는 상상도 하지 못했다.

안타깝게도 모든 비즈니스 파트너십이 그렇게 아름다운 결실을 맺을 수 있는 것은 아니다. 나와 같이 일했던 공동 창업자 중에는 겉과 속이 다른 사람, 점점 사업에 대한 흥미를 잃은 사람, 나와 목표하는 방향이 근본적으로 다른 사람도 있었다. 나는 이런 실수를 통해 많은 것을 배웠고, 그런 상황들을 어떻게 피해야 하는지 알게 됐다. 이제 나는 파트너십에 관한 결정을 내릴 때 좋은 관계가 될지 여부와 그 이유를 훨씬 더 엄격하게 평가한다. 내게는 나름의 절차가 있는데 그 방법을 여기서 여러분에게 공개하겠다.

하지만 그 전에 이런 의문이 들 수도 있다. 파트너가 꼭 필요한가? 혼자서 창업하고 운영할 수는 없나? 간단히 대답하자면 물론 가능하다. 어떤 사람들은 혼자 일하기를 선호하는데 그것도 괜찮다. 제프 베이조스Jeff Bezos도 아마존을 혼자서 창업했고 문피그의 창업자인 닉 젱킨스Nick Jenkins도 자신은 혼자서 모든 결정을 내리는 자율성을 사랑하기 때문에 공동으로 창업하는 게 세상에서 제일 싫다고 내게 말했다.

어쩌면 더 정확한 대답은 '혼자 할 수는 있지만 그러고 싶지 않을 수도 있다'일 것이다. 누군가와 함께 사업을 운영하면 실질적으로 장점이 있다. 마치 헬스장에 가는 것과 비슷하다. 물론 훌륭한 습관을 만들고 성과를 내는 건 혼자서도 할 수 있지만, 대부분 헬스장 친구가 한 명 이상 있으면 운동하기가 훨씬 쉽다. 친구가 운동하기 싫을 때 응원도 해주고, 목표도 일깨워주고, 특히 운동을 더 재미있게 만들어주기 때문이다.

그것 말고도 장점이 더 있다. 그들은 여러분에게 부족한 기술이나 경험을 보완해줄 수 있다. 기술이나 숫자에 약하고 심지어 사교성까지 부족하다면, 이 분야에 뛰어난 사람이 여러분에게 꼭 필요한 공동 창업자가 될 수 있다. 이렇게 하면 서로 각기 다른 영역에 집중해서 자신만의 방식으로 사업에 이바지할 수 있다.

파트너가 있으면 혼자서는 절대 얻을 수 없는 균형 감각도 확보할 수 있다. 우리가 아무리 많이 안다고 생각해도 그것은 하나의 의견, 하나의 경험, 하나의 편견일 뿐이다. 대부분의 사람은 자신이 무엇을 모르는지도 모른다. 파트너가 생기면 사고의 폭이 넓어지고 자신의 가설을 다시 한번 생각해보게 된다. 그래서 균형이 잡힌, 더 나은 결정을 내리는 데 도움이 되는 경우가 많다.

만약 파트너가 필요하다면 어떻게 찾을 수 있을까? 가장 먼저 해야 할 일은 고객층을 파악할 때와 마찬가지로 여러분이 무엇을, 누구를 찾고 있는지 정확히 파악하는 것이다. 너무 뻔한 소리 같지만, 이 과정은 무척 중요하며 반드시 큰 도움이 된다. 어떤 사람과 함께 사업을 시작하고 싶은지 적어보자. 출신 지역은 어디인지, 지난 2년간 어떤 일을 해왔는지, 나이는 몇 살인지 등을 최대한 자세히 적어라. 그리고 생각해보자. 함께 사업을 운영하며 꿈을 이루고 싶은 사람이 세상에 딱 한 명만 있다면 어떤 사람일지 그려보는 것이다. 함께 일할 사람을 상상하는 것은 그런 사람을 보내달라고 달을 보며 비는 것과는 다르다. 찾고 있던 것이 주로 눈에 띄는 단순한 심리 작용이다. 내가 5분 동안 빨간 자동차에 대해 떠들면, 아마 하루 종일 빨간 자동차가 여러분의 눈에 들어올 것이다.

일단 기준을 정했으면 이제 그 사람을 찾아보자. 가장 효과적인 방법은 여러분이 사업을 시작하려고 하며 공동 창업자를 찾고 있다고 사람들에게 소문을 내는 것이다. 온라인에 글을 올리자. 친구들과 동료들에게 알리자. 찾고 있다고 분명히 밝히지 않으면 여러분의 사업에 딱 어울리는 든든한 동반자를 찾기가 쉽지 않을 것이다.

　그렇게 해서 파트너 후보를 찾았다고 치자. 누군가와 대화하다가 한 친구가 직장을 그만두고 창업을 고민하고 있다는 얘기를 듣게 될 수도 있다. 아니면 여러분에게 완벽한 파트너가 될 만한 친구나 처제 또는 전 직장 동료가 있다고 할 수도 있다. 그렇다면 그 사람이 여러분이 찾고 있던 인물인지 어떻게 알 수 있을까? 여러분의 꿈을 누군가에게 맡길지 말지를 어떻게 판단해야 할까?

　내가 비즈니스 파트너 후보를 평가하는 기준은 두 가지다. 나와 적당한 공통점과 적당한 차이점, 이 두 가지를 모두 갖춘 사람을 선택한다. **본능적으로 우리는 비슷한 점을 찾지만, 파트너십에서는 차이점도 그만큼 중요하다.** 꼭 닮은 두 사람이 함께 사업을 하는 것은 그다지 이상적인 조합이 아니다. 왼손만 두 개가 있거나 두 명의 운동선수가 한 팀에서 같은 포지션을 맡으려는 것과 같다. 서로 방해만 되고 상대방의 약점을 보완해주지도 못할 것이다. 기술이나 경험, 지식과 같은 '객관적' 요소는 어느 정도 차이가 나는 게 바람직하다. 여러분이 어느 한 분야를 특출나게 잘할 수 있다면 파트너는 다른 영역을 관리하면 된다. 많은 기술 분야 스타트업의 경우 '기술' 담당 공동 창업자와 채용이나 마케팅처럼 코딩을 뺀 나머지 일에 더 집중하는 공동 창업자가 짝을 이루는 경우가 많다.

하지만 다른 점이 많아도 적어도 이 한 가지는 같아야 한다. 이건 무척 중요하며, 이 공통점이 없다면 비즈니스 파트너십을 맺어서는 안 된다. **바로 도덕적 기준이다.** 동일한 기본 원칙을 가지고 사람을 대하고 사업을 운영해야 한다. 두 창업자의 능력이 아무리 뛰어나다 해도 직원들에게 보수를 주고, 고객을 대하고, 계약 조건을 준수하는 방법에 관해 서로 의견이 다르다면 오랜 시간 함께하기는 어렵다.

비즈니스 파트너십의 본질은 그날그날 집중하는 분야는 서로 다르더라도 중요하고 어려운 결정은 함께 내린다는 것이다. 이런 결정을 통해 도덕적 기준, 즉 업무와 관련해 옳고 그름에 관한 기본적인 감각이 일치하는지가 드러난다.

2008년 금융 위기 때가 그 좋은 예다. 주요 금융 중심지였던 홍콩은 직격탄을 맞았고 경기는 빠르게 악화되기 시작했다. 헬렌과 나는 고객사들이 매장을 폐업하고 경쟁사들이 하루아침에 직원들을 해고하는 모습을 지켜봤다. 우리도 그렇게 해야 할 것 같았다. 플루이드가 살아남으려면 직원들을 대량으로 정리해고하고 이 위기를 최대한 버텨내야 했다. 내가 헬렌에게 직원들을 해고하지 않으면 회사가 망할 거라고 말한 적도 있었다.

하지만 우리는 차마 그럴 수 없었다. 우리와 함께 회사를 키워온 수많은 인재를 다른 일자리가 없는 게 뻔한 상황에서 도저히 내보낼 수가 없었다. 우리 둘 다 정리해고가 논리적으로는 옳지만, 도덕적으로는 잘못된 일이라고 생각하고 있었다. 헬렌은 이렇게 정리했다. "회사가 망하면 우리는 언제든지 다른 일을 하면 돼." 그렇게 결론이 났다.

우리는 회사와 모든 직원을 구하기 위해 싸우기로 했다. 그래서 정리해고를 발표하는 대신, 모두의 예상에서 벗어난 조치를 취했다. 채용을 시작한 것이다. 경쟁사에서 훌륭한 인재들을 방출했다는 소식을 들었기 때문이었다. 우리는 성장을 통해 문제를 극복해보기로 했다.

무척 위험했고 실패할 가능성도 컸다. 금방이라도 현금이 바닥날 것처럼 보였다. 하지만 예상과 달리 금융 위기는 오래가지 않았다. 경제는 다시 회복되기 시작했고 우리는 전보다 능력 있는 직원들(대개 그들의 고객들까지)을 더 많이 확보한 상태에서 기회를 잡을 준비가 되어 있었다.

위기가 몇 달만 더 지속됐어도 결과가 달라졌을 수 있지만, 어쨌든 우리의 도박은 성공했다. 하지만 중요한 것은 내가 처음에 흔들리긴 했어도 결국 헬렌과 내가 단합해서 이런 결정을 내렸다는 점이다. 이는 사람을 대하는 방법에 관한 도덕적 기준이 같았기 때문에 가능했던 일이다. 우리 둘 다 나만 살겠다고 직원들을 희생시킨다면 평생 후회하리라는 것을 알고 있었다. 이처럼 중요한 결정을 내려야 하는 순간이 되면 비즈니스 파트너와 도덕적 기준과 가치관이 일치하는지가 여실히 드러

난다. 일치하지 않으면 사업이 위기에 빠졌을 때 파트너십이
깨질 수 있다.

꿈과 신념이 일치하는 사람을 찾는다면 장담컨대 여러분의
인생에서 가장 중요하고 의미 있는 관계를 맺을 수 있을 것이
다. 파트너십은 맺기는 어렵지만 늘 애쓴 만큼의 가치가 있다.
제대로 된 파트너를 찾는다면 사업을 운영하는 어려움은 절반
으로 줄고 즐거움은 두 배로 늘어날 것이다.

## 신중하게 직원을 채용해라

대부분 직원이 없어도 사업을 시작할 순 있지만, 곧 창업자
혼자서는 감당할 수 없는 한계에 도달하게 된다. 왼손으로 사
업을 운영하면서 오른손으로 사업을 성장시킬 수는 없다. 손이
더 필요하다. 내가 사업을 확장할 때 따르는 기본 원칙은 좋은
직원을 뽑을 때마다 일이 조금씩 더 수월해진다는 것이다.

직원 채용과 관리는 사업을 운영할 때 가장 즐거운 일이 될
수도, 가장 힘든 일이 될 수도 있다. 잘만 뽑으면 회사에 이익이
되고, 누군가의 경력을 키워주었다는 뿌듯함도 느낄 수 있다.
특히 여러분의 회사에서 처음 직장 생활을 시작해 나중에 큰
성공을 거둔 사람과의 관계는 큰 도움이 된다. 여러분이 나중
에 그들의 고객이 되거나 그들의 사업에 투자할 수도 있다. 하

지만 반대로 사람을 잘못 뽑으면 그 직원의 문제를 해결하느라 하루 종일 시간을 허비하게 된다. 그러다 보면 여러분과 그 직원 모두 제대로 할 수 있는 게 아무것도 없는 것처럼 느껴진다. 애초부터 잘못된 채용이기에 결국 남은 문제는 양쪽이 어떻게 이 혼란에서 벗어날 수 있느냐 하는 것이다.

그렇다면 사람을 제대로 뽑을 확률이 가장 높은 방법은 무엇일까? 이미 앞에서 논의했으니 여러분도 알고 있을 것이다. 바로 목적에서 시작하는 것이다. 내 경험에 따르면 돈을 버는 것 말고 다른 목적이 없으면 좋은 직원을 뽑기가 어렵다. 하지만 목적을 찾고 그 목적에 따라 회사를 세우면 사람을 뽑기도 상당히 쉽다.

목적은 사람들이 진정으로 여러분 회사의 일원이 되고 싶은지를 판단하는 기준이 되며, 여러분이 조직하는 팀에 활력을 불어넣어준다. 목적이 있으면 여러분은 직원들이 아니라 조직의 단합된 목적을 관리하는 데 훨씬 더 많은 시간을 할애하게 될 것이다. **목적이 없으면 하나의 팀이 아니라 개인들의 모임이 되어버리고 만다.** 하나로 뭉칠 만한 공동의 목표를 마련해주지 않으면 다들 자기 자신에게만 집중한다. 그 결과 여러분은 하루가 멀다 하고 개인적인 문제나 불만을 처리하느라 시간을 낭비하게 될 것이다.

그러므로 반드시 목적이 있어야 한다. 그러면 목적을 어떻게 활용해서 적합한 인재를 채용할 수 있을까? 목적이 일치하는지 확인하는 게 내 채용 기준 중 하나이기는 하지만, 누구나 면접 자리에서는 마음에도 없는 입에 발린 말을 하기 마련이다. 따라서 채용 후보가 진심으로 얘기하는지 주의 깊게 살펴봐야 한다. 간단하게 점검해보는 것도 한 가지 방법이다. 환경보호에 매진한다는 사람이 정작 소셜 미디어에는 기름을 많이 먹는 차 사진을 떡하니 올려놓진 않았는지 확인해보자.

또 다른 방법은 열의를 시험해보는 것이다. 내가 영상 편집자를 채용한다고 가정해보자. 나는 소셜 미디어에 광고를 내고 면접을 시행할 것이다. 그런 다음 가장 우수한 지원자들에게 면접의 일부로 (즉, 돈을 받지 않고) 내 다음 동영상을 편집해줄 수 있는지 물어보겠다. 하지 않겠다고 하는 사람들도 있겠지만, 내 목적에 공감하는 사람들은 기꺼이 자신의 실력을 발휘할 것이다. 그들은 정말 이 직업을 원하고 채용되기 위해 노력한다. 나는 이 짧은 시험을 통해 이 지원자가 얼마나 회사와 결이 맞고 의욕이 있는지 확인한다. 정말 관심이 있나? 꼭 이 자리에 취직하고 싶은가 아니면 그냥 한번 지원해본 건가? 누구와 일해도 상관없는 지원자를 채용할 필요가 있을까? 나는 절대 직원들을 그저 일꾼으로만 여기지 않는다. 직원들이 회사에서 일하는 이유는 목적에 공감하기 때문이다. 또한 이곳에서 일하는 것이 커리어 발전에 도움이 될 뿐 아니라 언젠가 자기 사업을 운영할 때도 큰 자산이 될 것이라고 믿기 때문이다. 나는 직원들을 신뢰하기에 지분을 나눠준다. 좋은 채용이란 직원과 고용주 모두가 서로를 선택하고 서로에게 헌신하는 것이라고 믿는다. 열의가 있고 여러분의 목적에 공감하는 지원자를 찾았다면 이제 마지막 시험만 남았다. 내가 어느 면접에서든 가장 중요하게 여기는 질문이다.

여러분에게 한번 물어보겠다. 여기 한 가지 제안이 있다. 여러분이 원하는 걸 전부 주겠다. 돈과 명예와 가족과 행복까지 완벽한 삶이란 바로 이거다 싶게 만들어주겠다. 지금이 몇 살이든 상관없이 70세가 되기 전까지 이 낙원에서 살 수 있다. 하지만 70세 생일날, 여러분이 사기꾼이라는 사실이 만천하에 드러날 것이다. 여러분은 남들을 속이고 인생을 망쳤다. 당신은 새로운 버니 매도프Bernie Madoff(미국 역사상 최대 규모의 다단계 금융 사기범—옮긴이)다. 그래도 70세가 되기 전까지는 아무도 이 사실을 모른다. 단, 70세가 넘으면 모두가 알게 된다.

질문은 간단하다. 이 제안을 수락하겠는가? 사람들의 대답은 거의 완벽하게 반반으로 나뉘었다. 절반은 수락하고 절반은 거절했다. 나는 제안을 수락하는 사람들이 나쁜 사람들이라고 생각하진 않지만, 성공이 무엇이고 어떻게 성공해야 하는지에 대해 잘못 알고 있다고 생각한다. 그들은 윤리와 도덕규범의 중요성에 대해 제대로 배운 적이 없을 것이다. 그리고 내 회사에서 일하기에 적합한 사람들이 아니다.

사업에서 흔히 말하는 원칙 중에 '더 빨리 올라갈수록 더 빨리 떨어진다'라는 말이 있다. 암호화폐의 천재라 불리던 샘 뱅크먼프리드를 보자. 하룻밤 사이에 그의 서류상 재산은 30조 원을 넘어섰다. 그러더니 눈 깜짝할 사이에 재판에서 유죄가 인정되어 25년 징역형을 선고받았다. 빠르고 쉽게 부자가 될 수 있다는 생각은 99.9퍼센트의 확률로 사기이거나 신기루다.

내가 위의 질문을 던지는 이유가 바로 이것 때문이다(이 책에서 공개해버렸으니 이제 다른 질문을 생각해내야 한다). 사람들이 성공하는 방법과 앞으로 일어날 일에 관해 얼마나 현실적인 시각을 가졌는지 확인해보려는 것이다. 또한 이 질문은 도덕적 기준을 점검해주기도 한다. 이 사람은 올바른 방식으로 일을 하고 싶어 하는가, 아니면 편법을 동원할 의향이 있는가? 결국 개인 브랜드는 여러분이 가진 전부다. 그 무엇보다도 평판을 소중히 여겨야 한다.

이 두 번째 제안은 아마 좀 더 솔깃하게 들릴 것이다. 플루이드를 설립했을 무렵 나는 마케팅 직원을 뽑기 위해 주요 경쟁사 중 한 곳에서 일하던 사람을 면접했다. 그는 자신의 능력이나 경력을 강조하지 않고 노골적으로 내 욕심을 자극했다. 이 사람은 경쟁사의 고객 데이터베이스를 담당하고 있었다. 그래서 그 데이터베이스를 가져와 영업상 민감한 정보를 우리에게 넘기겠다고 제안했다. 이 엄청난 양의 정보를 활용하면 우리 사업은 날개를 다는 것이나 다름없었다. 당시에 경쟁사를 앞지르려면 십수 년은 걸릴 게 뻔했지만, 이 정보만 있다면 한두 해 안에 거뜬히 해낼 수 있었다.

결정을 내리기는 쉬웠다. 나는 그 제안을 거절했다. 내 도덕적 신념에 어긋날 뿐만 아니라, 제안을 받아들이면 법적인 문제가 발생할 수 있다는 것을 알았기 때문이다. 또한 편법을 써서 사업을 키우고 싶지 않았다. 플루이드를 떠나는 순간까지 나는 15년 동안 그 회사를 키워왔다는 사실에 자부심을 느꼈다. 자랑스러운 성과였고, 정직하게 일해왔다고 자부할 수 있었다. 그런 의도를 내가 모르게 훼손할 수 있는 사람을 회사에 데려오고 싶진 않았다. 만약 이전 직장의 뒤통수를 치려는 사람을 고용했다고 쳐보자. 그가 떠날 때 우리 회사에 똑같은 짓을 하지 않을 거라고 어떻게 장담하겠는가?

따라서 결국은 여러분이 어떤 사람들을 영입하고 싶은지 파악하는 것이 중요하다. 여러분은 다양한 배경, 나이, 인생 경험, 기술과 관심사를 가진 사람들로 팀을 꾸리고 싶을 것이다. 하지만 목적과 사명, 도덕적 신념과 같은 중요한 기준들이 맞지 않는다면 후회하게 된다.

그러므로 반드시 직원을 신중하게 골라야 한다. 그저 누가 추천했다거나, 관련 경력이 있다거나, 당장 일을 시작할 수 있다는 이유만으로 사람을 뽑아서는 안 된다. 헬프뱅크는 전에 자신의 사업을 운영해본 경험이 있거나 언젠가 사업을 운영할 가능성이 있는 사람만 골라서 채용한다. 사람들이 꿈을 이루고 사업을 시작할 수 있게 돕는다는 우리의 목적에 공감하는, 의욕이 넘치고 자유분방하게 사고하는 사람들로 이루어진 팀을 꾸리기 위해서다. 나는 직원들 대부분이 결국 자신의 회사를 차리기 위해 떠나리라고 생각한다. 그들은 내 축복을 받으며, 아마 내 투자도 함께 받아 떠날 것이다. 하지만 어쨌건 현재로서는 그들이 있어야 내가 꿈을 이룰 수 있고, 그들은 여기서 경험을 쌓으며 자신의 꿈에 더 가까이 다가가고 있다.

회사에 적합한 채용 방법을 찾는 데에는 시간이 걸릴 수 있다. 실수를 피할 수는 없다. 그러니 배우며 발전해나가야 한다. 플루이드 초창기에는 우리보다 규모가 큰 경쟁사에서 일하면서 때가 묻지 않은, 갓 졸업한 신입을 채용해야 한다고 믿었다. 나는 우리 방식에 맞춰서 일할 직원을 원했다. 이런 식으로 훌륭한 인재들을 찾았지만 계속 같은 문제에 부딪혔다. 몇 년이 지나자 그렇게 선발한 직원들은 대부분 우리 회사를 떠나 경쟁사에서 일하기를 원했다. 더 크고 더 유명한 회사에서 일하고 싶어 했다. 다른 회사에서 일해본 경험이 없다는 이유로 그들을 채용했는데 오히려 그 이유 때문에 사람들이 떠나가고 있었다. 그래서 이번에는 더 큰 회사에서 한두 해 일하다가 질려버린 사람들을 더 많이 선발하기 시작했다. 그리고 장기적으로는 그 방법이 더 효과적이었다.

사업이 성장하면 고용하고자 하는 인재상을 변경해야 할 수도 있다. 팀 규모가 매우 작은 스타트업의 경우, 모든 일을 조금씩 할 줄 아는 직원을 두면 도움이 된다. 다재다능한 직원은 팀의 부족한 부분을 채워주고 전문성이 떨어진다는 약점을 보완해준다. 반면 조직의 규모가 커질수록 모든 일을 두루 해보는 제너럴리스트generalist보다는 자신의 업무를 훌륭하게 해내는 스페셜리스트specialist가 필요해진다. 사업을 확장하기 위해서는 더 효율적으로 일해야 한다. 다시 말해, 다양한 분야에서 각자 최대한 신속하고 유능하게 업무를 처리해야 한다는 뜻이다. 창문을 닦는 사람이 차량 관리와 회계 처리, 영업팀 총괄까지 맡을 순 없다. 각 업무들은 모두 전문적인 기술을 갖춘 스페셜리스트들이 해야 할 일이다.

어떤 방법이 됐든, 훌륭한 인재를 채용하는 것은 시작에 불과하다. 그들을 붙잡아두는 것 역시 중요하다. 복잡하고 어렵다고 말하는 사람들도 있지만 내 경험상 그렇지 않다. 그저 많은 사업가가 안 하려고 하는 일을 하면 된다. 바로 회사 소유의 지분을 직원들에게 조금씩 나눠주는 것이다. **다시 한번 얘기하겠다. 좋은 인재들이 회사에 남아 있기를 바란다면 지분을 나눠줘야 한다.** 놀라울 정도로 간단한 방법이지만 이 얘기를 하면 많은 사람이 갑자기 딴청을 피운다. 이 방법이 마음에 들지 않아서다. 그러면서 자신들의 기업은 급여도 높고, 보너스도 많이 주고, 수당도 많고, 조직 문화도 좋다고 말한다.

물론 그것들도 훌륭하고 당연히 해야 하는 것들이다. 하지만 그 어떤 것도 자신이 만들어낸 가치를 실제로 가져가는 것과 비교할 수는 없다. 이들은 여러분을 대신해 영업하고, 계약을 따내고, 재무를 관리하는 사람들이라는 점을 기억하자. 이들은 사업이 어떻게 진행되는지, 자신들이 사업을 성공시키는 데 어떤 역할을 했는지 잘 알고 있다. 그들이 이바지한 몫을 실제로 나눠주지 않는다면 그들은 부당한 대우를 받는다고 느낄 것이다. 반면, 급여와 혜택뿐만 아니라 회사의 지분까지 받게 된다는 사실을 알면 자신의 노력이 보상을 받는다는 보람도 느끼고 계속해서 회사에 충성할 수 있는 원동력도 얻을 수 있을 것이다. 소유는 자유를 가져다준다는 사실을 기억하자. 여러분도 소유를 원한다. 그러면서 여러분이 고용한 직원들에게는 나눠주지 않으려고 한다면 여러분은 좋은 사장이 아니다.

그렇다고 해서 모든 직원에게 입사 선물로 회사 지분을 5퍼센트씩 떼어주라는 말이 아니다. 나눠주는 방법은 상황에 따라 달라질 수 있다. 직접 지분을 소유하는 방법부터, 일정 기간이 지난 후 정해진 가격에 주식을 살 수 있는 권리를 부여하는 스톡옵션을 제공하는 방법까지 다양하다. 어떤 회사는 주식 소유권보다 수익을 공유하는 방식을 선호할 수도 있다. 또한 일정 기간 회사에 근속한 직원에게만 지분을 줄 수도 있다. 하지만 어떤 방식이든 직원들이 실제로 창출해낸 수익과 가치를 나눠 가질 방법을 찾아야 한다. 이에 관해 공개적으로 이야기하고, 아직 소유권을 갖지 못한 사람들에게 소유권을 가질 수 있는 방법을 알려줘야 한다. 그리고 지분을 공유하면 사업에 대한 통제권과 소유권을 포기하는 것이나 마찬가지라는 생각을 깨끗이 버려야 한다.

그러기엔 너무 위험하다는 말을 자주 듣는다. 직원들이 지분을 들고 그대로 회사를 나가버리면 어떻게 하느냐고 말이다. 그러면 나는 그 즉시 이렇게 대답한다. 당연히 사람들은 언젠가 떠나게 되어 있다. 하지만 여러분이 좋은 인재를 뽑았다면 꼭 필요한 경우 언제든 합리적인 방법으로 그들에게서 지분을 다시 사 올 수 있을 것이다.

한번 어느 쪽이 더 위험한지 곰곰이 생각해보자. 회사의 소유권을 일부 잃는 것일까 아니면 최고의 자산인 직원들이 자신의 가치를 인정받지 못한다고 느껴서 회사를 떠나는 것일까? 직원들의 이직률이 높아 어려움을 겪는 회사의 지분을 100퍼센트 소유하고 싶은가, 아니면 최고의 직원들이 업무에 전력을 다해 쭉쭉 커나가는 회사의 지분 51퍼센트를 소유하고 싶은가? 답은 분명하다. 이처럼 사업을 할 때는 꼭 맞는 인재를 찾고, 최선을 다해 그들이 계속해서 회사에서 일하고 싶게 만들어야 한다.

## 직원을 제대로 해고해라
### (7과 8의 법칙)

'애초에 잘 뽑으면 누굴 자를 일도 없다.'

이 말이 사실이면 좋겠지만, 아쉽게도 틀렸다. 채용 경험이 아무리 풍부하고 채용 절차가 아무리 엄격하다 해도, 여러분이 뽑은 사람들 가운데 적어도 몇 명은 회사와 어울리지 않는다. 그건 그들이나 여러분의 잘못이 아닐 수 있다. 직무가 맞지 않거나 때와 장소가 틀렸을 수도 있다. 그러나 실패한 채용이라는 사실은 변하지 않으며, 무언가 조처를 취해야 한다. 직원을 해고하는 것은 사업가로서 필요한 기술이므로 그 방법을 배워야 한다. 그럴 필요가 없다고 말하는 사람은 너무 순진해서 답이 없는 사람이다.

이것은 여러분과 회사의 이익만을 위해서가 아니다. 오랜 경험에 비추어볼 때 업무 성과가 저조한 사람들은 대부분 남몰래 회사를 탈출할 방법을 찾고 있다. 그들은 일을 할 수 없거나 하고 싶지 않아 한다. 농담 같지만, 해고하는 게 오히려 그 직원을 도와주는 일이다. 자신을 해고해줘서 고맙다며 내게 인사하는 사람도 많았다. 당시에 그들이 필요로 했던 것은 다른 곳에서 성공과 성취감을 찾아볼 계기였다. 더 어울리는 다른 일자리를 찾을 수 있게 도와준 적도 있었다. 자칫 곤란할 수 있는 상황을 서로에게 도움이 되는 기회로 바꾼 것이다.

직원들을 냉철한 시각으로 볼 수 있어야만 이 문제를 해결할 수 있다. 직원들이 처한 상황을 정확히 파악하고 솔직하게 얘기해야 한다. 하지만 많은 고용주가 이 점을 간과한다. 그들은 성과가 저조한 직원의 문제가 저절로 해결되길 바란다. 괜히 끼어들어서 어색한 대화를 나누고 싶지 않기 때문이다. 게다가 상황을 애써 합리화하고 그 직원이 그렇게까지 일을 못하지는 않는 것처럼 포장한다. 그들은 기적을 바란다. 그리고 늘 실망한다. 한참이 지나 문제가 더 굳어진 다음에야 문제에 개입하기 때문이다.

나는 그 문제의 원인을 '7과 8의 법칙'이라고 부른다. 조직 내에서 직원들에게 1부터 10까지 점수를 매기기는 어렵지 않다. 6점 이하인 사람은 분명 고생하는 중이다. 필요한 법적 조치를 모두 취했다면 이들을 내보내기로 결정하는 것은 어렵지 않다. 자리에 맞지 않는다는 것을 그들과 여러분 모두 잘 알고 있기 때문이다.

그리고 사업을 지금의 위치로 올려놓고 거의 모든 업무에서 뛰어난 성과를 내는 9점 혹은 10점 대의 우수 직원들이 있다.

여러분은 그들이 회사를 떠나지 않기만을 바란다. 그러니 이들에게 지분을 나눠주고, 격려도 해주고, 일한 만큼 보상도 해줘야 한다.

문제가 복잡해지는 집단은 7점 또는 8점에 해당하는 사람들이다. 이들은 성과가 높지도, 낮지도 않다. 일이 잘 풀릴 땐 9점, 안 풀릴 땐 4점을 받을 수 있다. 이들은 일을 할 수는 있지만 썩 믿음직스럽지는 않다. 지시는 잘 따르지만 주도적으로 일하려는 의지는 없다. 꾸준한 편이지만 개선하려는 의지나 노력은 거의 보이지 않는다.

많은 사업가가 7점이나 8점짜리 직원들을 관리할 때 잘못을 저지른다. 그들은 그 직원들이 일관성 있게 9점을 받을 수 있도록 도와줄 수 있다고 믿는다. 또는 업무 능력이 형편없지 않은 사람을 해고하는 것은 너무 위험하다고 여긴다. 그들을 대체할 사람이 하나도 없는 상황이 닥치면 어떻게 하느냐는 것이다. 그 결과, 훌륭한 기업들이 능력이 못 미치는 사람들을 붙잡고 있느라 고생이 이만저만이 아니다.

따라서 '7과 8의 법칙'을 알아야 한다. 7점, 8점짜리 직원들을 **계속 붙잡아두면 9점과 10점을 받은 직원들이 떠난다.** 기준에 못 미치는 사람들을 그냥 놔두면 팀에서 가장 뛰어난 직원들은 자신들이 가치를 충분히 인정받지 못한다고 생각한다. 또한 자신보다 실력이 떨어지는 사람들이 동등한 보상을 받는 모습을 보게 될 것이다. 그러면 결국 자신을 더 귀하게 대해주는 곳으로 이직하게 된다. 10점 중 7점을 받은 한 명을 해고하는 결정을 피한 결과, 9점과 10점짜리 인재 두 명을 잃고 만다.

그런 위험을 감당할 수는 없는 노릇이다. 그러니 힘들겠지만 더 이상 망설이지 말고 그 직원을 해고해야 한다. 그래도 망설여지면 다른 직원이나 고객과 업무에 관한 대화를 나눌 때 그 직원의 이름이 얼마나 자주 등장하는지 떠올려보자. 일주일에 몇 번씩 그 사람의 이름을 듣지만 정작 칭찬은 하나도 없다면 문제가 있다는 신호다. 자리에 맞지 않는 사람들의 이야기는 인사 관련 회의에 허구한 날 등장한다. 여러분들은 이런 직원들을 냉정하게 평가해서 나쁜 소식을 전해야 한다.

사람이 아니라 역할이 문제인 경우도 있기는 하다. 7점이나 8점에 속하는 사람이 다른 부서나 직책으로 옮긴 후에 9점이나 10점을 받는 사례도 몇 번 봤다. 하지만 대개 7점으로 시작한 사람은 계속 7점이다. 해고 결정을 미루면 미룰수록 관련된 사람들만 더 힘들어진다.

해고를 당하고 싶은 사람도 해고를 하고 싶은 사람도 없겠지만, 도저히 그럴 수밖에 없는 경우들이 있다. 퇴사를 요청받는 당사자는 힘들겠지만, 회사 전체로 보면 옳은 결정이다. 또한 그 당시에는 실망스럽고 화도 나겠지만 해고당한 사람을 위해서도 옳은 일일 때가 많다. 어떤 이유에서든 그에게 맞지 않는 자리였다. 그는 매출을 올리거나, 고객과의 관계를 쌓거나, 기대만큼 성과를 내려고 고군분투하고 있었을 것이다. 이런 환경에서 그들은 성장할 수 없다. 누구나 이런 상황에서는 스트레스를 받는다. 그러니 여러분은 그들이 느끼는 감정과 그들이 실패한 원인에 공감해줘야 한다. 하지만 그런데도 그 문제를 해결할 수 있는 뚜렷한 방법이 없다면 단호히 조처해야 한다.

해고와 관련한 대화를 나눌 때는 가능한 한 분명하면서도 배려하는 태도를 보여야 한다. 그들은 이미 좋지 않은 업무 성과 때문에 경고를 받고 개선하기 위해 노력하는 중일 가능성이 높다. 그래서 이 소식이 날벼락같이 들리지는 않을 수도 있다. 하지만 여전히 충격적일 것이다. 이미 결정이 내려졌으며 되돌릴 수 없음을 분명히 밝히고 도와줄 것은 없는지 물어보자. 퇴사 후에도 연락하고 지내자고 말하고, 다른 회사를 소개해주고 구직 활동을 돕겠다고 제안하자. 대화가 끝나면 가능한 한 빨리 퇴사하기로 합의하자. 그런 다음 나머지 팀원들에게 이 사실을 알리고 질문할 기회를 주자.

관련된 누구도 유쾌하지 않은 상황이다. 결국 사람들이 해고되는 이유는 애초에 채용 결정이 잘못 내려졌기 때문이다. 돌이켜보면 여러분이 잘못된 사람을 뽑아 그들이 잘못된 직무를 맡았기 때문에 결국 이렇게 마무리될 수밖에 없었다. 이런 실수를 되돌리기는 어렵다. 그렇다고 피할 수도 없다. 그나마 꼭 필요한 정보를 확인하고 필수적인 절차를 밟은 후 신속하고 단호하게 처리하면 훨씬 덜 힘들다.

사람들은 곤란한 주제를 피하고 싶어 하므로 해고 얘기를 잘 꺼내지 않는다. 사업을 방해하는 사람들을 해고하는 방법보다 사람을 채용하고 그들의 꿈을 실현해주는 방법에 관해 얘기하는 편이 훨씬 즐겁기 때문이다. 하지만 이는 동전의 양면과도 같다. 사람들을 채용하다 보면 결국 해고해야 할 일이 생긴다. 그 사실을 받아들이고 제대로 해고하는 방법을 배우면, 여러분과 여러분의 사업, 심지어 여러분이 내보내기로 한 사람까지 모두의 고통을 크게 줄일 수 있다.

## 커뮤니티를 구축해라

처음 소셜 미디어에 창업하는 방법에 관한 콘텐츠를 올리기 시작했을 때만 해도 커뮤니티를 구축할 생각은 꿈에도 없었다. 불과 몇 년 만에 다양한 채널에서 500만 명이 넘는 구독자와 소통하고, 남의 꿈을 응원하는 대규모 커뮤니티를 지원하는 사업을 하게 될 줄은 상상도 못 했다.

그러면서 나는 커뮤니티가 기업이 사용할 수 있는 초강력 무기라는 사실을 배웠다. 육성하고 활용할 수만 있다면 커뮤니티는 어마어마한 자산이 된다. 여기서 말하는 커뮤니티는 단순한 고객층을 넘어서서 더 넓은 의미를 지닌다. 커뮤니티는 훨씬 더 활달하고 적극적이며 참여도가 높다. 커뮤니티에 속한 사람들은 단순히 신발 한 켤레를 구매하는 데 그치지 않고 여러분이 생산하는 모든 제품을 수집한다. 비디오게임을 즐길 뿐만 아니라 관련 콘텐츠를 만들어 공유한다. 또 여러분의 요리책을 사서 읽고 그 책을 참고해 자기만의 요리법을 창작해 게시한다.

그들은 팬이다. 팬들끼리 서로 소통하고, 여러분의 활동에 대한 자신들의 열정을 나누고, 이를 생활의 일부로 삼는다. 여러분은 여러분의 브랜드와 그 목적을 공동의 관심사로 가지고 있는 사람들을 모아 커뮤니티를 만들 수 있다. 온라인에서 함께 피파FIFA 축구 게임을 하거나 펠로톤Peloton(미국 홈트레이닝 업체로 운동기구에 모니터를 달아 온라인 서비스를 제공함—옮긴이) 실내 자전거를 함께 타는 사람들처럼 말 그대로 진짜 커뮤니티가 될 수도 있다. 아니면 난도스(영국의 유명 치킨 요리 체인점—옮긴이)에서 가볍게 식사를 즐기거나 아디다스의 신상품을 기다리는 사람들처럼 여러분의 브랜드를 생활의 일부로 여기는 사람들을 의미할 수도 있다. 어떤 경우든 열정과 팬들 그리고 소비가 만나는 지점에서 여러분은 커뮤니티를 만들어 브랜드를 강화할 수 있다.

커뮤니티는 항상 존재해왔지만, 디지털로 연결된 세상에서는 그 어느 때보다 강력한 힘을 발휘한다. 커뮤니티가 있으면 단순히 제품만 판매하는 것이 아니라 사람들이 서로에게 정보를 주고, 성과를 비교하고, 사진을 공유하고, 서로를 응원하는 일상을 경험하도록 도와줄 수 있다. 사람들에게 여러분의 브랜드는 같은 관심사를 가진 사람들이 만나서 특정 취미나 경험 또는 생활 방식을 즐겁게 공유하는 플랫폼이 된다.

커뮤니티의 힘은 대기업보다 중소기업에 훨씬 유리하게 작용한다. 금융과 같이 규제가 많은 산업에 있는 대기업들은 방대한 고객층을 가지고 있지만 고객과 소통할 때 일어날 수 있는 일에 대해 두려움을 느낀다. 고객들이 그들이 할 수 없는 일을 요구할 수도 있기 때문이다. 그래서 대기업은 일반적으로 커뮤니티를 활용하기보다는 축소하려고 애쓴다. 효과보다 위험이 더 크다고 생각하기 때문이다. 하지만 이는 고객을 커뮤니티로 전환하는 방법을 이해하는 사업가들이 이끄는, 더 작고 민첩한 회사에는 더없이 좋은 기회가 된다. 그래서 금융업만을 고집하는 영국의 내셔널웨스트민스터 은행이나 홍콩상하이은행과 같은 기업은 인터넷 은행인 몬조<sup>Monzo</sup>나 레볼루트<sup>Revolut</sup>가 얻은 브랜드 충성도와 참여도를 결코 따라잡을 수 없다.

헬프뱅크의 커뮤니티는 내게 그 무엇보다 소중하다. 천만 명의 사람이 꿈을 이룰 수 있도록 도우려면 대부분의 일을 남들이 해주어야만 한다. 귀한 시간을 내서 우리 플랫폼에 들어와 다른 사람들의 질문에 답하고, 조언을 해주고, 관계를 쌓는

사람들이 바로 그들이다. 그들이 그렇게 하는 이유는 '#주고안
받기' 원칙에 따라 운영되는 세상을 만들어보겠다는 우리의
꿈과 목적에 공감하기 때문이다. 그들은 커뮤니티에 이바지하
는 것 자체를 즐기기 때문에, 시간이 흐르면서 그들 덕분에 커
뮤니티는 더 성장하고 강해진다. 그들은 온라인에서나 때로는
직접 만나는 자리에 참석해 꿈을 이루기 위해 도움을 요청하
는 사람들을 돕는다.

  커뮤니티를 인위적으로 만들 수 있을까? 그럴 수도 있고 아
닐 수도 있다. 억지로 사람들을 끌어올 수는 없지만, 초기에 커
뮤니티가 만들어질 수 있는 토대를 조성할 수는 있다. 헬프뱅
크의 경우, 사람들이 와서 도움을 요청할 수 있는 장소, 즉 커뮤
니티의 중심이 되는 플랫폼을 구축했다. 이와 동시에 나는 도
움을 주는 사람들과 꿈을 이뤄가는 사람들을 축하하는 데 많은
시간을 투자했다. 우리 작업의 결과를 보여주고 공동의 성취감
을 불러일으키는 일이었다. 나는 시간이 날 때마다 소셜 미디
어를 통해 커뮤니티와 소통한다. 경품과 경연 대회도 개최한
다. 그리고 이 모든 것을 무료로 진행한다. 드물지만 이 책을 사
는 비용과 같이, 돈을 요청하는 경우가 생기면 수익금 전액을
더 많은 사람의 꿈을 지원하는 데 사용한다.

  다시 말해, 나는 커뮤니티에 투자한다. 이는 언뜻 보면 정원
가꾸기와 유사하다. 뭐가 얼마나 잘 자랄지 정확히 알 수는 없

지만 결실을 보길 바라며 할 일을 한다. 경품 행사나 브랜드 제휴, 신제품 선공개 등과 같이 가장 충성도가 높은 고객들을 열성팬으로 만들기 위해 무엇을 할 수 있을지 고민한다. 고객과 제휴사들을 한자리에 모으는 행사를 진행할 수도 있고, 사람들이 여러분이나 다른 사람들과 더 쉽게 소통할 수 있도록 소셜 미디어에 더 부지런히 출석하며 콘텐츠를 더 열심히 만들 수도 있다.

커뮤니티를 구축할 때 한 가지 명심해야 할 점이 있다. 모여 있는 사람들에게 공통점이 많을 수는 있지만 그렇다고 해서 그들이 모든 것에 동의할 필요는 없다는 것이다. 그리고 당연히 여러분의 의견에 동의할 필요도 없다. 나는 헬프뱅크 커뮤니티에 속한 거의 모든 사람이 다른 사람들이 꿈을 이루도록 도와주고 싶어 한다고 생각한다. 많은 사람이 영국의 교육 시스템이 엉망이며 국민에게 전혀 도움이 되지 않는다는 내 의견에 동의할 것이다. 하지만 부동산 소유에 대해 냉소적인 내 의견에는 동의하지 않는 사람이 많다는 것도 나는 잘 알고 있다. 헬프뱅크에서 활발히 활동하는 사람 중 상당수가 부동산 사업을 시작하려고 하거나 이미 시작했기 때문이다. 이건 긍정적인 현상이다. 다양한 의견을 가진 조직이 더 강해진다. 모든 사람이 매사에 찬성하기를 바란다면, 그건 더 이상 커뮤니티가 아니라 사이비 종교 집단이다.

또한 커뮤니티의 신뢰도와 충성도, 참여도를 한순간에 무너 뜨리는 행동을 해서는 안 된다. 커뮤니티에 거짓말을 하거나 커뮤니티를 부당하게 이용하려고 들면(예를 들어, 예고 없는 가격 인상이나 서비스 축소) 사람들이 등을 돌릴 것이 뻔하다. 커뮤니 티를 당연시하거나 커뮤니티의 중요성을 과소평가하는 행동 역시 해서는 안 된다. 심하면 창업자가 브랜드 소유권을 놓고 커뮤니티와 전쟁을 벌이는 상황까지 갈 수 있다. 2000년대에 접어들면서 전 세계적으로 열풍을 일으켰던 봉제 인형 비니 베 이비의 사례가 바로 그 예다. 비니 베이비 사업은 전적으로 팬 과 커뮤니티의 활동에 힘입어 성장했다. 그들은 인형을 거래하 고, 행사를 열고, 희귀한 인형을 수소문해서 찾아내기도 했다.

그러던 중 가장 열렬한 팬 가운데 한 명이었던 메리 베스 소 볼렙스키Mary Beth Sobolewski가 비니 베이비 관련 잡지를 제작하 기 시작했고, 전성기에는 무려 100만 명이 넘는 사람이 이 잡지 를 구독했다. 커뮤니티에서 그의 영향력이 점점 더 커지자, 결 국 제조사의 창업자는 메리 베스와 그의 출판사를 저작권 침해 로 고소하기에 이르렀다. 커뮤니티와 기업이 서로 의존하고 있 다는 점을 이해하지 못한 채, 기업을 지지하던 커뮤니티에 지 나친 통제권을 행사하려 한 것이다. 커뮤니티는 분열되기 시작 했고, 관심은 시들해졌으며 얼마 지나지 않아 비니 베이비는 그저 평범한 인형 중 하나로 전락했다.

커뮤니티는 강력하지만 변덕스러울 수 있고, 기업이 혼자 만들거나 완전히 통제할 수 없다. 커뮤니티를 존중하고 지원하며, 궁극적으로는 커뮤니티에 어느 정도 독립성을 보장해야 한다는 사실을 받아들여야 한다. 커뮤니티를 이용해 브랜드를 발전시키고 싶다면 그에 따르는 모든 것을 받아들여야 한다.

어떤 방식으로든 누군가를 여러분의 사업에 참여시키면 이런 일들이 벌어진다. 처음에는 사업 아이디어가 여러분의 머릿속에만 존재한다. 모든 것이 상상한 그대로이고 다른 누구도 건드릴 수 없다. 하지만 곧 공동 창업자, 직원, 고객, 투자자 및 파트너가 생기게 될 것이다. 그리고 더 많은 사람이 사업의 일부가 되어 그 운명을 결정짓는 데 도움을 줄 것이다. 여러분은 여러분의 꿈을 그들에게 알리고, 그들이 꿈을 실현하는 데 중요한 역할을 할 수 있도록 도와야 한다. 이를 받아들여 사업을 성장시키고 꿈을 실현하는 데 꼭 필요한 사람들을 참여시키고 싶다면, 사람이 많아질수록 여러분의 통제력이 줄어든다는 사실도 받아들여야 한다. 지분을 포기하고, 결정권을 위임하고, 점점 더 많은 사람이 여러분을 대신해 배를 조종할 수 있도록 해야 한다.

마치 여러분의 입지가 줄어드는 것처럼 느껴질 수도 있지만 실제로는 사업을 더 튼튼하게 만드는 일이다. 여러분은 더 크고, 더 좋고, 더 튼튼한 차량을 만들고 있다. 그렇게 완성된 차를 타고 꿈을 향해 달려가는 중이라면, 운전석에 누가 앉아 있든 상관이 없을 것이다.

이 장은 이 책에서 내용이 가장 길었다. 사업에서 사람보다 더 중요한 주제는 없으니 당연하다. 인공지능의 역할이 커지고 전통적인 직업들이 사라지고 있는 요즘 세상에서도 주변에 훌륭한 사람이 없으면 사업을 시작하거나 꿈을 이룰 수 없다는 것은 변함없는 사실이다. 하지만 그 훌륭한 사람들에게도 올바른 방향과 리더십이 필요하다. 단순히 팀을 꾸리고 지금까지 해왔던 것과 똑같은 방식으로 일을 했다간 사업도 성장하지 못하고 꿈에 다가갈 수도 없다. 어느 단계에서든 위험을 무릅써야 사업이 성장할 수 있다. 위험을 무릅써야 진정한 보상을 받을 수 있고, 끊임없이 사업을 혁신하며 꿈을 향해 나아갈 수 있다. 위험을 무릅써야 그 무엇보다도 여러분이 성공할 가능성이 커진다.

# 11

# 위험을 무릅써야
# 성공한다

고백할 게 있다. 사실 지금까지 여러분이 읽은 모든 조언과 경험, 일화들은 모두 어느 범죄자가 들려준 얘기다. 자신의 죄를 스스로 자백한 범죄자다. 범죄를 저지르고 소셜 미디어에 올리기까지 한 그 사람은, 바로 나다.

변명을 하자면, 나는 사람들을 돕기 위해 법을 어겼다. 헬프 뱅크를 설립한 지 얼마 되지 않았을 때였고, 대부분의 신생 회사처럼 우리도 사람들에게 우리의 존재를 알리고 싶었다. 주목을 받아야 했다. 그러려면 광고가 필요했다.

하지만 광고의 문제는 누구나 광고를 하고 싶어 한다는 것이다. 잡지나 버스 옆면, 구글 검색 결과나 누군가의 링크트인LinkedIn 게시글 목록에는 여러분의 광고 말고도 수많은 광고가 올라와 있다. 우리는 이런 광고들을 걸러 보는 법을 배운다. 우리의 눈은 광고판과 홍보 게시물들을 그대로 스쳐 지나간다.

그래서 광고 하나만으로는 효과가 부족하다. 광고의 메시지를 부각해줄 독특하고 인상 깊은 무언가가 필요하다. 헬프뱅크의 경우, 광고로 전달하고 싶은 메시지는 우리가 무료로 사람들을 돕고 싶다는 내용이었다. 그리고 바로 그 독특한 무언가는 광고할 공간 역시 무료로 확보한다는 것이었다. 무료로 받고 무료로 준다.

그래서 우리는 지하철 열차 내에서 흔히 볼 수 있는 작은 광고지를 대량으로 출력했다. 회사 로고와 함께 '이 광고를 무료로 하는 덕분에 여러분을 무료로 도울 수 있습니다'라는 문구도 넣었다. 그런 다음 한 시간 동안 런던 지하철을 타고 다니며 열차 내 비어 있는 광고판에 광고지를 붙였다. 그리고 광고 자리를 구매했다면 광고 회사에 내야 했을 광고비 일부를 봉투에 담아 열차 안에 있는 사람들에게 나눠주기 시작했다.

지금 여러분은 이렇게 생각할 수도 있다. '뭘 저렇게까지 해. 돈도 벌 만큼 벌었다면서 광고비 정도는 낼 수 있잖아? 얼마 되지도 않는 돈을 아끼려다 잡혀가기라도 하면 어째? 그리고 자기가 뭔데 그런 짓을 해도 된다고 생각하는 거야?'

나도 그 생각을 안 해본 건 아니다. 윤리적으로 옳은 일인가도 고민했다. 하지만 지하철 안을 돌아다녀보니 비어 있는 광고판들이 계속 눈에 들어왔다. 만약 다른 사람이 돈을 내고 광고를 하고 있었다면 자리를 빼앗는 일은 하지 않았을 것이다.

무엇보다 우리가 광고비를 냈다면 광고의 취지 자체가 무색해졌을 것이다. 유료로 광고를 제작해 남들처럼 게재했다면 아마 아무도 눈여겨보지 않았을 테니까. 하지만 공간을 차지하고, 법을 어기고, 그에 대한 콘텐츠를 제작함으로써 온라인에서 사람들의 시선을 끌 수 있었다. 아이러니하게도 광고 비용을 지불하지 않았기 때문에 광고로서 더 큰 가치가 있었다. 광고에 쓰여 있는 문구보다 광고를 어떻게 붙였는가에 대한 이야기가 훨씬 더 중요했다. 돈을 조금 아끼고 말고가 중요한 게 아니라 주목받을 기회가 크게 늘어났다는 게 핵심이었다.

그렇다 해도 위험한 일이긴 했다. 불법 포스터 부착은 플라이포스팅flyposting이라고 불리는 범죄행위다. 심지어 나는 모든 과정을 녹화하기까지 했다. 런던 지하철에서는 사전 허가 없이 촬영을 할 수 없게 되어 있다. 나와 팀원들이 촬영을 시작하려고 장비를 들고 런던 브리지London Bridge 역으로 들어가자, 스피커에서 촬영을 금지한다는 안내방송이 울려 퍼졌다. 역 직원에게 계속 촬영하면 어떻게 되냐고 물었더니 영국 교통경찰이 출동할 거라고 했다.

하지만 나는 촬영을 강행했다. **성공하려면 때로는 규칙을 어겨야 할 때도 있기 때문이다.** 때로는 목표를 달성하기 위해 위험을 감수해야 할 때도 있다. 나는 우리 광고 캠페인이 조금이라도 주목을 받을 수 있는 유일한 방법은 무료로 도움을 준다는 메시지를 돋보이게 해줄 뭔가를 하는 거라고 믿었다. 그건 바로 공짜로 광고 공간을 차지해서 많은 사람이 공짜로 도움을 받게 하는 것이었다. 내가 보기에 그 정도 위험은 감수할 만한 가치가 있었다. 아직 아무도 나를 잡으러 오지 않았다. 어쩌면 괜히 이 일을 밝혀서 또 다른 위험을 감수하게 되는 건 아닐지 모르겠다.

여러분에게 전국을 돌아다니며 플라이포스팅을 하라는 얘기가 아니다. 무슨 일을 하든 법은 어기지 마라. 내가 이 얘기를 꺼낸 이유는 위험의 중요성을 설명하기 위해서다. 사업을 시작하고 꿈을 향해 달리다 보면 수많은 선택의 기로와 갈림길에 서게 된다. '현재 회사 규모에 비해 너무 큰 고객을 받아줄 것인가(그에 맞춰 회사를 확장할 것인가)?', '사업을 새로운 장소로 이전하자는 제안을 받아들일 것인가?', '판매하는 제품이나 서비스의 범위를 다양화할 것인가?', '훌륭한 인재를 찾으면 곧바로 채용할 것인가, 아니면 고객 수가 더 많아질 때까지 기다릴 것인가?', '남들의 주목을 받을 수 있지만 동시에 곤란해질 수도 있는 일을 할 것인가?'

어떤 사업을 하든 위험을 파악하고 평가하는 연습을 끊임없이 해야 한다. 반드시 감수해야 할 위험과 회피하는 편이 나은 위험이 있다. 하지만 **좋은 위험을 감수하는 법을 배우지 않으면 비즈니스는 성공할 수 없고, 꿈도 서서히 사라질 것이다.** 제때 적절한 위험을 감수해 충분한 성과를 거두는 능력 없이는 성공할 수 없다.

이 책의 맨 앞부분에 내가 틀렸다고 주장했던 믿음에 대해 다시 얘기해보자. '열심히 일할수록 성공할 확률이 높다.' 대부분의 사업가들은 이 말을 이렇게 고칠 것이다. '위험을 더 많이 감수할수록 성공할 확률이 높다.' 꿈을 이루는 과정에서 위험은 늘 필요하다. 어떤 경우에는 성공하고 어떤 경우엔 실패하겠지만, 계속해서 위험을 감수하면서 어디서 어떻게 도전해야 할지 판단하는 능력을 키워야 한다.

중요한 것은 무작정이 아니라 현명하게 위험을 감수하는 것이다. 많은 사람이 위험에 관해 잘못 이해하고 있다. 사람들에게 위험을 감수하라고 하면 마치 살아남길 바라면서 절벽에서 뛰어내리라는 얘기인 양 받아들인다. 하지만 사실은 그 반대다. 위험을 감수한다고 해서 두 눈을 가리고 비틀거릴 필요는 없다. 무턱대고 좋은 결과가 나올 거라고 믿어서도 안 된다. 오히려 현명하고 철두철미하게 계산된 판단을 내려야 한다. 어느 시점에서 도전하고, 어떻게 하면 자신에게 유리하도록 확률을 높일 수 있는지 알아야 한다. 여러분도 위험을 잘 감수할 수 있으며 이는 경험이 쌓일수록 더 능숙해진다. 이번 장에서는 위험 감수 능력을 어떻게 키울 수 있는지, 그리고 그 능력을 왜 규칙적으로 사용해야 하는지 알아보자.

## 최고의 시나리오와 최악의 시나리오를 모두 상상해라

위험에 관해 내가 하고 싶은 말은 간단하다. 전부 다 잃을 수 있다는 사실을 받아들이되, 그럴 가능성을 줄여라.

위험 감수 능력을 키우려면 먼저 무엇을 얻을 수 있는지 생각하기 전에 무엇을 잃게 될지 알아야 한다. 최악의 시나리오를 잠시 상상해보자. 그 상황에 부딪쳤다고 가정했을 때 완전히 실패한다면 상황이 얼마나 더 나빠질지 가늠해보자. 무엇을 잃게 되며, 그다음에는 무엇을 해야 할까?

대부분의 사람들이 사업을 시작할 때 이 계산을 먼저 해본다. 비건 패티 레이디Vegan Patty Lady로 알려진 나타샤도 마찬가지였다. 우리 계단 앞 초인종을 눌렀을 때 그에겐 꿈이 있었지만 아직 마음을 굳히지는 못한 상태였다. 하지만 그의 꿈은 마치 꼭 필요한 모든 재료가 듬뿍 들어간 근사한 요리 같았다. 그는 채식 재료로 자메이카 패티Jamaican Patty(안에 고기나 채소를 넣고 구운 파이―옮긴이)를 만들어 시장을 휩쓸고 싶다고 했다. 이는 힘들었던 경험에서 비롯된 아이디어였다. 나타샤는 평생 심각한 천식을 앓았는데 채식을 시작하고부터 천식 증상이 극적으로 개선됐다. 이제 그는 사람들이 좋아하는 음식을 채식으로 만들어 맛도 좋고 건강에도 훨씬 좋다는 것을 보여주고 싶었다. 그래서 더 많은 사람에게 채식을 알리고 싶었다.

하지만 자신이 없었다. 창업을 해본 게 이번이 처음이 아니었기 때문이다. 사실 그는 이미 여러 번 실패를 겪었다. 게다가 그와 남편은 집을 사기 위해 돈을 모으는 중이었다. 그래서 이제 그들 부부는 꿈에 그리던 사업에 그 돈을 써버릴 것인가, 아니면 계속 저축해서 집을 살 것인가라는 선택의 기로에 서 있었다.

많은 사업가가 사업을 시작하기 전에 이 벼랑 끝에 서게 된다. 사업을 시작한다는 것은 월급이 두둑한 직장을 그만두고, 저축한 돈을 다 써버리고, 심지어 자금 마련을 위해 대출도 더 받아야 한다는 뜻이다. 어떻게 해야 할까? 그 정도의 위험을 감수해야 할까?

나라면 어떤 대답을 할지 여러분은 이미 알고 있을 것이다 (집을 사긴 왜 사!). 하지만 이 중요한 순간에 내 의견은 중요하지 않다. 오직 여러분과 여러분의 가족, 사랑하는 사람들이 중요하다. 여러분의 결정이고 여러분의 위험이다. 그래서 반드시 최악의 시나리오를 고려해야 한다. 어떤 일이 벌어지며 여러분은 어떻게 해야 할까? 여러분이 감당할 수 없는 상황이라면 적절한 위험(또는 적절한 시기)이 아닐 수 있다. 어쩌면 조금 더 기다려서 필요한 자금을 마련하거나 파트너를 영입해야 할 수도 있다. 어떤 위험을 선호하는지는 순전히 개인에게 달려 있고 시간이 흐르면서 변한다. 따라서 여러분은 지금 당장 이 위험을 감수할지 말지 결정해야 한다. 그리고 그 결정을 내리기 위해서 반드시 최악의 시나리오를 상상해봐야 한다.

최악의 시나리오에 등장하는 상황을 견뎌낼 수 있다고 생각한다면 더 이상 두려울 게 없다. 이미 머릿속에서 다 겪어보았을 테니까 즐겁진 않겠지만 앞으로 어떻게 해야 할지도 알고 있다. 즉, 결과를 감당할 수 있다. 그렇다면 이번에는 거꾸로 최고의 시나리오를 떠올리며 힘을 낼 차례다. 악몽을 꿈으로 바꿔보자. 미래의 성공을 미리 살짝 맛보자.

나타샤도 마찬가지였다. 나타샤와 그의 남편 아도네는 이번에도 사업이 실패해 저축한 돈까지 홀랑 날려버릴까 봐 무척 고민하고 있었다. 그래서 나는 그들 부부에게 용기를 주기 위해 헬프뱅크 커뮤니티를 동원했다. 150명가량 되는 사람을 계단 앞에 모아놓고 나타샤에게 도전 과제를 줬다. 바로 시식회였다. 하지만 평범한 시식회가 아니었다. 나는 나타샤에게 세계에서 가장 큰 비건 패티를 만들어 초대된 손님들에게 제공하자고 제안했다. 세계 기록을 경신하는 동시에 요리에 대한 피드백도 수집할 수 있었다. 마케팅과 시장조사를 한 번에 해치울 좋은 기회였다.

그 과정에서 운반차가 급제동하는 바람에 패티가 망가질 뻔하는 등 몇 번의 우여곡절도 있었다. 하지만 나타샤와 세계 최대의 패티는 시식장에 무사히 도착했다. 기다리던 관중들은 나타샤에게 환호하며 호두와 버섯으로 속을 채운 패티를 맛있게 먹어치웠다. 나타샤의 음식이 큰 인기를 끌 거라는 건 분명했다. 하지만 여전히 한 가지 문제가 남아 있었다. 과연 이 부부가 힘들게 모은 돈을 이 꿈에 투자하려고 할까? 분명 나타샤에게는 열정도 있고 음식도 준비되어 있었다. 하지만 이미 좌절한 경험이 있었다.

마침내 결정을 내린 건 남편 아도녜였다. 그리고 그들은 위험을 무릅쓰기로 했다. 집을 사기 위해 오랫동안 저축한 돈이었지만, 그 돈을 사업에 투자하는 것은 열 걸음 앞으로 나아가기 위해 한 걸음 뒤로 물러나는 것이나 마찬가지였다. 집이야 창업한 후에 돈을 벌어서 사면 되는 일이니까.

이게 바로 위험을 충분히 파악하고 이해하는 방법이다. 나타샤와 아도녜는 저축한 돈을 써버렸지만 그 덕분에 시간이 지난 후에 상당한 이익을 얻을 수 있을 것이다. 만약 그렇게 하지 않았다면 나타샤는 자신의 꿈을 어쩌면 영원히 접게 됐을지도 모른다. 최고의 시나리오는 나타샤가 하고 싶었던 사업과 사고 싶었던 집, 이 두 가지를 전부 가지는 것이다. 그렇다면 최악의 시나리오는 뭘까? 아도네는 이렇게 말했다. "돈은 그냥 돈이에요. 아내가 꿈을 이룬다는 데 1000만 원이 들면 어때요. 인생이 다 그런 거죠."

우리는 계약을 맺었다. 그들은 비건 패티 레이디 사업에 약 1000만 원을 투자했고 나 역시 똑같은 금액을 투자했다. 그걸로 나타샤의 사업 자금은 마련됐다. 그 이후 그는 수천 개의 패티를 판매하고 소매업체 여섯 곳에 제품을 입점시켰으며 크라우드 펀딩에도 성공했다. 이 성과는 최고의 시나리오와 최악의 시나리오를 모두 고려해 신중하게 위험을 감수한 덕분이었다. 나타샤는 자신의 열정과 꿈에 모든 걸 걸었다. 그에게는 자신을 끌어주고 밀어주는 목적이 있었다. 그리고 그와 아도네는 이번에 투자한 돈을 회수하지 못한다 해도 삶은 계속된다는 것을 알고 있었다. 돈은 그냥 돈이었다.

어쩌면 그들에게 이 꿈을 포기하는 건 있을 수 없는 일이었는지도 모른다. 그들은 위험을 분석하고 모든 각도에서 검토한 끝에 결국 선택은 하나뿐이라는 결론을 내렸다.

그러므로 큰 결정을 내리기 전에는 여러 가지 결과를 검토해보고, 위험해 보이더라도 감수해야 한다. 일단 그렇게 하고 결과를 받아들이면 두려움을 극복할 수 있다. 여러분은 둘 중 하나를 선택하게 될 것이다. 그리고 그 결과를 감당할 수 있다면 위험을 감수할 준비가 된 것이다.

# 위험 감수 근육을 키우자

어떤 방식으로든 여러분은 위험을 감수하고 사업을 시작한다. 생길 수 있는 문제들은 수두룩하다. 더 강력한 경쟁자가 등장하거나, 경제가 무너지거나, 창고가 불에 타버리거나, 파트너가 수익을 가로채 도망가거나, 직원이 회사를 떠날 수 있다. 작은 사업이라도 여러 요소가 맞물려 돌아가는 하나의 복잡한 생태계다. 어디 하나라도 잘못되면 전체가 와르르 무너질 수 있다.

아무리 경험이 많고 자금이 풍부한 사업가라도 무너지고 실패할 위험이 있다. 사업과 그 사업에 투자한 모든 돈을 잃을 수도 있다. 그런 위험을 감수하는 이유는 그게 꿈을 이룰 수 있는 유일한 방법이기 때문이다.

하지만 딱 한 가지 위험에만 집중하며 마음을 놓아서는 안된다. 여러분이 작은 걸음들을 수없이 내디뎌야 꿈에 조금씩 더 가까워질 수 있다는 걸 잊지 말자. 크게 한 발짝 걸어서는 도달할 수 없고, 단 한 번 과감하게 승부수를 던지는 것만으로도 충분하지 않다. 사업을 성공시키고 꿈을 실현하려면 끊임없이 위험을 감수해야 한다. 위험을 감수해 창업을 했듯이 이후로도 위험을 감수해야 사업을 키워나갈 수 있다. 사업가로서 가장 치명적인 위험은 지금처럼만 해도 계속 잘될 것이고 바꾸지 않아도 괜찮다고 넘겨짚는 것이다.

그래서 나는 위험을 감수하는 능력도 시간을 들여서 키워야 하는 근육이라고 이야기한다. 위험을 평가하는 능력은 연습을 통해 기를 수 있다. 그리고 다른 근육과 마찬가지로 단련하고 사용하면 할수록 더 강해진다. 자꾸 위험에 도전해봐야 더 잘 대처할 수 있다. 위험을 감수했다가 좋은 성과를 거두면 자신감이 생기고, 실패하면 교훈을 얻는다. 그 과정에서 우리가 위험이라고 부르는 많은 것이 사실은 단지 두려움의 산물이라는 것을 깨닫게 된다. 사실 이러한 '위험'은 선택의 문제일 뿐이다. 각기 장단점이 있는 선택지를 고르는 일이라고 생각하면 위험이 더 이상 두렵지 않다. 그러면 승산을 더 정확하게 따져볼 수 있게 된다.

사업을 하다 보면 여러분 스스로가 위험을 자초하기도 하고 누군가가 위험을 들이밀기도 한다. 어떤 주에는 사업을 새로운 영역으로 확장하거나 신제품을 출시할지에 대해 고민할 수 있다. 그리고 그다음 주에는 어느 고객이 찾아와 현재 여러분이 제공하지 않는 서비스를 요청할 수도 있다. 아니면 현재 제공하는 서비스를 확대하고 전담팀을 구성해달라고 할지도 모른다.

이들은 기회인 동시에 위험이다. 낯선 영역에 뛰어들어야 하거나, 평소보다 훨씬 서둘러 직원을 채용해야 하거나, 여러분과 핵심 인력에게 과중한 부담이 되는 일이 벌어질 수 있다. 그

대로 밀고 나갈지 말지 결정해야 할 때는 맨 처음 사업을 시작할 때 했던 시험을 똑같이 해보자. 내가 알려준 단계를 그대로 따랐다면 여러분은 좋아하거나 잘할 수 있는 일에서 사업을 시작했다. 그 일은 여러분이 목적을 달성하고 꿈을 향해 나아가는 데 도움이 된다. 위험을 판단할 때도 이렇게 생각해보자. 이번 신사업이나 브랜드 확장이 목적에 부합하는가? 꿈에 한 걸음 더 가까워질 수 있는가? 재미있을 것인가?

만약 과거에 내가 내 목적을 더 명확히 파악하고 이 시험을 해봤다면, 무수히 많은 실수를 피할 수 있었을 것이다. 그랬다면 파트너십이 파국으로 끝을 맺거나 부가 사업이 막다른 길에 도달하는 일은 벌어지지 않았을 것이다. **사업을 시작할 때 적절한 위험을 감수하는 가장 좋은 방법은 애초에 그 사업을 시작한 이유를 되새기는 것이다.** 그러면 시간이 갈수록 목적을 달성하는 데 도움이 되는 것과 방해가 되는 것을 파악하는 능력이 향상된다. 위험을 감수한 경험이 쌓여 직감이 발달하는 것이다(누군가 직감은 열정이 변장한 모습일 뿐이라고 했는데, 그 말이 딱 맞다).

위험을 감수할 때 가장 중요한 두 가지는 어떤 위험을 감수할지, 그리고 그 위험을 어떻게 감수할지 결정하는 것이다. 현명한 사람이라면 비교적 안전한 방법으로 과감하게 움직인다. 내가 '#주고안받기' 아이디어를 홍보하기 위해 시작한 사업인 비지스Bizzies가 그 예다. '꿈을 이뤄주는 과자'라는 단순한 메시지와 분명한 목적을 가진 제과 브랜드인 비지스의 제품을 구매하면, 그로 인해 발생한 수익금이 다른 사람들의 꿈을 지원하는 데 사용되도록 했다.

아이디어는 단순했지만 위험하기도 했다. 지금까지 많은 사업을 운영해왔지만 제과 업계는 근처에도 가본 적이 없었기 때문이다. 게다가 제과 업계는 세계에서 가장 경쟁이 치열한 시장으로 이미 포화 상태였다. 세계적인 대기업들이 소비자의 주머니를 열기 위해 피 튀기는 경쟁을 벌이고 있었다. 무자비한 사업이므로 우리 같은 작은 업체가 성공할 가능성은 희박했다.

제과 업계에 뛰어들려면 엄청난 투자가 필요하기 때문에 내가 전 재산을 털어서 비지스를 세우기로 했다면 그건 엄청난 위험이었을 것이다. 지식이나 경험, 자격도 없는 분야에 내 전부를 몽땅 걸고 도박을 하는 셈이었다. 제품의 제조부터 포장 및 유통 방식까지 내가 배우고 싶지 않은 부분들도 모조리 배워야 했을 것이다. 고생하다가 아마도 실패했을 것이고, 사람들의 꿈을 돕기는커녕 마스Mars와 네슬레Nestle를 이겨보려고 용쓰다가 내 인생을 빼앗겼을지도 모른다.

나는 그 어느 것도 하지 않았다. 대신 천연 재료만을 사용해 채식 간식을 만드는 제과 스타트업 테이스티 메이츠Tasty Mates와 제휴를 맺었다. 그리고 비지스라는 브랜드로 새콤한 패션프

루트 젤리인 '패셔너트 원Passionate One' 딱 한 제품만 출시했다. 그리고 공동으로 사업을 운영했다. 테이스티 메이츠는 제품 제조 및 유통에 대한 전문 지식을 제공했고, 나는 비지스뿐만 아니라 테이스티 메이츠의 브랜드도 함께 홍보했다. 덕분에 나는 정말 하고 싶었던 일을 할 수 있었다. 맨땅에서 헤딩하는 위험 없이 헬프뱅크의 목표에 맞게 젤리 브랜드를 만들어낸 것이다.

위험 감수 근육을 키운다는 말은 바로 이런 뜻이다. 위험을 감수하려는 욕구를 키워야 한다. 고인 물은 썩는다. 또한 위험을 평가하고 큰 결정을 내릴 때마다 목적과 꿈이라는 기준에 따라 시험하는 법을 배워야 한다. 마지막으로 다음번에 큰 결정을 내릴 때는 어떻게 할지 생각해봐야 한다. 더 현명하게 위험을 감수할 수 있을까? 이번 사업은 위험을 최소화해서 추진할 수 있을까? 제휴하거나 시범적으로 운영하는 방식을 써볼까? 이것이 바로 위험에 민첩하고 유연하게 대처하는 방법이다. 꼭 명심하자. 모든 것을 잃을 수 있다는 사실을 인정하되, 그럴 가능성을 줄이자. 최악의 시나리오를 아예 고려하지 않거나 위험을 피하기 위한 예방 조치를 취하지 않은 상태에서 위험을 감수해서는 안 된다. 현명하게 위험을 감수하고 위험을 최소화하는 결정을 내리는 법을 배우는 것은 과감한 도전 의지만큼이나 중요하다.

# 때로는 물러서지 말고
# 버텨야 한다

이른 새벽은 위험에 도전하기에 썩 어울리는 시간은 아니지만 이때 나는 그러기로 결심했다. 플루이드의 비교적 초창기 시절이었는데 어느 날 새벽 3시 무렵, 드디어 오래전부터 생각해왔던 아이디어를 조사할 여유가 생겼다. 홍콩에 살아본 사람이라면 매년 열리는 럭비 세븐스Rugby Sevens 대회가 얼마나 큰 행사인지 잘 알 것이다. 전 세계 사람들이 이 대회를 관람하기 위해 홍콩을 찾는다. 하지만 모든 관심이 이 경기에만 쏠리다 보니 상점마다 사람들의 발길이 뚝 끊겨서 울상이었다. 이들을 위해 할 수 있는 게 없을까? 그때 간단한 아이디어가 떠올랐다. 럭비를 제외하고 홍콩에서 열리는 다른 모든 행사를 홍보할 수 있는 온라인 포털을 만드는 것이었다. 만약 아이디어가 성공해 이 사이트에 이용자들이 몰려오면 지역 업체들의 광고를 이 사이트에 게재하는 수익 모델을 추가할 수도 있었다. 또한 잠재 고객에게 플루이드 브랜드를 홍보하는 데 이 사이트를 사용할 수도 있었다. 잘 안 되더라도 최소한 럭비 말고 다른 활동들에도 관심을 가져달라는 내 취지는 알릴 수 있을 것이었다.

그런데 새벽녘에 이것저것 자료를 찾아보다가 우연히 훨씬 더 흥미로운 것을 발견했다. www.hksevens.com이라는 인터넷 주소였다. 분명 이것은 실수였다. 럭비 대회 주최 측에서 이 주소를 막아놨을 거라고 생각했지만 아니었다. 대회의 공식 웹사이트 주소는 www.hksevens.com.hk였다. 어쩐 일인지 관련 주소 구입을 소홀히 한 것이다. 단돈 2만 원 정도면 누구든 이 주소를 살 수 있었다. 그래서 나는 당장 그 자리에서 그 주소를 샀다.

처음에는 그저 주최 측과 파트너 관계를 맺을 수 있기를 바랐다. 회의를 열어 함께 일해보자고 제안했지만 그들은 관심이 없다는 의사를 분명히 했다. 그때 나는 결정을 내려야 했다. 냉정하게 생각해보니 공식 주소와 매우 유사한 주소를 보유하는 게 위험하게 느껴졌다. 하지만 나는 내가 아무런 잘못도 하지 않았다는 것을 알고 있었다. 공식 사이트를 모방하거나 암표를 판매하거나 주최 측에 주소를 되팔아서 돈을 벌려고 한 것도 아니었다. 그저 소소하게 작은 프로젝트를 진행해보고 싶었을 뿐이다. 하지만 마음 한구석에서 의구심이 싹트고 있었다.

그때는 여름이었고 럭비 대회는 봄에 열렸다. 대회의 표는 12월부터 판매되기 시작했다. 표를 판매하는 시기가 다가오자 갑자기 내가 구매한 웹사이트의 트래픽이 폭증했다. 게시판은 표를 구매하는 방법에 대한 문의로 가득 찼다. 그러더니 곧 홍콩 세븐스 주최 측을 대리하는 변호사로부터 상표권 침해를 중단하라는 권리 침해 경고장이 도착했다. 친절하게 부탁하는 게 아니었다. 변호사의 공격적인 편지였다. 수입 손실과 관련해 플루이드를 고소하고 헬렌과 나에게 개인적으로 책임을 묻겠다고 협박하고 있었다.

이쯤에서 포기하고 순순히 물러날 수도 있었다. 웹사이트는 그다지 중요하지도 않았고 우리 사업에서 핵심적인 부분도 아니었다. 그저 우연한 기회에 떠올랐던 아이디어였을 뿐이다. 그 협박에 굴복할 수도 있었다. 그래봤자 초기에 들었던 2만 원 말고는 손해랄 것도 없었다.

하지만 나는 잘못한 게 하나도 없는데 그만하라는 말을 듣는 게 너무 싫었다. 그래서 웹사이트를 폐쇄하는 대신 실력 좋은 변호사를 고용했다. 그리고 법정 공방을 이어갔다. 그러던 중 내가 침해했다고 주장하던 상표권을 실제로는 그들이 소유하고 있지 않다는 사실이 밝혀졌다. 상표권을 소유하지 않았는데 소유하고 있다고 주장하는 것은 불법이다. 게임 끝. 그 후 합의가 이루어졌다. 상대측은 우리에게 돈을 지불하고 해당 주소를 샀다.

이건 우리가 위험을 선택한 게 아니라 위험이 예기치 않게 우리를 찾아온 경우다. 웹사이트를 폐쇄하지 않은 것은 내 결정이었지만 진짜 위험은 대형 법률회사가 협박성 요구를 하는데도 응하지 않기로 한 것이었다. 심각한 결과를 초래할 위험이 있었지만 그 시점에서 나는 더욱 강하게 밀어붙였다.

그렇다면 나는 왜 이런 위험을 감수했고 여러분에게 이 이야기를 하는 걸까? 사업가로서 겪게 될 수도 있는 일을 알려주기 위해서다. 누군가 경고나 위협을 하며 여러분의 문을 두드리는 때가 올 것이다. 친구나 투자자가 여러분이 잘못된 일을 하고 있다며 지적할지 모른다. 경쟁업체가 자신들의 영역에서 썩 꺼지라고 위협할 수도 있다. 이때 언제, 어떻게 버틸지 알아야 한다. 이것이 바로 위험 감수 근육을 키우는 마지막 훈련이다.

이것은 줄타기와 같다. 항상 피드백과 조언에 귀를 기울여야 하지만 자신이 믿고 있는 아이디어가 쉽게 흔들려서는 안 된다. 앞에서 언급했던 시험들을 통해 이 아이디어가 여러분의 목적에 부합하고 꿈을 이루는 데 도움이 될 것이라고 확신했다면, 안 바꾸면 큰일 날 정도의 사안이 아니고서야 마음을 바꿔서는 안 된다. 마음을 바꾸려면 지금까지 미처 몰랐던 무척 심각한 문제가 발생했다는 새로운 정보 정도는 있어야 한다.

위험이 있다고 하면 주변에서는 대부분 여러분을 만류할 것이다. 그들의 두려움 때문에 여러분의 판단력이 흐려져서는 안 된다. 위험을 무릅쓰는 법을 배우지 않으면 다른 사람의 규칙과 우선순위에 따라 여러분의 인생을 살게 된다는 점을 항상 기억하자. 남들과 다른 길을 가라. 그러면 적어도 몇몇 사람은 여러분을 막으려 할 것이다. 그런 말들에 귀를 막고 여러분의 확신을 지켜야 할 때가 언제인지 반드시 배워야 한다.

이 모든 과정을 거친 후에도 여전히 망설이고 있다면 마지막으로 '무엇을 위한 일인가'에 관해 생각해볼 수 있다. 꿈을 향해 나아가기 위한 시도로 위험을 감수하고 있다면 여러분은 옳은 일을 하고 있을 가능성이 높다. 이번 시도가 성공하지 못하더라도 실패를 통해 교훈을 얻을 것이다. 절대 하지 말아야 할 특별한 이유가 없다면 자신을 믿어라.

하지만 문제를 회피하거나 지름길을 택하려고 위험을 감수하는 것은 바람직하지 않다. 편법을 쓸 기회지만 직감적으로 문제가 될 것 같은 기분이 든다면 주의를 기울이고 고도의 분별력을 발휘해야 한다.

나는 플루이드에서 일찌감치 이 사실을 배웠다. 누군가의 추천을 받아 회계사를 고용했는데, 그 회계사는 소득을 이월해 현재 회계연도가 아닌 다음 회계연도에 세금이 매겨지도록 해야 한다고 조언했다. 그러면서 그것이 전적으로 합법이고 재정적으로도 합리적이라고 말했다. 2003년, 사스SARS(중증급성호흡기증후군) 사태로 홍콩 경제가 여전히 어려움을 겪고 있던 상황에서 그해 세금을 줄일 수 있다는 그의 제안은 너무나 매력적이었다. 그런 관행을 이해할 수 없었고, 너무 좋은 혜택이라 불안하기도 했지만 나는 그 의견에 동의했다.

3년이 지난 후 우리는 새로운 회계사를 고용했다. 그는 오자마자 그동안 우리가 규정을 어기고 납부해야 할 세금을 탈루했다는 사실을 알려주었다. 그리고 홍콩 세무 당국과 협력해 추가 벌금 없이 이월된 세금을 납부하기로 합의했다. 우리가 저지른 잘못에 비해 훨씬 관대한 결과였다. 나는 다시는 분식회계에 손을 대지 않겠다고 다짐했다.

그 과정에서 나는 이런 위험을 무릅쓰는 게 최악이라는 것을 깨달았다. 나는 충분히 알아보지도 않았고, 내가 듣고 싶은 말을 한다는 이유로 누군가를 믿었으며, 공짜로 뭔가를 얻으려고 했다. 그 이후로 나는 항상 편법과 지름길로 가기 위한 위험은 피하고 나의 비즈니스에 꾸준히 가치를 더할 수 있는 일에 집중하려고 노력했다. 그런 위험이라면 혹시 일이 잘못되더라도 결코 초조해할 필요가 없다.

'위험 감수 근육'은 사업가가 개발할 수 있는 가장 중요한 기술 중 하나다. 내가 이 기술을 '근육'이라고 부르는 이유는 누구에게나 이 근육이 있으며 적절한 훈련을 통해 이 근육을 키울 수도 있기 때문이다. 위험에 도전하지 말라고 하는 세상에서 마음을 독하게 먹고 위험에 뛰어들기란 쉽지 않지만 이는 타협할 수 없는 중요한 부분이다. 여러분의 꿈은 품 안에 저절로 굴러들어 오지 않을 것이며, 그 꿈을 이루기 위해서는 위험을 감수해야 한다. 하지만 앞서 내가 제시한 단계를 따라 항상 무엇을 잃게 될지 파악하고 잃을 가능성을 줄이려는 조처를 한다면 위험은 두려워해야 할 것이 아니라 그저 일의 한 부분이라는 것을 배우게 될 것이다(그리고 그것이 무척 재미있을 수 있다는 사실도 알게 될 것이다).

위험에 도전하는 능력 외에도 사업가들에게 필요한 능력은 많다. 그중 장기적으로 성공하기 위해서 누구나 할 수 있지만 너무도 많은 사람이 하지 않는 한 가지가 있다. 다음 장에서는 바로 그 능력에 대해 살펴보려 한다. 그 능력은 가장 간단하면서도 가장 중요하다. 그리고 이해하기는 쉽지만 실행하기는 훨씬 더 어렵다. 아마도 꿈을 꾸는 사람과 꿈을 이루는 사람의 차이는 다름 아닌 이것에 있을 것이다. 그것은 바로 끈기다.

# 12

# 끈기를 가져라

비즈니스 롤모델로 500년 전에 뾰족한 도구로 뛰어난 작품을 만들어낸 인물을 꼽는 사람은 많지 않을 것이다. 하지만 나는 르네상스 시대의 예술가 미켈란젤로와 그의 가장 유명한 작품인 다비드상David에서 엄청난 영감을 얻는다. 다비드상은 골리앗과의 대결을 준비하는 다윗의 모습을 담고 있으며 전체 높이가 5.17미터에 달한다. 1504년에 완성되었고 일반적으로 역사상 가장 중요한 조각품으로 여겨진다.

나는 예술가도 아니고, 미술 애호가도 아니며, 솔직히 이 작품이 왜 명작인지 설명할 능력도 없다. 마지막으로 붓을 들어본 게 언제였는지 기억도 안 나고, 내가 끌을 집어 들고 조각을 한다는 건 더욱 어림없는 일이다. 하지만 미켈란젤로가 다비드상을 조각한 이야기를 듣고 난 뒤부터 나는 이 작품이 성공에 이르는 방법을 가장 잘 보여주는 사례라고 생각해왔다.

다비드상뿐만 아니라 미켈란젤로 역시 오랜 세월 여전히 그 가치를 높이 인정받고 있으니 어쩌면 여러분은 다비드상이 처음부터 위대해질 운명이었다고 생각할 수도 있다.

하지만 실제 이야기는 이와 다르며 더욱 흥미롭다. 미켈란젤로가 처음으로 대리석을 깎기 시작한 것은 1501년이지만, 다비드상을 조각해보자는 아이디어는 그가 태어나기 훨씬 전부터 있었다. 미켈란젤로는 26세에 작업을 시작했지만, 다비드상이 논의되기 시작한 때는 1408년으로 거슬러 올라간다. 1464년에 어느 조각가가 처음 조각을 시작했고, 미켈란젤로가 태어난 이듬해인 1476년에 다른 조각가가 다시 도전했다. 하지만 두 사람 모두 다비드를 조각하기에 대리석의 품질이 좋지 않다고 판단해 포기하고 말았다. 세계 최고의 조각품이 그 돌 속에 숨어 있었지만 그 조각가들은 그것을 보지도, 찾지도 못했다.

25년 동안 이 돌덩어리는 그 자리에서 기다렸다. 버리기엔 너무 비쌌고, 조각하기엔 썩 좋지가 않아 보였기 때문이다. 그러다 드디어 미켈란젤로가 등장했다. 그는 3년이나 아무도 보지 못하게 꼭꼭 숨어서, 거의 먹지 않고 옷을 입은 채 눈을 붙이며 자신만의 고된 방식으로 작업에 몰두했다.

나는 가끔 미켈란젤로가 어둠 속에 갇혀 걸작을 조각하던 그

긴 세월 동안 자신이 이렇게 특별한 작품을 만들고 있다는 사실을 알고 있었을지 궁금하다. 반세기가 지난 지금도 사람들이 자신의 조각품에 감탄하며 논쟁을 벌이고 있을 거라고 짐작이나 할 수 있었을까? 그 대답은 결코 들을 수 없을 것이다. 하지만 분명 당시 그의 주변 사람들은 어처구니없는 소리라고 했을 것이다. 솔직히 결말을 알고 있는 지금의 우리도 믿기 어려운 일이니까.

그래서 나는 미켈란젤로가 다비드상을 조각한 이야기를 좋아한다. 결과가 사람들의 기대와는 전혀 다를 수 있다는 것을 보여주는 훌륭하고도 아름다운 이야기다. 사람들이 이른바 상식이라고 부르는 것도 완전히 빗나갈 수 있으며, 자신의 목표를 믿고 끝까지 밀고 나가는 사람만이 이토록 빛나는 결실을 볼 수 있다는 사실을 알게 해준다.

내가 미켈란젤로에 관해 이야기하는 이유는 그의 조각상에서 고상한 교훈을 얻는다거나 유식해 보이고 싶어서가 아니다. 한 가지 매우 단순하고 공감되는 사실 때문이다. 심지어 역사상 가장 위대한 천재 예술가도 성공하기 위해서는 재능 외에 더 필요한 것이 있었다. 바로 멈추지 않으려는 의지였다. 그는 3년이나 밥도 제대로 못 먹고 잠도 설치며 어두운 방에 틀어박혀서, 숙련된 조각가들도 불가능하다고 여겼던 작업을 해나갔다. 끈기 있게.

우리 중에 미켈란젤로처럼 예술 작품을 만들어낼 수 있는 사람은 거의 없다. 하지만 다비드상을 창작하는 데 바탕이 된 그의 능력은 누구나 모방할 수 있다. 누구나 결단할 수 있다. 누구나 꾸준히 할 수 있다. 누구나 경고와 '상식'이란 말로 반대하는 사람들을 걸러내는 법을 배울 수 있다. 이것이 바로 끈기다. 가장 중요하면서도 가장 단순한 인간의 능력이지만, 슬프게도 가장 부족한 능력 중 하나이기도 하다. 누구나 이 능력을 활용할 수 있지만 활용하지 않거나, 활용하고 있다고 생각하지만 실제로 그러지 못하고 있는 사람이 너무 많다.

그러므로 이제는 전념에 관해 얘기해보자. 이는 승산이 전혀 없어서 항복하고 싶어질 때도 꾸준히 앞으로 나아갈 수 있는 방법이다. 정말 쉽지만 역설적으로 정말 어려운 부분이기도 하다. 너무 많은 사람이 잘못된 시점에 잘못된 이유로 포기해버린다. 이번 장에서는 그런 결말을 맞지 않도록 끈기를 가지고 끝까지 꿈을 지킬 수 있는 방법에 관해 알려주려 한다.

## 끈기는 가장 강력한 무기다

헬렌과 플루이드를 설립한 후 내가 가장 먼저 했던 일 중 하나는 앉아서 목록을 작성한 것이었다. 나는 홍콩에서 활동하는 크고 유명한 브랜드 가운데 함께 일하고 싶은 브랜드 50개를 적었다. 내가 꿈꾸던 고객 버킷리스트였다. 실적이 전혀 없는 신생 에이전시로서는 어처구니없이 높은 목표였다.

　업무를 개시한 첫 달, 나는 모든 회사에 연락을 취했다. 대부분은 답장조차 하지 않았고 심지어 만나주겠다고 나선 회사는 단 한 군데도 없었다. 시작부터 암울했다. 그때 내 욕심이 너무 지나쳤다고 생각할 수도 있었다. 하지만 나는 목록을 찢어버리지 않았다. 계속해서 그 회사들에 연락을 취했고, 한 회사가 답하지 않으면 그다음 회사로 넘어갔다. 누군가 답을 보내오면 계절에 맞는 안부 인사, 그들이 좋아할 만한 뉴스 기사, 우리와 관련이 있는 그들의 사업에 대한 의견들을 보내 계속 연락을 유지했다.

　그렇게 한 이유는 계속해서 눈에 띄고 기억에 남기 위해서였다. 사업을 할 때 여러분에게 일어날 수 있는 최악의 상황은 잊히는 것이다. 반대로 여러분이 계속 연락을 주고받는 사이로 남아 있다면 에이전시를 검토하거나, 집을 팔거나, 욕실에 새로 타일을 깔거나, 꿈에 그리던 휴가지를 예약해야 할 시기가 왔을 때 그들이 여러분을 가장 먼저 떠올리게 될 것이다. 하지만 나는 여기에 쓸모를 더했다. 매주 똑같은 제안을 보내서 사람들을 귀찮게 하는 것이 아니라, 약간 다르고 더 유용한 내용을 보내주고 대가를 바라지 않았다. 꾸준히 그렇게 하면 '아니요'를 '네'로 바꿀 수 있는 절호의 기회를 얻게 된다.

플루이드도 마찬가지였다. 설립한 첫해에 나는 그 목록에 있던 몇몇 회사를 우리의 고객사로 만들었다. 9년이 지난 후에는 목록에 있던 모든 회사와 함께 일하게 됐다. 일부는 장기 고객이 됐고 일부는 작은 프로젝트를 함께 했지만, 플루이드를 알지도 못했던 모든 기업이 함께 일하는 사이로 발전했다. 이를 가능케 한 건 오로지 끈기였다. 가까스로 인기 브랜드 한두 곳을 설득할 수 있었고 그 결과 다른 브랜드들도 우리에게 관심을 가지게 된 것이었다. 플루이드는 인지도가 높아졌고 업계에서도 자리를 잡았다. 물론 업무 성과가 좋았기 때문이기도 했지만, 제품이나 서비스가 좋은 것만으로는 충분하지 않다. 성공하려면 팔아야 하고, 팔리려면 끈기가 있어야 한다.

뭔가를 팔아서 먹고사는 사람이라면 누구나 금방 깨닫는 교훈이다. 거절을 그대로 받아들이거나 무시당했을 때 바로 포기하면 성공할 수 없다. 최고의 영업 사원은 누군가 자신의 제안을 거절해도 쉽게 포기하지 않는다. 시간이 좀 지나거나 조금 다른 제안을 준비하면 가능성이 있을 거라는 생각이 들면, 상대방이 결국 승낙할 수밖에 없는 적절한 순간과 제안을 찾을 때까지 노력한다.

30년 동안 영업 분야에서 일하며 수많은 영업 사원을 채용하고 해고해본 사람으로서 나는 성과를 내는 사람과 그렇지 못한 사람의 차이는 끈기라고 생각한다. 그저 그런 영업 사원은 몇 번 연락을 취해보고 반응이 없으면 포기한다. 반면 진정한 해결사는 계속해서 대화하고 관계를 맺을 수 있는 방법을 찾아낸다. 그들은 고객들이 청하지도 않은 쓸데없는 얘기들을 끝없이 쏟아내지 않는다. 대신 적당히 관계를 유지하면서, 잠재 고객에게 자신의 존재를 넌지시 알린다. 또한 잠깐이라도 어떤 종류의 관계를 형성하려고 애쓴다. 이들은 마침내 그 사람에게 뭔가를 팔 수 있는 순간이 올 때까지 영업 제안이 아닌 여러 가지 방식으로 꾸준히 연락을 하며 기다린다. 간단히 말해, 그들은 꾸준히 자리를 지킨 덕분에 승리할 기회를 얻는다. 대부분의 비즈니스는 어느 정도 끈기 싸움이다. 인생을 바꿔줄 거래를 맺을 기회가 올 때까지 오래 살아남아야 한다. 이를 악물고 버틸 작정을 해야 목숨을 구할 수 있다.

끈기처럼 간단한 것으로 승자와 패자를 갈라지는 이유가 뭘까? 이 대답이 썩 마음에 들지 않을 수도 있다. 기술이나 성격 또는 경험과 같은 것들이 기준이 되어야 하지 않을까? 나는 그렇지 않다고 장담할 수 있다. 실력 있는 사람과 끈기 있는 사람 중에 한 명을 선택해야 한다면 나는 언제나 끈기 있는 사람을 고를 것이다, 그 이유는 아주 간단하다. 끈기만 있으면 기회가 오기 때문이다. 영업할 기회를 노리면서 잠재 고객과 오랜 시간 연락하고 지내다 보면 언젠가는 좋은 일이 일어난다. 여러분이 끈질기게 설득한 사람들 가운데 한 명은 여러분이 판매하던 제품을 필요로 하게 될 것이다. 끈질긴 사람은 유능한 사람이 불가능하다고 했던 것을 이룰 수 있다. 성공할 기회를 더 많이 잡을 수 있기 때문이다.

사람들은 사업에서 운이 따르거나 따르지 않는 상황을 마치 통제할 수 없는 일인 양 말한다. 하지만 실제로는 운을 개척해서 성공할 확률을 높일 수 있다. 이는 오로지 끈기를 가지고 노력할 때만 가능하다. 계속해서 문을 두드리면 세상은 더 많은 기회로 보답할 것이다. 우리는 운을 우연이나 기적에 맡기지만 대개는 지루한 수학으로 설명할 수 있다. 여러분의 제품이나 서비스가 '운이 좋았던' 이유는 경쟁자보다 필요한 사람들의 눈에 더 많이 띄었기 때문이다. 이 상황에서 여러분의 진짜 행운은 같은 업계에서 경쟁하는 사람들이 여러분만큼 열심히 노력하지 않았다는 것이다. 그들은 끈기가 부족했고 여러분처럼 목표를 향해 의욕을 불태우지도 않았다.

끈기는 사업과 인생에서 강력한 무기다. 대부분의 사람은 끈기를 보여주지 않기 때문이다(그래서 나는 언제나 끈기 있는 사람을 고용할 것이다. 기술이야 내가 가르쳐주면 된다). 끈기 있는 태도로 사업을 운영하고 꿈을 향해 달린다면 경쟁자들과 차별화할 수 있다. 머지않아 여러분은 아는 사람 중 가장 운이 좋은 사람이 되어 있을 것이다.

# 끈기가 있으면
# 역경도 이겨낼 수 있다

이 글을 쓰고 있는 현재, 전 세계에 약 1400조 원(1조 달러) 이상의 가치를 지닌 회사는 총 아홉 곳이다. 그리고 그중 일곱 곳이 미국 기업인데 그 가운데 두 곳이 한 해 차이로 각각 파산할 뻔한 적이 있었다.

두 회사 중 하나가 바로 애플이다. 아이폰을 출시해 세상(뿐만 아니라 자신의 운명까지)을 바꾸기 불과 10년 전이었다. 당시 애플은 신제품을 연이어 출시했지만 모두 실패했고, 창업자인 스티브 잡스Steve Jobs는 여전히 쫓겨나 있는 상태였으며 12년 연속 적자를 기록 중이었다. 1997년에는 1조 5000억 원 가량의 손실을 기록했는데, 지금이야 CEO인 팀 쿡이 눈 한 번 깜빡하는 사이에 벌어들이는 금액이지만 당시에는 기업 전체 시가총액의 3분의 1이 넘는 규모였다. 전문 용어로 표현하자면 폭삭 망하기 직전이었다.

그다음부터는 누구나 다 아는 얘기다. 잡스가 복귀하면서 회사를 살리기 위해 마이크로소프트와 파트너십을 맺었고, 애플은 1년 만에 컴퓨터인 아이맥을 시작으로 혁신적인 제품을 줄줄이 출시하면서 오늘날의 거대 브랜드로 성장했다.

잡스가 애플에 다시 활기를 불어넣기 한 해 전, 지금은 애플과 나란히 '1조 달러 클럽trillion dollar club(시가총액이 1조 달러가 넘는 기업들을 부르는 명칭—옮긴이)'에 들어 있는 한 기업도 낭떠러지에 서 있었다. 바로 엔비디아였다. 1980년대 개인용컴퓨터의 발전을 이끄는 데 도움을 준 애플에 비하면 상대적으로 무척 작은 규모였다. 이 회사를 아는 사람도 거의 없었다. 엔비디아가 AI 붐의 대명사가 되기까지는 아주 오랜 시간이 걸렸다.

1996년, 엔비디아는 그래픽 프로세서 시장에서 입지를 다지기 위해 애쓰고 있었다. 게임 콘솔용 칩을 개발하던 엔비디아는 경쟁력을 키우기 위해 기존 표준에서 벗어난 방식을 시도했다. 게임 디자이너들이 삼각형이 아닌 사각형 픽셀로 그래픽 작업을 할 수 있게 만든 것이다. 하지만 결과는 실망스러웠다. 마이크로소프트를 비롯한 주요 소프트웨어 공급업체들이 기존 표준을 고수했기 때문에, 엔비디아의 첫 출시작은 실패로 돌아갔다. 그 결과 엔비디아는 자금난에 빠졌고 다음 제품이 반드시 성공해야 파산을 면할 수 있었다. 그렇게 다음 제품 출시할 무렵, 엔비디아에는 직원들에게 한 달 치 급여를 지급할 수 있을 정도의 현금만이 남아 있었다. 판매할 마이크로칩이 있었지만 시장에서 받아들여질지 확신할 수 없었다. 엔비디아의 창립자 젠슨 황Jensen Huang은 2023년 《뉴요커》와의 인터뷰에서 제품의 성공 가능성에 관해 이렇게 말했다. "반반이었어요. 하지만 어쨌거나 저희는 폐업하기 직전이었죠."[1] 그 도박은 성공했다. 출시 후 4개월 만에 칩이 무려 100만 개나 팔려나간 것이다. 엔비디아는 기사회생했고 그렇게 1조 달러 규모 기업의 성장 신화가 탄생했다.

이렇듯 세계에서 가장 유명한 기업들도 한때 파산 위기에 몰리며 역경을 견뎌내야만 했다. 하지만 젠슨 황은 절체절명의 위기를 덮어두려 하지 않았다. 그는 고난의 시간을 자랑스럽게 되새기며 엔비디아의 정체성을 규정하는 중요한 요소로 삼았다. 그는 '우리 회사는 30일 뒤에 망할 수 있다'라는 구호를 만들어 발표의 핵심 내용으로 삼았고 회사가 위기에서 벗어난 후에도 한참 동안 이 메시지를 강조했다.

회사가 성장하고 성공을 거듭하는 동안에도, 그는 직원들이 가장 힘든 시기에 보여주었던 절박함을 잃지 않기를 바랐다. 역경을 버텨내는 끈기는 회사를 위기에서 구했을 뿐만 아니라 밝은 미래를 보장해줄 결정적인 힘이었다.

젠슨 황은 다른 자리에서 역경이 가장 위대한 스승 중 하나이며 역경을 이겨내고 끈기를 배우는 사람이 인생에서 성공한다는 얘기를 한 적이 있다. "기대치가 아주 높은 사람은 실패하면 잘 회복이 안 돼요. 그런데 성공하려면 다시 일어서는 힘이 정말 중요하거든요. 그 힘을 기르려면 실패를 많이 겪어봐야 해요. 제가 아는 방법은 그거 하나예요."[2]

그는 스탠퍼드 대학교에서 열린 한 강연에서 이렇게 말하며 지능과 우수한 성적, 인맥만 가지고는 살아갈 수 없다고 강조했다. 반드시 회복탄력성resilience을 길러야 한다는 것이다. 회복탄력성은 넘어져도 다시 일어서고, 실패해도 새로운 길을 찾고, 끈기가 무엇인지 배우는 과정을 통해서만 기를 수 있다. 이것은 바로 그가 살아온 이야기이자, 세계에서 가장 성공적인 기업 중 하나를 세울 수 있었던 방법이다. 그는 당시 강연에서 이렇게 말했다. "요즘도 저는 회사 내에서 '고생'과 '골치'라는 표현을 쓸 때 정말 신이 납니다. '어휴, 이거 정말 고생스럽고 골치 아프겠는데'라고 해요. 하지만 좋은 의미로 하는 말이죠. 회복탄력성을 기르고, 회사의 분위기를 개선하고 싶으니까요…. 그 분위기는 똑똑한 사람들에게서 나오는 게 아니라 고생한 사람에게서 나옵니다."

나는 이 문구를 내 식대로 바꿔서 의욕을 내야 할 때 이렇게 외친다. '내가 멈추면 누군가 죽는다.' 눈앞에 장애물이 너무 많을 때 이 정도 수준의 결단력은 있어야 성공할 수 있다. 끈질기게 노력하지 않으면 결국 문제에 부딪혔을 때 극복하기엔 너무 버겁다고 느낀다. 그리고 포기해버린다. 진정한 역경이 닥치는 순간에 여러분의 끈기는 시험대에 오른다. 그리고 그제야 비로소 여러분이 끈기라는 단어의 뜻을 진정으로 이해하고 있는지 알 수 있다.

나는 이런 일을 수도 없이 보아왔다. 사람들은 실패하면 포기하고 이렇게 변명한다. 금융 위기가 터졌고, 팬데믹이 발생했으며, 막강하고 훨씬 부유한 경쟁자가 등장했고, 구글이나 메타Meta가 알고리즘을 변경하는 바람에 자신들의 사업 모델이 망해버렸다고 말이다. 그러면서 불가피한 상황이라 어쩔 수 없었다고 변명한다. 그저 운이 없었을 뿐이라고.

가끔은 그 말이 맞을 때도 있지만 대개는 자신을 위로하려고 지어낸 얘기들이다. 그들은 실패할 필요도 없었고 파산할 필요도 없었다. 더 자세히 살펴봤거나 더 열심히 노력했다면 다른 방법이 있었을 것이다. 이런 말이 예의는 아니지만 이 사람들은 포기한 것이다. 상황이 안 좋아지자 떠나버렸다. 그들에게 사업 모델을 다시 만들거나, 인력을 대폭 줄이거나, 하찮은 일부터 시작해보라고 했지만 그들은 그럴 수 없거나, 그러지 않았다. 끈기 있게 노력하기는 너무 힘드니 차라리 포기하기로 했다. 인내심을 갖고 운이 좋아질 때까지 버티는 대신, 운이 나빠서 실패한 거라고 불평만 늘어놓았다.

내가 이렇게 직설적으로 표현하는 이유는, 겪어본 결과 정말 그렇게 단순했기 때문이다. 상황이 정말 어려워지면 선택은 두 가지다. 포기하거나 지옥을 뚫고 계속 나아가거나, 둘 중 하나다. 밀고 나갈지 말지 결정해야 한다.

쉽지 않은 선택이다. 게다가 버틴다고 한들 성공한다는 보장도 없다. 2007년에 우리의 가장 큰 고객이었던 한 대형 은행이

90일 동안 공급업체에 대한 대금 지급을 중단한다며 전화를 걸어온 적이 있었다. 당시에 얼마나 스트레스를 받았는지 아직도 기억이 생생하다. 그들은 우리에게 일곱 자리 숫자의 금액을 빚지고 있었고, 그 돈이 없으면 우리는 직원들에게 월급을 줄 수가 없었다. 나는 몇 주간이나 속을 끓였고 잠도 제대로 못 잤다. 매일 회사가 망해버리는 상상을 했다. 마음 한구석으로는 차라리 사업이 실패해서 모든 책임에서 벗어나길 바랐던 것 같다. 하지만 지금까지 먼 길을 왔고 많은 성과를 거뒀다. 그리고 이 사업을 끝까지 해낼 수 있다면 나와 헬렌의 인생이 바뀔 수 있다는 걸 알고 있었다. 가진 것 하나 없던 열다섯 살의 내가 아직 내 안에 남아 있었는지 난 포기하지 않았다. 그래서 우리는 그저 묵묵히 버텼고 앞서 설명했던 것처럼 남들과 다른 전략과, 예상보다 빨리 시장이 회복되는 행운이 겹쳐 살아남았다(이처럼 끈기 있게 버티면 운이 따른다). 그리하여 그 고객이 마침내 대금을 지급했을 때는 이미 다른 일감을 따낸 뒤여서 더 이상 그 돈에 목을 맬 필요가 없었다.

재미있는 사실은 만약 2007년에 플루이드가 망했다면 나는 그 고객사를 탓했을 거라는 점이다. 가장 큰 대금을 받지 못해서 감당할 수 없었다고 말했을 것이다. 틀린 얘기다. 내가 한 고객사에 너무 의존하는 실수를 저질렀다는 사실을 외면한, 이기적인 변명이었을 것이다. 왜냐하면 운이 나빴거나 사업 기획이 잘못되어서가 아니라 끈기가 없어서 실패했을 테니까 말이다.

이 두 가지는 꼭 기억해야 한다. 첫 번째로 여러분이 무슨 일을 하든 역경은 닥치기 마련이며 이를 극복하기 위해서는 상당한 끈기가 필요하다. 두 번째는 끈기 있게 버티면 그저 살아남는 것 이상의 보상을 얻을 수 있다. 또한 그 경험을 통해 더 강한 사람으로 거듭날 수 있다. 그 결과, 나중에 예상치 못한 비용 지출이나 공급망의 문제, 진상 고객, 천재지변과 같은 또 다른 역경이 닥쳐도 놀라지 않을 수 있다. 준비가 되어 있기 때문이다.

어느 사업이든 역경에 맞서려면 끈기가 필요하며, 그 **역경을 견뎌내면서 개인과 조직 전체의 끈기는 더욱 강해진다.** 끈기는 여러분이 단련할 수 있는 또 다른 근육이다. 그래서 꾸준한 노력이 중요하다. 끈기는 오늘의 문제를 극복하고 내일의 문제에 맞설 힘을 길러준다. 또한 회사가 살아남아 성장할 수 있게 해준다.

이상하게 들릴지 모르지만 여러분은 그 순간을 즐기는 법을 배우게 될 것이다. 속이 뒤틀리는 불안감은 여러분이 이 고난을 전에도 이겨냈고 이번에도 이겨낼 수 있다는 신호다. 여러분이 진심으로 바란다면 여러분의 사업은 살아남을 것이다. 여러분은 방법을 찾을 것이다. 그리고 여러분의 꿈은 계속될 것이다.

# 끈질기게 버티려면
# 방향을 바꿔라

끈기가 중요하고 꾸준히 노력해야 한다는 내 말에서 여러분이 반드시 이해해야 할 점이 있다. 끈기가 있어야 한다는 말과 열심히 일해야 성공한다는 잘못된 믿음은 서로 다르다는 사실이다. 그 둘은 엄연히 다르다.

내가 말하는 끈기는 무슨 일이 있어도 고개를 처박고 한 방향으로만 쭉 걸어가라는 뜻이 아니다. 이 게임은 가장 열심히 일하는 사람이 아니라 가장 영리하게 일하는 사람이 이긴다. 끈기는 배짱의 문제긴 하지만 지혜의 문제이기도 하다. 살아남아서, 오랫동안 성공할 가능성이 가장 높은 길을 찾아내야 한다. 그 길은 대개 지금까지 걸어온 길과는 어딘가 다를 것이다.

끈기의 진정한 의미는 계속 나아가면서 진화하는 것이다. 어떤 분야든 세상은 끊임없이 변화하고 있고 여러분도 그에 맞춰 변화해야 한다. 지금까지 성공했던 방식이 앞으로도 계속 유효할 거라고 기대해서는 안 된다. 적응하고 맞춰가야 한다. 민첩해야 한다. 따라서 끈기의 핵심은 언제 어떻게 방향을 바꿀지를 아는 것이다.

세계적으로 유명한 제품들 가운데 개발된 용도와는 전혀 다른 용도로 사용되는 제품들이 있다. 그리고 거기엔 이유가 있다. 예를 들어, 우리가 뽁뽁이라 부르는 비닐은 사실 포장재로 개발된 제품이 아니었다. 원래는 벽지로 만들려고 했으며 그 후에는 온실을 단열하는 데 사용했다. 그렇게 한두 해가 지나고 나서야, IBM이 이 제품으로 거대한 컴퓨터 본체를 포장해 고객들에게 배달하기 시작했고, 그 이후 포장 용도로 쭉 사용되었다.

그로부터 한참 후인 2010년에는 두 명의 사업가가 버븐Burbn 이라는 앱을 개발했다. 이용자들은 이 앱으로 자신의 위치를 기록하고, 친구들과 특정 장소에서 만나기로 약속을 정하고, 사진을 공유할 수도 있었다. 하지만 사용하기가 복잡해 결국 실패했고, 그래서 아마 여러분들은 들어본 적도 없을 것이다.

버븐의 창업자들은 대부분의 사용자가 앱의 주요 기능은 제쳐두고 오직 사진 공유 기능만 사용하고 있다는 사실을 금방 깨달았다. 그래서 그들은 방향을 바꿔 기능을 대폭 덜어내고 더 단순한 사진 앱을 만들었다. 그 앱이 바로 인스타그램이다.

끈질기게 노력한 끝에 올바른 사업 모델을 찾아내 성공한 사례들은 이 외에도 많다. 스타벅스Starbucks는 원래 집에서 커피를 볶을 수 있도록 원두를 판매했고, 넷플릭스는 우편으로 DVD를 대여해줬으며, 유튜브는 온라인 데이트 사이트였다. 만약 어리석은 방식을 고수했다면 이 유명 기업들은 이미 오래전에 사라져버렸을 것이다. 하지만 이들은 변화를 거듭하며 대부분의 고객이 실제로 원하는 사업 모델을 개발해 세계적으로 가장 성공한 기업이 될 수 있었다.

이러한 종류의 끈기는 사업 초기에 아직 방향을 정하지 못해 고심하는 상황에서 필요할 수 있다. 아니면 이미 정해놓은 사업 모델이 어떤 난데없는 사건으로 인해 흔들릴 때 필요하기도 하다. 2003년 사스 사태가 동아시아를 강타했을 때 플루이드에도 비슷한 사건이 벌어졌다. 사스는 2020년 전 세계에 악명을 떨친 코로나와 유사하게 공기를 통해 전염되는 바이러스로, 6개월 동안 사회 전체를 공포에 몰아넣었다. 홍콩을 비롯한 동아시아 전역이 일시적으로 마비되었다. 이로 인해 우리 사업의 대부분이 하루아침에 사라졌다. 회사의 주요 사업 중 하나가 브랜드 구축 작업이었는데 별안간 브랜드 출시가 취소됐고, 광고 캠페인이 중단되었으며, 마케팅 홍보가 필요 없어진 것이다.

만약 그해 초에 우리가 브랜드 구축 사업을 사실상 곧 중단할 것이라는 말을 들었더라면 나는 아마 정신을 놓고 말았을 것이다. 하지만 막상 그런 상황이 닥치자 방향을 전환할 기회가 있었다. 코로나19보다는 규모가 작았지만 사스 사태 역시 온라인 사업으로의 전환을 가속했다. 소비자 중심 브랜드들은 전자상거래에 투자하기 시작했다. 그래서 우리는 정리해고당한 전자상거래 분야 전문가들을 채용하고, 중단된 브랜드 구축 업무를 대체할 새로운 분야를 만들어나가기 시작했다. 사회가 정상화되어 브랜드 구축 업무 역시 재개됐을 무렵 우리는 이미 완전히 새로운 사업 분야를 갖춘 상태였다. 어쩔 수 없는 선택이었지만 장기적으로 플루이드는 더 강해졌고 더 다양한 분야에 진출하게 됐다. 당시에는 미처 몰랐지만 그 과정에서 사실상의 위기 대응 매뉴얼도 개발되어, 2007~2008년 은행들이 파산하면서 우리의 사업에 커다란 타격을 입혔을 때 무척 유용하게 쓰였다.

방향 전환은 강제로 일어날 수도 있다. 코로나19 동안 많은 레스토랑과 바가 배달 및 포장 음식 서비스로 전환할 수밖에 없었다. 그러나 전환 방향이 그렇게 명확한 경우는 많지 않다. 별일 아닌 것 같아 무시하고 싶을 수도 있다. 지금처럼만 계속하면 괜찮을 거라고 애써 믿고 싶을 수도 있다. 남들이 투자하고 있는 기술들이 흥미롭기는 하지만 돈이 너무 많이 들 것 같다. 지금 유행하는 것들은 오래 못 갈 것 같다. 새로운 경쟁자들은 끝까지 버티지 못할 것 같다. 이런 생각들은 끈기 있는 것이 아니라 고여 있는 것이다. 안주하는 태도는 사업을 실패로 이끄는 지름길이다.

그래서 나는 끈기를 가지려면 언제 방향을 전환해야 할지 알아야 한다고 말한다. 새로운 기회를 향해 가든, 다가오는 위협에서 벗어나려 하든 상관없다. 끈기는 살아남는 데 필요하며 사업에서 살아남는 사람은 끊임없이 변화하는 세상에 적응하고 진화하는 사람들이다.

반대로 끈기가 가장 필요할 때 끈기를 발휘하지 못한 기업들은 대부분 실패하고 말았다. 한때 영화 대여 업계를 장악했던 블록버스터가 넷플릭스의 등장으로 사라졌다는 사실을 여러분도 기억할 것이다. 심지어 블록버스터가 넷플릭스를 인수할 기회를 거절했다는 일화도 유명하다. 역사상 최악의 사업적 판단 중 하나로 손꼽힌다.

이 때문에 자신이 실패한 원인이 혁신과 선견지명이 부족했기 때문이라고 생각하는 사람이 많다. 미래를 더 훤히 내다보는 민첩한 경쟁자가 그들을 앞질러버린 거라고 말이다. 하지만 실상은 그렇지 않다. 실제로 블록버스터는 2000년대 중반까지만 해도 넷플릭스의 위협에 잘 맞서 싸웠다. 자체 온라인 구독 서비스를 만들었고, 이 서비스는 넷플릭스 못지않게 빠르게 성장하기도 했다. 넷플릭스의 공동 창립자 중 한 명은 이후 온라인 서비스뿐만 아니라 방대한 소매점 네트워크를 활용할 수 있는 블록버스터가 자신들을 압살할까 봐 두려움에 떨었다고 회상했다.[3] 실제로 그렇게 되었다면 스트리밍 사업의 역사가 크게 달라졌을지 모른다. 하지만 블록버스터는 곧 난관에 부딪혔다. 당시 블록버스터는 막대한 부채를 안고 있었고, 향후 방향을 둘러싼 주요 주주들의 의견은 제각각이었다. 결국, 넷플릭스와의 경쟁을 이끌던 CEO가 해고됐고, 이후 구독 서비스가 쇠퇴하면서 불과 몇 년 만에 회사가 파산하고 말았다. 블록버스터는 미래를 보지 못했거나 무시하려 했기 때문에 실패한 것이 아니었다. 끈기가 부족했기 때문에 무너진 것이다. 회사 안팎의 복잡한 상황 탓에 성공할 가능성이 있는 전략을 너무 일찍 포기해버렸고, 결국 회사는 살아남지 못했다.

그래서 끈기가 중요하다. 끈기가 없으면 오래지 않아 실패한다. 반면 끊임없이 노력해서 행운을 잡고, 역경 속에서 성장하는 법을 익히며, 필요할 때마다 계획을 수정해나간다면 장기적으로 사업이 번창할 가능성이 높아진다.

이제 다음 단계가 무엇일지 궁금할 것이다. 5년, 10년, 15년 후에도 여전히 이 회사를 운영하고 싶을까? 이 일이 앞으로도 내 시간을 가장 가치 있게 쓰는 방법이고, 내 꿈을 이루는 최선의 길일까? 여정의 막바지에 가까워지는 시점에는 어떻게 마무리할지(그리고 그 이후 어떤 새로운 시작을 맞이할지) 생각해봐야 한다. 향후 자신의 역할, 사업의 매각 여부와 그 방법, 그리고 그 이후의 계획까지 고민해야 한다. 모든 사업에는 자연스러운 수명이 있으며, 창업자의 역할도 마찬가지다. 사업을 시작할 때만큼이나 그 끝도 신중하게 계획해야 한다.

# 13

# 적절한 때 팔고
# 새롭게 시작해라

절대 그만두지 마라. 절대 포기하지 마라. 계속 나아가라.

비즈니스 세계에서 자주 듣는 조언이다. 앞 장에서 내내 끈기의 중요성에 관해 이야기했으니 여러분은 내가 이 말에 동의한다고 생각할 수도 있다. 하지만 나는 동의하지 않는다.

나는 케니 로저스Kenny Rogers의 노래 〈더 갬블러The Gambler〉의 가사처럼, 계속해야 할 때와 그만둬야 할 때가 있다고 믿는다.

모든 사업에는 수명이 있다. 사업을 반년 혹은 1년 동안만 운영하게 될 수도 있다. 그동안 사업하는 방법을 배우고 실수도 한꺼번에 다 저질러보게 될 수도 있다(내 경우에는 열다섯 살에 시작했던 정원 관리 회사가 그랬다). 아니면 20년 동안 사업을 운영한 다음 인생을 바꿔줄 큰돈을 받고 회사를 매각할 준비를 하고 있을 수도 있다. 아니면 얼마쯤 시간이 지난 후 자연스럽게 회사 운영은 경영진에게 넘기고 다른 일에 집중하고 있을 수도 있다.

어쨌든 **여러분이 그만두는 것이 옳은 결정이 되는 시점이 온다.** 거절할 수 없을 정도로 많은 돈을 준다거나, 다른 일을 하면서 살고 싶다거나, 그저 지치거나 재미가 없어서 그만두는 경우도 있다. 적절한 상황에서는 그만두는 게 최고다!

이는 내가 앞 장에서 힘들 때 포기하면 안 된다고 말한 것과는 다른 이야기다. 한창 사업을 운영하는 상황에서는 절대 포기하면 안 된다. 회사가 결정적인 순간에 있고, 생존을 위해 싸우고 있을 때 그만두는 것은 포기하는 것이다. 하지만 적절한 시기에, 막다른 길에 다다랐을 때 그만두는 것은 상식이다. 그만두는 것이 꿈을 포기하는 것이라면 시기가 틀렸다고 할 수 있지만, 그만둔 덕분에 새롭거나 더 나은 방식으로 계속 꿈을 향해 달려갈 수 있다면 그건 아마 옳은 선택일 것이다.

나는 이 사실을 깨닫는 데 오랜 시간이 걸렸다. 그 교훈을 가르쳐준 것은 내 인생의 동반자인 헬렌이었다. 문득 헬렌이 나를 돌아보며 플루이드를 떠나고 싶다고 말하던 그날을 나는 잊을 수가 없다. 우리는 10년 동안 손발을 맞춰 일하며 사업을 키우는 데 온 힘을 쏟았다. 그리고 나는 우리가 끝까지 함께할 거라고 믿어 의심치 않았다. 그래서 헬렌이 자리에서 물러나겠다고 했을 때 뒤통수를 세게 맞은 기분이었다. 헬렌은 회사에서 핵심적인 역할을 맡고 있었기 때문에, 그가 없는 회사는 상상조차 할 수 없었다. 마치 어린아이처럼 내 입에서 나온 첫 마디는 "왜?"였다.

헬렌의 결정을 듣고 내가 처음 보였던 반응은 너무나 이기적이었다. 나는 인생의 파트너이자 사업 파트너인 헬렌 없이 사업을 운영하면 내가 얼마나 힘들지만 생각했다. 하지만 충격이 가라앉고, 아내가 나보다 훨씬 현명하다는 사실을 떠올린 후에야 비로소 아내의 입장에서 생각해볼 수 있었다. 헬렌은 20대 초반에 나와 함께 플루이드를 창업했다. 그리고 그 후 줄곧 그래픽디자인 일만 해왔다. 하지만 이제 헬렌은 인생의 새로운 국면에 접어들었고, 디자인 일에 흥미를 잃었으며, 다른 기회를 찾고 싶었다. 구체적으로 말하자면, 그는 사람들의 운동 능력 회복을 돕는 재활 운동 전문가가 되고 싶었다. 그러려면 수년간 훈련을 받아야 했기 때문에 하루라도 빨리 시작하는 것이 중요했다.

처음 헬렌의 결정을 들었을 때는 너무나 충격을 받았다. 하지만 곧 헬렌이 강한 의지와 깊은 자기 이해로 인생의 한 단계를 마무리 짓고 행동으로 옮긴다고 생각하니 존경심이 느껴졌다. 그리고 조금 더 시간이 흐른 후 나도 같은 감정을 느끼고 있음을 깨닫기 시작했다. 많은 사업가가 그렇듯, 나도 사업 초기에 품었던 열정이 점차 식어가고 있었다. 이미 모든 것을 다 본 듯했고, 더 이상 새로 배울 것도 없었으며, 같은 일을 반복하는 쳇바퀴에 갇힐 위험에 처해 있었다.

마케팅 서비스 업계에 싫증을 느끼던 나는 다른 분야에도 관심을 두기 시작했고, 홍콩의 신생 스타트업 업계에 점점 깊이 발을 들여놓게 됐다. 한 가지 사업에 매진하기보다는 사업가들을 돕고 기업에 투자하고 싶었다. 그때 내 꿈이 무엇인지 알았다면(당시에는 몰랐지만) 내 꿈이 진화하고 있으며 이제 새로운 수단이 필요한 시점에 이르렀다는 사실을 깨달았을 것이다.

나는 사업가들이 전형적으로 겪는 중년의 위기를 맞이했다. 회사 간판을 걸 때보다 내릴 때가 가까운 시점이었지만 그 당시에는 언제 어떻게 마무리해야 할지 몰랐다. 어떤 단계를, 어떤 순서로 밟아야 할지 확신이 서지 않았다.

헬렌이 회사를 떠나고, 회사를 매각하기까지 5년 동안 내가 잘한 일도 있고, 못한 일도 있다. 바람직한 결말을 지었지만 그 방법이 가장 효율적이지는 않았다. 그 경험을 바탕으로, 사업을 마무리 지을 때 해야 할 일들을 여러분에게 알려주고 싶다. 여러분의 회사와 어떻게 이별해야 할까? 언제, 어떻게 팔아야 할까? 그리고 그렇게 한 후에도 어떻게 꿈을 계속 이어갈 수 있을까?

# 회사와 잘 헤어지는 법

사업가라면 누구나 마음이 아프다고 할 것이다. 규모가 크든 작든, 유명하든 무명이든, 여러분이 세운 회사는 여러분의 자식이나 다름없다. 여러분이 낳아서 키웠다. 회사가 자라면서 어려움을 극복하는 모습도 지켜봤다. 한동안, 어쩌면 꽤 오랜 시간 동안 그 회사는 여러분의 삶 그 자체였다. 깨어 있는 거의 모든 시간을 회사에서 일하면서 보냈고, 회사에 필요한 일을 처리하는 게 최우선이었다. 회사의 실패와 좌절을 마치 내 일처럼 받아들이고, 이를 극복하기 위해 자신도 놀랄 만큼 애썼다.

많은 사업가가 결국 자신이 창업한 기업으로 다시 돌아오는 데에는 이유가 있다. 스티브 잡스는 애플을 살리기 위해 돌아왔고, 하워드 슐츠Howard Schultz는 스타벅스에 한 번도 아니고 두 번이나 복귀했으며, 잭 도시Jack Dorsey도 트위터를 다시 운영하게 되었다. 마이크로소프트가 투자자로 참여한 챗GPT 출시 이후, 구글의 모회사인 알파벳Alphabet이 인공지능 경쟁에서 뒤처지는 것처럼 보이자 공동 창업자인 래리 페이지Larry Page와 세르게이 브린Sergey Brin이 수년 만에 다시 경영에 관여하게 되었다는 보도가 나오기도 했다.

이는 사업가들이 자신이 창업한 회사에서 물러나는 것이 얼마나 어려운 일인지 잘 보여준다. 이론상으로는 통제권을 포기할 수 있다. 하지만 실제로 회사가 더 이상 자신의 것이 아니라는 사실을 받아들이고 그에 맞게 행동하는 것은 전혀 다른 문제다. 페이스북Facebook을 운영하는 마크 저커버그Mark Zuckerberg든 손바닥만 한 사업을 운영하는 사람이든 힘든 건 마찬가지다. 따라서 사업과 헤어진다는 것이 무엇을 의미하는지, 어떻게 하면 잘 헤어질 수 있는지 알아야 한다.

잘 헤어지려면 우선 적절한 시기에 헤어져야 한다. 헬렌이 떠나고 몇 년이 지난 후, 나도 이제 떠나야 할 때라는 걸 알았다. 내 관심이 점점 다른 곳으로 향하고 있었기 때문이다. 앞에서 얘기했듯이, 진짜 그것이 꿈이라면 아침에 눈 뜨면서부터 잠들 때까지 온통 그 생각밖에 들지 않는다. 플루이드를 운영한 지 10여 년이 지난 뒤부터 그런 일은 더 이상 내게 일어나지 않았다. 신규 사업 제안서가 더 이상 흥미진진하거나 설레지 않고 귀찮게만 느껴졌다. 앉아서 '함께 일하고 싶은 50개 기업' 목록을 새로 써 내려갈 의욕도 전혀 없었다. 내 마음속 열정은 서서히 사그라들고 있었다. 나는 이별할 준비가 되어 있었다.

어떤 기분인지 정확히 설명할 수는 없지만, 여러분도 분명 알게 될 것이다. 무의식적으로 여러분의 몸과 뇌는 서로 다른 것을 원하고 있다. 인정하는 데 시간이 조금 걸릴 수 있지만, 이미 끝났다. 열정과 의욕이 사라지는 징후를 알아차려야 한다. 되돌리기 위해서는 새로운 방법이나 기회를 찾아야 하지만, 지

금 하는 사업은 이미 끝을 향해 가고 있다는 사실을 받아들여
야 한다.

마찬가지로, 미처 준비되기 전에 남의 말에 휘둘려 사업에서
손을 떼서는 안 된다. 주변에는 여러분을 현혹해 위험에 빠뜨
리려는 사람들이 있기 마련이다. '지금이 팔기 딱 좋은 때야',
'전문 경영인을 고용하면 훨씬 편하지', '지분을 그대로 갖고 있
으면 더 편하게 살 수 있어'.

누군가 사업을 접으라고 설득해도 귀 기울여 듣지 마라. 그
들의 조언에 따르다 보면 결국 그 결정을 후회하거나 사업을
다시 인수하게 될 것이다. 결혼 생활에 아직 사랑이 남아 있다
면 이혼해서는 안 된다.

하지만 떠날 준비가 되었다면 철저하게 계획을 세워야 한다.
치명적인 문제가 발생하지 않는 한, 하루아침에 여러분이 세운
회사를 떠날 수는 없다. 소유 지분을 유지하든 완전히 다 팔아
버리든, 여러분과 회사 양측 모두에게 가장 바람직한 방식으로
퇴장해야 한다. 사업을 접는 것이 아니라면 직원들에게 안정성
을 보장하고 회사의 가치를 최대화해야 한다(직원들과 여러분
모두를 위해서다. 내 조언을 따랐다면 직원들에게 지분을 나눠줬을 테
니까).

회사를 한 번에 그만두려고 하는 것은 담배를 하루아침에 끊
으려는 것과 비슷하다. 점진적으로 역할을 줄여가면서, 내가

없어도 회사가 잘 돌아가게 만들어놓는 편이 훨씬 낫다. 그래서 내 조언은 단계적으로 물러나라는 것이다. 여러분이 하고 있는 일 가운데 하나를 맡을 사람을 뽑아 그 사람이 업무에 적응할 수 있도록 도와준 다음 혼자 처리하게 두자. 그런 식으로 반복한다. 그러다 보면 어느샌가 여러분은 명색만 사장이 될 것이다. 그때가 되면 드디어 헤어진 것이다. 지분을 매각하고 완전히 관계를 끊거나, 여전히 지분을 보유하되 홍보대사 역할을 하거나, 1년에 몇 차례 이사회에 참석하는 정도로 거리를 두고 물러날 수 있다. 계속 관여하고 있다면 일을 더 하려고 하지 말고 덜 해라. 더 이상 여러분이 주인공이 아니니, 무대에서 내려올 때를 알아야 한다.

플루이드와 그렇게 헤어지긴 했지만 돌이켜보면 나는 여러 가지 실수를 저질렀다. 오랫동안 너무 많은 책임을 지고 있었고, 나를 대체할 사람을 찾을 때는 잘못된 이유로 누군가를 선택했다. 이런 사업을 이끌어갈 경험과 지식이 있어서가 아니라 내가 아는, 좋아하는 사람이라는 이유였다. 문제들이 쌓여가는데도 나는 너무 오랫동안 그 사람을 밀어주고 내가 도와주면 나아질 거라고 우겼다.

결국 그는 가족 사정으로 홍콩을 떠나야 했고, 나는 다시 한 번 나를 대체할 인물을 찾을 기회를 얻었다. 이번에는 마음속에 아주 명확한 지침을 세웠다. 다른 에이전시에서 고위 임원

직을 맡고 있지만 소유 지분이 거의 없거나 전혀 없는 사람이어야 했다(내가 제시한 조건이 바로 지분이었기 때문이다). 내가 하던 일을 이어받는 것뿐만 아니라 더 잘해서 사업을 한 단계 더 발전시킬 수 있는, 성과가 입증된 최고의 전문가를 원했다. 나는 총 여덟 명을 만났다. 그들 모두와 커피를 마신 후 깨달았다. 그들 중 누가 되더라도 나보다 플루이드를 더 잘 운영할 수 있을 거라는 사실을 말이다. 나는 최고의 인재를 골랐고, 그는 정확히 내가 바라던 대로 해냈으며, 2년 만에 내가 예상했던 것보다 더 많은 금액을 받고 회사를 매각했다.

그 경험을 통해 창업한 회사와 헤어지는 방법과 관련한 마지막 교훈을 얻었다. 자기애를 버려야 한다. 회사를 설립할 때는 약간의 자기애가 도움이 되었을 것이다. 가진 것이 거의 없을 때는 '나는 대단하다, 나는 이 거래를 성사시킬 수 있다, 나는 꿈을 이룰 수 있다'라고 믿어야 했기 때문이다. 하지만 안정된 회사를 운영하다 보면 이런 자기애가 오히려 방해가 된다. 따라서 앞서 배웠던 세 가지 T를 기억해야 한다. 남을 가르치고, 믿고, 여러분은 손을 떼자. 한발 물러서서 다른 역할을 받아들이는 법을 배우자. 멀리서 자신이 쌓아 올린 성과를 감상하자. 만약 조금이라도 자존심이 상했다면, 이렇게 위안을 삼아보자. 여러분이 여러분을 해고한 덕분에 회사를 매각하는 다음 단계가 훨씬 수월해졌다고 말이다.

# 사업을 매각할 때
# 꼭 기억해야 할 것

적절한 시기에 적절한 방법으로 사업에서 손을 뗄 수 있다면 금상첨화다. 하지만 당연히 이런 생각이 든다. '어휴, 도대체 이걸 어떻게 팔아?'

사업을 매각하는 데에는 아주 간단한 규칙이 있다. 팔려고 애쓰지 말라는 것이다. 농담이나 말장난을 하려는 게 아니다. 하지만 회사 앞에 '판매 중'이라는 간판을 붙이자마자 가격은 내려가기 시작한다. 그리고 그 즉시 여러분의 입장은 불리해진다. 판매자가 적극적이면 물건을 저렴한 가격에 살 수 있다는 것은 전문가가 아니더라도 알 수 있다.

인생에서 진정으로 가치 있는 것은 우리가 원하지만 가질 수 없다고 생각하는 것들이다. 사업을 잘 팔려면 여러분의 사업이 그런 것이 되어야 한다. 잠재적 구매자가 손이 닿지 않는 곳에 있다고 생각하는 소중한 자산 말이다. 적극적인 판매자가 되지 말고 적극적인 구매자를 만들어야 한다.

그렇다면 사업을 파는 것처럼 보이지 않으면서도 팔 수 있는 방법은 무엇일까? 간단히 말하자면 사업을 인수할 가능성이 있는 사람들과 관계를 쌓고, 필요하다면 파트너십을 맺은 다음, 어떤 일이 일어나는지 지켜보는 것이다.

나는 플루이드의 마지막이 어떤 모습일지 꽤 분명히 알고 있었다. 매각 준비를 맡을 CEO를 채용하기 훨씬 전부터 내가 회사의 최종 인수자로 점찍어둔 곳이 있었다. 홍콩에 진출한 대형 글로벌 광고 회사 중 하나였다. 때로는 경쟁자였고, 때로는 프로젝트 파트너였지만, 시간이 지날수록 나는 점점 그들과 더 우호적인 관계를 맺기 위해 노력했다. 협력할 기회를 적극적으로 만들며 주요 경영진과도 친분을 쌓았다. 플루이드를 누군가에게 팔게 된다면 아마 이 사람들이 살 거라고 생각했다.

하지만 내 예상은 완전히 빗나갔다. 그 거래는 성사될 가능성이 전혀 없었다. 그리고 실제로 회사가 매각되었을 때, 나는 깜짝 놀랐다. 회계 전문 컨설팅 업체인 프라이스워터하우스쿠퍼스PwC가 우리 회사를 인수할 거라고는 전혀 예상하지 못했기 때문이다. 하지만 다른 대형 컨설팅 업체들과 마찬가지로 PwC도 점점 더 크리에이티브 서비스 판매에 발을 들이고 있었다. PwC는 전에도 우리와 함께 여러 프로젝트를 진행한 적이 있었다. 여러 번의 협업을 통해 그들은 플루이드를 인수해서 자체 팀으로 흡수하는 편이 더 효율적이라고 판단했다.

그러니 회사를 살 사람을 찾으러 다니지 말아야 한다. 업계 안팎에서 사업을 성장시키고 관계를 쌓는 데 집중하다 보면 의외의 인물이 나타날 수 있다. 회사를 매각하려 한다고 말하지 말고 남들 눈에 띄면 된다. 누구나 보는 눈이 있으니, 여러분의 사업이 혁신적이거나 독창적인 방식으로 성공할 가능성이 있다면 알아볼 것이다. 여러분의 회사가 너무 뛰어나서, 경쟁업체가 무시하거나 이기지 못하고 결국 구매할 수밖에 없도록 만들어보자.

심지어 그럴 때조차도 잠시 멈춰서 신중하게 생각해봐야 한다. 누군가 구매 제안을 내놓았다고 해서 여러분이 반드시 팔아야 하는 건 아니다. 특정한 기준을 충족했을 때만 그 제안을 받아들여야 한다. 우선 여러분에게 이득이어야 한다. 여러분은 다른 일을 하기로 했으니 사업을 매각해 그 일을 할 수 있는 자금과 기회를 얻어야 한다. 그리고 여러분과 함께 일했던 직원들에게도 이득이어야 한다. 마지막으로 사업 자체에 이득이어야 한다. 애정을 갖고 키운 회사를 신뢰할 만한 손에 맡기는 거라고 안심할 수 있어야 한다.

PwC는 제일 먼저 플루이드를 인수하겠다고 나선 기업도 아니었고 다른 기업들보다 더 큰 금액을 제시한 것도 아니었다. 하지만 그들을 선택한 이유는 함께 일한 경험이 있고, 창의성과 창의적인 인재를 양성하려는 우리의 목적을 존중하며, 인수 첫날부터 모든 직원의 급여를 인상하겠다고 약속했기 때문이었다. 플루이드의 대주주들에게도 좋은 거래였고, 이 회사에서 계속 일하고 싶어 하는 모든 직원에게도 좋은 거래였다. 고민할 필요도 없었다.

이후에 나는 투자회사인 네스트를 다른 방식으로 매각했다. 회사를 운영하던 나머지 사람들이 함께 회사를 인수하는 경영진 인수management buyout 방식이었다. 기존 경영진이 창업자로부터 지분을 매입해 회사를 인수하는 방식이기 때문에, 이들이 계속 회사를 운영하고 싶어 하고 지분 매입에 필요한 자금을 마련할 수 있다면 좋은 매각 방법이 될 수 있었다.

어떤 방식이 됐든, 사업을 매각할 때는 반드시 팔겠다는 확신을 가져야 한다. 당시에는 옳은 결정이었다고 믿었지만, 나는 가끔 플루이드를 매각한 것을 후회한다. 내가 원하는 일을 할 수 있는 운영 체계와 팀을 갖추는 데 서너 해가 걸린다는 사실을 이제야 알게 됐기 때문이다. 그때도 알고 있었다면 나는 플루이드의 소유권을 유지한 채 플루이드를 플랫폼으로 삼아서 내가 현재 헬프뱅크에서 하는 일을 했을 것이다.

하지만 어쨌건 나는 사업을 매각했고, 사업을 매각한 사업가라면 누구나 그렇듯 이 질문과 마주하게 됐다. '이다음은 뭐지? 큰 목표를 이루고 보상까지 넉넉히 받고 난 다음에는 뭘 해야 하는 거지? 어떻게 다시 꿈을 따라 달려갈 수 있지?'

# 인생 최고의 순간은
# 아직 오지 않았다

　나는 맨 처음 사업을 매각하며 큰돈을 벌지는 못했다. 하지만 그 대신 중요한 교훈을 얻었다. 그 사업은 홍콩으로 이주하기 직전, 영국의 한 호텔 안내 데스크에서 일하면서 시작했던 것이었다. 어느 날, 나는 내가 좋은 기회를 놓치고 있다는 사실을 깨달았다. 1996년 당시, 나는 호텔에 예약이 꽉 차면 방을 구하려고 전화하는 사람들에게 도와줄 수 없다고 말하곤 했다. 그러던 어느 날 밤, 나는 간절하게 방을 구하는 사람을 도와주기 위해 다른 호텔에 전화를 걸어 방을 마련해주었다. 그것을 계기로 곧 다른 직원들과 함께 이 일을 사업으로 발전시켰다. 우리는 더 이상 받을 수 없는 손님들을 방이 남아 있는 호텔에 연결해주고 그 대가로 수수료를 받았다. 우리는 이 사업을 '어커머데이션 익스프레스Accommodation Express'라고 불렀다.

　인터넷이 대중화되기 전에 생긴 부킹닷컴이라고 할 수 있지만, 그 당시에는 이 사업을 확장할 자신이나 의욕이 없었다. 결국 나는 그다지 많지 않은 금액에 이 사업을 매각했고, 그제야 앞으로 어떤 일이 일어날지 알게 되었다.

　사업가가 적은 금액이라도 돈을 벌면 갑자기 여기저기서 그 돈으로 뭘 해야 할지 참견을 늘어놓는 사람들이 나타난다. 그 돈으로 '집을 사라', '주식시장에 투자해라', '돈이 돈을 벌게 만들어라'라고 잔소리를 한다. 창업을 해봤거나 사업을 운영해본 적이 없는 사람들조차 번 돈을 어떻게 써야 하는지 자신 있게 이야기한다.

내 조언은 이런 말을 귓등으로 흘려보내라는 것이다. 금융 전문가들이 돈 관리법을 제일 잘 아는 건 자신들이라고 말해도 현혹되지 말자. 일찍 은퇴하면 행복하다는 사람들의 말도 무시하자(내 생각에 은퇴하는 사람들은 자기 일을 싫어하는 사람들이다). 그리고 앞으로는 전보다 더 큰 일을 할 수 없을 거라는 말도 믿지 말자. 내가 팟캐스트에서 인터뷰했던 토니 퍼델Tony Fadell이 그 예다. 그는 애플에서 아이팟이라는 상징적인 제품을 개발한 팀을 이끌어 '아이팟의 아버지'라 불리게 되었다. 또한 아이폰을 만드는 데 중요한 역할을 하기도 했다. 다른 사람이었다면 은행에 그간 번 돈을 모두 맡기고 해변에서 유유자적하며 살았을 것이다. 하지만 그는 애플을 떠나 스마트홈 기기 업체 네스트 랩스Nest Labs를 설립했고, 4년 만에 이 회사를 약 4조 7000억 원에 구글에 매각했다.

그러니 인생 최고의 순간은 대부분 아직 오지 않았다는 사실을 기억하자. 하지만 그렇다고 해서 서두를 필요는 없으며, 마음의 여유를 가져야 한다. 수년간 한 가지 일에 집중했다면, 더 폭넓은 관점으로 삶을 바라보는 데 시간이 한참 걸릴 수 있다.

앞으로 어떤 사업이나 프로젝트, 캠페인을 하게 될지 당장은 모를 수도 있다. 한동안은 그저 인생을 즐기고 싶을 수도 있다. 그것도 괜찮다. 하지만 그건 영원할 수는 없고, 골프를 치고 바닷가를 거니는 것도 곧 지겨워질 것이다.

다시 시작하는 방법은 여러분이 인생과 경력에서 어느 단계에 있는지에 따라 달라진다. 만약 여러분이 젊고, 사업을 통해 어느 정도 돈을 벌었지만 평생 돈 걱정을 안 해도 될 정도로 풍족하지는 않다면, 답은 매우 간단하다. 자신에게 투자해야 한다. 전에는 너무 비싸거나 복잡해 보였지만 지금은 자본과 경험이 있으니 해볼 만한 사업을 찾아보자. 마음 한구석에 숨어 있던 큰 프로젝트에 도전해보자. 목표를 크게 잡자. 여러분은 그럴 만한 수단과 기술, 그리고 인맥을 갖췄다. 이제 여러분의 꿈과 목적을 다시 떠올리며 대답해보자. '이 꿈을 가장 크고 명확하게 표현할 방법은 무엇인가? 가장 대담한 버전은 무엇인가?'

아직 해보지 않았다면 여행을 떠나보자. 스물세 살에 홍콩으로 간 덕분에 내 인생은 바뀌었다. 진부하게 들릴지 모르지만, 그 이후로 나는 세상을 다르게 보게 됐고, 내가 자라온 곳이 얼마나 좁은 공간이었는지 깨닫게 됐다. 더 넓은 세상과 다양한 사람들, 서로 다른 문화를 접하게 되면, 사업을 운영하는 방식도 자연스럽게 변화할 것이다. 시장은 더 크고, 다양하며, 기회도 그만큼 많다는 것을 알게 될 것이다.

그렇게 젊지 않거나 인생이 바뀔 만큼 많은 돈을 벌었다면 그 방법은 좀 더 복잡할 수 있다. 해변에서의 여유가 그만큼 더 강력한 유혹이기 때문이다. 하지만 중요한 점은 여러분에게 여전히 꿈이 있다는 것이다. 사업을 시작했을 만큼 야심만만하고 추진력도 있는 사람이라면, 회사를 팔고 조용히 은퇴하는 것으로는 만족하지 못할 것이다. 여러분은 여전히 젊고, 세상에 이바지할 수 있는 부분이 있다. 여러분은 어느 분야에서든 변화를 일으킬 수 있다. 아예 새로운 사업을 시작할 수도 있고, 다른 사업가의 투자자나 멘토, 고문으로 활동할 수도 있다. 처음 사업을 설립할 때와 같은 목적을 추구하되, 이제는 여러분이 자금을 지원할 능력이 있으니, 비영리단체나 사회적 영향력이 있는 단체를 통해 사업을 전개할 수도 있다.

처음부터 꿈을 이루기 위해 사업을 시작해 지금까지 왔다면, 앞으로 나아갈 방향을 이미 알고 있을 것이다. 여러분만의 나침반이 있기 때문이다. 하지만 나처럼 중간쯤에서야 비로소 꿈을 깨달았다면 방향을 조정해야 할 수도 있다. 회사를 매각한 후, 나는 내가 그동안 사람들의 사업을 돕고 싶어 했다는 것을 알게 됐다. 플루이드에서는 그 대가로 수수료를, 네스트에서는 지분을 받았다. 이제 나는 그 일을 무료로 할 수 있는 경제적 능력을 갖추게 됐다. 이 기반 위에서 헬프뱅크와 그 밖의 다른 모든 것이 시작될 수 있었다.

그것이 바로 꿈의 진정한 가치이며, 꿈이 이 책의 주제인 이유다. 여러분의 사업은 팔 수 있지만 여러분의 꿈은 그 누구도 살 수 없다. 꿈은 영원하며 그 중요성은 변하지 않는다. 게다가 여러분이 이미 돈을 벌었다면, 그 어느 때보다 야심 차게 꿈을 추구할 수 있는 좋은 상황이다. 전보다 더 크고 더 좋은 꿈을 꿀 수 있다. 마을에 있는 작은 레스토랑 하나가 전 세계를 아우르는 외식 기업으로 성장할 수도 있다. 여러분 회사의 사명이 여러분이 운영하거나 투자하는 더 큰 캠페인의 중심이 될 수도 있다. 여러분이 영화 제작자나 건축가 또는 작가로 일해왔다면, 이제는 다른 사람들도 같은 꿈을 이룰 수 있도록 돕는 역할을 맡을 수 있다.

그래서 나는 50세가 되고 30년의 경력을 쌓았음에도 아직 내 꿈의 절반도 이루지 못했다고 생각한다. 나는 사람들을 무료로 돕고, 헬프뱅크는 성장하고 있으며, 우리의 아이디어는 점차 널리 퍼지고 있지만, 여전히 해야 할 일이 많이 남아 있다. 내가 아직도 의욕적인 이유는 열다섯 살 때 집도 없이 떠돌며 도움이 필요했지만 받을 수 없었던 경험 때문이다. 그래서 나는 사람들이 버튼 하나만 누르면 필요한 도움을 받을 수 있는 시스템을 만들고 싶다. 많은 사람이 우리의 목적과 '#주고안받기' 철학에 동참한 덕분에 도움을 줄 수 있게 되었기 때문이다.

뜬구름 잡는 소리처럼 들릴지 모르지만, 이것이 꿈을 크게 가져야 하는 이유다. 꿈은 너무 크고 멀어서 도달하기 어려운 목적지이기도 하다. 그러므로 우리는 계속 나아가야 하고, 더 나은 방법을 모색하고, 지금보다 더 많은 일을 해야 한다. 큰 꿈을 가지면 현실에 안주하거나 세상을 회의적으로 보는 태도를 버리고, 크고 복잡한 이 세상에서 우리가 긍정적인 변화를 만들어낼 수 있다고 믿게 된다. 나는 도움이 필요한 사람들이 더 이상 남아 있지 않을 때까지 내 일을 멈추지 않을 것이다. 즉, 내가 일을 그만두고, 다른 사람들이 그 배턴을 이어받아 이 사명을 수행할 수 있을 때까지 계속해서 나아갈 것이다.

이 책을 통해 꿈의 중요성에 관해 이야기하면서, 나는 여러분에게 줄곧 질문을 던졌다. 무엇을 좋아하는지, 목적은 무엇인지, 성공은 무엇인지, 꿈은 무엇인지에 관한 질문에 가능한 한 빨리 답할 수 있다면, 그 자체로 성공을 위한 가장 중요한 일을 하고 있는 것이다. 여러분이 하는 모든 일에 깊은 의미를 부여하고 있기 때문이다.

인생에서 많은 것이 변하지만, 이런 것들은 변하지 않는다. 사실, 더 발전할 수도 있다. 여러분의 꿈은 새로운 차원으로 나아가고, 목적은 확대되며, 살아가면서 성공에 대해 전혀 다른 시각을 가질 수 있다. 하지만 우리에게 진정 중요한 것들은, 세상이 다 변해도 여전히 그대로 남아 있을 것이다. 꿈은 여러분과 함께할 것이며, 여러분이 살아가는 동안 새로운 방식으로 표현될 것이다.

그게 아니라면, 남들의 필요와 우선순위에 따라 살아가야 한다. 채용 담당자가 실적을 쌓기 위해 이직을 제안했는데 그 제안을 덥석 받아들이거나, 남들이 말하는 성공의 잣대에 맞춰 승진의 '사다리'를 계속 오르거나, 성공할 가능성을 노리기보다는 실패가 두려워 위험을 회피하며 사는 것이다.

나만의 방식으로 인생을 사는 것은 여러분이 내릴 수 있는 가장 자유롭고 강력한 선택이다. 더 이상 의미 없는 사람들을 기쁘게 하려고 애쓰거나, 내 인생을 정형화된 기준에 맞춰 살지 않는다면, 분명히 알게 될 것이다.

이 책에서 꼭 기억해야 할 한 가지는 이것이다. **자신만의 목표를 정하고, 자신만의 잣대로 성공을 판단하고, 자신과 사랑하는 사람들을 책임져라. 그러기 위해서는 자신이 좋아하고 잘할 수 있는 일을 하자. 꿈을 갖고, 목적을 달성하기 위해 노력하자.** 여러분이 할 수 있는 최고의 투자는 이것들을 지키는 것이다. 쉽지 않을 수 있다. 하지만 자신이 옳은 일을 하고 있고 올바른 방향으로 가고 있다는 확신이 있으면, 생각보다 훨씬 많은 고통과 역경을 극복할 수 있다. 중요한 것을 찾아, 꿈을 향해 달려가자.

# 4분 실천

우리는 이 책을 통해 꿈을 찾고 이루기 위해 노력하면 인생이 얼마나 달라질 수 있는지 살펴보았다. 오랜 시간이 걸리는 일이고 그 보상을 즉시 받지 못할 수도 있다.

하지만 모든 것이 먼 미래의 일은 아니다. 지금 당장 할 수 있고, 해야 할 일들이 결국 여러분을 미래로 인도할 것이다. 나는 그중 가장 중요한 일 하나를 여러분에게 알려주며 이 책을 마무리하고자 한다.

나는 이것을 '#4분 실천#TakeFour'이라고 부른다. 무척 간단한 일이다.

오늘부터 하루에 딱 4분만 시간을 내서 누군가를 도울 방법을 찾아보자. 가급적 낯선 사람이면 좋다.

1분간 그 사람을 찾아보자.

1분간 그 사람에게 무엇이 필요한지 찾아보자.

1분간 그 사람을 도와주자.

1분간 다른 사람이 또 누군가를 도울 수 있도록 해보자.

4분만 투자하면 되니, 거창하거나 복잡한 일이 아니다. 예를 들어, 길거리에서 모금하는 사람 앞에 잠시 멈춰서 모금하는 이유를 물어볼 수 있다. 누군가 링크트인에 올린 질문에 여러분이 해줄 수 있는 조언이나 도움이 될 만한 연락처를 적어줄 수도 있다. 소셜 미디어에 감동적인 이야기를 공유하거나, 만족스러운 경험을 한 소규모 업체에 관한 긍정적인 평가를 남길 수도 있다. 슈퍼마켓 앞에 있는 노숙자에게 음식을 사주겠다고 제안할 수도 있다.

이런 간단한 행동이 왜 그렇게 중요할까? 바로 우리가 사는 세상이 점점 더 기술 중심으로 변해가고 있기 때문이다. 장을 볼 때나 연애 상대를 찾을 때도, 한때는 사람과 대화를 나눴지만 이제는 손가락으로 넘기고 누르기만 하면 된다.

나는 기술을 반대하는 사람이 아니다. 오히려 기술을 좋아하고, 기술을 기반으로 여러 사업을 시작하기도 했다. 하지만 기술 중심의 세상을 즐기는 사람들이라 해도 이 모든 편리함에는 대가가 따른다는 사실을 인정해야 한다. 디지털 기술이 세상을 더 효율적으로 만든 측면도 있지만, 동시에 더 계산적이고 비

인간적인 방향으로 변화시켰다. 우리는 모든 일이 빠르게 진행되길 기대하며, 그러지 않으면 쉽게 좌절한다. 또한 사람보다 기계와 더 많이 소통하다 보니 예상치 못한 우연한 대화가 줄어든다. 그렇게 타인에 대해 알 기회가 줄고 그로 인해 우리의 삶도 한층 단조롭고 심심해진다.

이것이 바로 '#4분 실천'의 목적이다. 사람들을 다시 연결하는 것이다. 세상에 대해 더 많은 호기심을 갖고, 더 많은 이야기를 듣고, 더 많은 우연한 만남을 만들어가보자.

무엇보다도, 이것은 대가를 바라지 않고 도움을 주는 일이다. 바로 '#주고안받기'를 실천하는 방법이다. 이것이 왜 중요할까? 누군가 도움을 받기 위해 매번 돈을 내야 하거나, 도움 줄 사람을 힘들게 수소문해야 한다면, 그다음 사람에게 도움을 주지 않게 될 것이다. 그러나 무료로 도움을 받으면, 그들도 다른 사람들을 도울 수 있다. 한 번의 상호작용을 통해 우리는 '주고받는' 거래 중심의 세상을 사람들이 기꺼이 남을 도우려 하고, 도울 수 있는 세상으로 바꿀 수 있다.

내가 지금 하는 모든 일은 바로 이 목표를 달성하기 위한 것이다. 남들을 돕고 싶어 하는 사람은 많지만, 세상은 점점 더 그 마음을 가로막는 방향으로 설계되어가는 듯하다. 기술이 발전하면서 사고방식은 점점 더 계산적으로 변한다. 예를 들어 광고를 보면 콘텐츠를 무료로 볼 수 있고, 데이트 앱에 돈을 내면

내 프로필이 더 많은 사람에게 노출되고, 뉴스레터를 구독하면 할인 혜택을 받는 식이다.

나는 사람들이 이런 거래에서 벗어나 서로 돕는 행위 자체를 자연스럽게 받아들이면 좋겠다. 한 사람이 다른 사람을 돕고, 그 사람은 또 다른 사람을 돕는 연쇄반응이 일어나게 하는 것이다. 즉, '#주고안받기'라는 간단한 행동이 결과적으로는 일면식도 없는 누군가에게 영향을 미칠 수 있다.

이타적인 행동처럼 보일 수 있지만, 사실 자신에게도 좋은 일이다. 매일 누군가를 돕는 것은 이 책에서 제시한 여정을 걸어가는 데 도움이 될 것이다. 누군가를 도울 때, 여러분도 변화하기 때문이다. 남을 돕는 기쁨을 누릴 수 있을 뿐만 아니라 여러분이 세상에 변화를 일으킬 수 있다는 자신감과 그 방법에 관한 깨달음이 생겨난다.

꿈을 찾는 과정에서 자신이 좋아하는 일은 무엇인지, 어떤 아픔이 동기가 되었는지 찾아보고, 세 번째로는 사람들을 도울 방법을 찾아내야 한다. 이는 자신의 열정과 삶의 목적을 주변 세상과 연결하는 방법이기도 하다. 여러분이 남들을 어떻게 도울 수 있을지 알아내는 가장 좋은 방법은 놀랍게도 일단 남을 돕는 것이다. 나는 진심으로, 여러분이 꿈을 이루기 위해서는 다른 사람이 꿈을 이룰 수 있도록 도와야 한다고 믿는다. 속는 셈 치고 한번 해보자.

이것이 내가 여러분에게 주는 마지막 도전 과제다. 오늘 누군가를 돕고, 내일도, 모레도 도와주자. 다른 사람의 꿈에 귀를 기울이고 그들이 꿈을 이룰 수 있도록 작은 일 한 가지라도 돕자. 그저 주는 것 자체에 의미를 두고, 그 보답을 바라지 말자. 그러면 여러분은 꿈에 한 걸음 더 가까워질 것이다. 그러니 당장 시작해보자. '#4분 실천'에 참여한 경험을 글로 남기고 나를 태그해주길 바란다. 함께 대화를 이어가며, 어떤 변화가 나타나는지 지켜보자.

## 감사의 말

　먼저, 24년 전 나와 함께 사업을 시작해 우리의 인생을 바꿔 주고, 세상에서 가장 훌륭한 아내이자 어머니가 되어준 헬렌 그리피스에게 가장 큰 감사를 전한다.

　또 나의 형 크리스천은 내게 세상을 가르쳐주고 내 가능성을 일깨워주었다.

　내가 힘들 때 도와주고 진정한 가족의 따뜻함이 무엇인지 보여준 브레넌 가족에게도 고맙다고 말하고 싶다.

　헬프뱅크의 파트너들에게도 진심으로 감사드린다. 나만큼 이나 애정과 정성을 다해 일해주었기 때문이다. 이런 말을 잘 하진 않지만, 여러분은 내게 단순한 동료가 아니라 친구들이 다. AJ, 애덤, 에이드리언, 벤, 클로이, 캘럼, 더들리, 제임스, 잭,

제스, 요르디, 사미르, 피비 그리고 조. 우리는 함께 수백만 명이 또 다른 수백만 명을 도울 수 있는 길을 만들어나갈 것이다.

내 머릿속에 있던 생각들을 글로 풀어낼 수 있었던 것은 조시 데이비스 덕분이었다.

또한 플루이드를 성공적으로 이끌어준 로런스 모건과 가이 파서니지에게도 감사 인사를 전한다.

아울러 이 책이 나올 수 있었던 것은 캘럼 크루트와 센추리 팀, 그리고 아담 건틀렛이 책을 내겠다는 나의 꿈을 믿어줬기 때문이다.

그리고 온라인에서 나를 응원해주고, 내가 꿈을 실현할 수 있도록 도와주었을 뿐만 아니라, 이 책을 읽고 '#주고안받는' 삶을 살아보자는 메시지를 주위에 전파해준 독자들에게 진심으로 감사드린다.

지난 35년간 사업을 운영하며 나를 도와준 분들의 이름만 쭉 적어도 족히 책 한 권은 될 것이다.

끝으로 지금껏 나를 지지해준 모든 분께 감사드린다. 너무 많아 일일이 이름을 언급하긴 어렵지만, 그분들이 없었다면 이 책을 쓸 수도, 이 책 안에 담긴 교훈들을 결코 얻을 수도 없었을 것이다.

## 01 · 삶에 관한 4가지 잘못된 믿음

1. V. Chow, 'HK comic makes foray into Hollywood, with US$80m adaptation on the cards', South China Morning Post, 8 August 2009

## 02 · 꿈이 왜 중요할까?

1. C. Gardner, The Pursuit of Happyness, Amistad, 2006 (크리스 가드너, 이혜선 옮김, 『행복을 찾아서』, 2007)

2. M. Yousafzai and P. McCormick, I Am Malala: How One Girl Stood Up for Education and Changed the World, Little, Brown, 2016 (말랄라 유사프자이·퍼트리샤 매코믹, 박찬원 옮김, 『나는 말랄라』, 문학동네, 2019)

3. JER Films, 'The Greatest Underdog Story Ever Told: Stallone on Making Rocky', youtube.com 영상 참조 (스탤론의 발언 인용)

## 03 · 목적이 있으면 인생이 달라진다

1. M. Makara-Studzinska, Z. Wajda, S. Lizinczyk, 'Years of service, selfefficacy, stress and burnout among Polish firefighters', International Journal of

Occupational Medicine and Environmental Health, 2020, 33(3): 283 – 297; G. Crea, L. Francis, 'Purpose in life as protection against professional burnout among Catholic priests and religious in Italy: Testing the insights of logotherapy', Pastoral Psychology, 2022, 71:471 – 483

2.  J. McKoy, 'Higher sense of purpose in life may be linked to lower mortality risk, study finds', Science Daily, 15 November 2022. www.sciencedaily.com 참조

3.  E. Kim, V. Strecher, C. Ryff, 'Purpose in life and use of preventive health care services', Proceedings of the National Academy of Sciences, 2014, 111(46):16331 – 16336

4.  A. Van Dam, 'The happiest, least stressful, most meaningful jobs in America', Washington Post, 6 January 2023

## 06 · 꿈을 이루려면 먼저 자유로워져야 한다

1.  A. Wilkins, 'Will Amazon's robotic revolution spark a new wave of job losses?', New Scientist, 23 April 2024

## 12 · 끈기를 가져라

1.  S. Witt, 'How Jensen Huang's Nvidia is powering the AI revolution', New Yorker, 27 November 2023

2.  'Nvidia CEO Jensen Huang on Building Resilience with Pain and Suffering', PodiumVC, youtube.com

3.  T. Huddlestone Jr., 'Netflix didn't kill Blockbuster – how Netflix almost lost the movie rental wars', CNBC, 22 September 2020. www.cnbc.com 참조

**옮긴이 최인하**

이화여자대학교 국어국문학과와 성균관대학교 번역대학원 번역학과를 졸업하고 영국 런던의 킹스칼리지에서 미디어를 공부했다. 국내 언론사에서 보도사진 번역 등 오랜 직장 생활을 한 뒤 현재 프리랜서 번역가로 활동 중이다. 옮긴 책으로 『만일 나에게 단 한 번의 아침이 남아 있다면』 『제인 에어』 『배짱 좋은 여성들』 『인간은 야하다』 등이 있다.

# 왓츠 유어 드림

**초판 1쇄 발행** 2025년 6월 4일

**지은이** 사이먼 스큅
**옮긴이** 최인하
**책임편집** 조혜영
**편집** 김정현
**콘텐츠 그룹** 전연교 김신우 정다솔 문혜진 기소미
**디자인** STUDIO 보글

**펴낸이** 전승환
**펴낸곳** 책읽어주는남자
**신고번호** 제2024-000099호
**이메일** bookfarmers@thebookman.co.kr

ISBN 979-11-93937-70-9 (03190)